मंगलेश डबराल

मंगलेश डबराल का जन्म 16 मई, 1948 को उत्तराखंड के टिहरी ज़िले के गाँव काफलपानी में हुआ।

'प्रतिपक्ष', 'आसपास', 'पूर्वग्रह', 'जनसत्ता' और 'सहारा समय' आदि पत्र-पत्रिकाओं में लम्बे समय तक काम करने के बाद वे तीन वर्ष तक नेशनल बुक ट्रस्ट के सलाहकार रहे। उनके छह कविता-संग्रह 'पहाड़ पर लालटेन', 'घर का रास्ता', 'हम जो देखते हैं', 'आवाज़ भी एक जगह है', 'नये युग में शत्रु', 'स्मृति एक दूसरा समय है', 'पानी का पत्थर'; तीन गद्य-संग्रह 'एक बार आयोवा', 'लेखक की रोटी', 'कवि का अकेलापन' और साक्षात्कारों का एक संकलन प्रकाशित हैं। उन्होंने बेर्टोल्ट ब्रेष्ट, हांस माग्नुस ऐंत्सेंसबर्गर (जर्मन), पाब्लो नेरुदा (स्पानी), डोरा गाबे (बल्गारी) आदि की कविताओं का अंग्रेज़ी से अनुवाद किया। वे जर्मन उपन्यासकार हरमन हेस के उपन्यास 'सिद्धार्थ', अरुंधति रॉय के उपन्यास 'अपार ख़ुशी का घराना' के अनुवादक और बांग्ला कवि नवारुण भट्टाचार्य के संग्रह 'यह मृत्यु उपत्यका नहीं है मेरा देश' के सह-अनुवादक रहे। उन्होंने नागार्जुन, निर्मल वर्मा, महाश्वेता देवी, यू.आर. अनन्तमूर्ति, गुरदयाल सिंह, क़ुर्रतुल-ऐन हैदर जैसे साहित्यकारों पर वृत्तचित्रों के लिए पटकथा-लेखन भी किया।

प्राय: सभी भारतीय भाषाओं के अलावा अंग्रेज़ी, रूसी, जर्मन, डच, फ़्रांसीसी, स्पानी, इतालवी, जापानी आदि भाषाओं के कई संकलनों और पत्र-पत्रिकाओं में उनकी कविताओं के अनुवाद प्रकाशित हैं। कुछ अंग्रेज़ी अनुवाद डेनियल वाइसबोर्ट और अरविन्द कृष्ण मेहरोत्रा द्वारा सम्पादित 'पेरिप्लस', वाइसबोर्ट और गिरधर राठी द्वारा सम्पादित 'पोयट्री ऑफ़ सर्वाइवल', के. सच्चिदानन्दन द्वारा सम्पादित 'जेस्चर्स', एक सौ भारतीय कवियों के संकलन 'सिग्नेचर्स' और यूनिस डिसूज़ा द्वारा सम्पादितं 'दीज़ माई वर्ड्स' आदि में संकलित हैं। मरिओला ओफ़्रेदी द्वारा उनके कविता-संग्रह 'आवाज़ भी एक जगह है' का इतालवी अनुवाद 'अंके ला वोचे ऐ उन लुओगो' और अंग्रेज़ी अनुवादों का एक चयन 'दिस नम्बर डज़ नॉट एक्ज़िस्ट' नाम से प्रकाशित हो चुका है।

उन्हें 'साहित्य अकादेमी पुरस्कार', 'ओमप्रकाश स्मृति सम्मान', 'शमशेर सम्मान', 'पहल सम्मान', हिन्दी अकादमी, दिल्ली के 'साहित्यकार सम्मान', 'कुमार विकल स्मृति सम्मान', 'गजानन माधव मुक्तिबोध राष्ट्रीय साहित्य सम्मान', 'परिवार पुरस्कार' आदि से सम्मानित किया गया। आजीविका के लिए वे ताउम्र पत्रकारिता से सम्बद्ध रहे।

9 दिसम्बर, 2020 को उनका निधन हुआ।

सम्पूर्ण कविताएँ

मंगलेश डबराल

राधाकृष्ण पेपरबैक्स

राधाकृष्ण पेपरबैक्स में
पहला संस्करण : 2024
दूसरा संस्करण : 2025

राधाकृष्ण पेपरबैक्स : उत्कृष्ट साहित्य के जनसुलभ संस्करण

राधाकृष्ण प्रकाशन प्रा. लि.
जी-17, जगतपुरी, दिल्ली-110 051
द्वारा प्रकाशित

शाखाएँ : अशोक राजपथ, साइंस कॉलेज के सामने, पटना-800 006
पहली मंजिल, दरबारी बिल्डिंग, महात्मा गांधी मार्ग, प्रयागराज-211 001
1, अनमोल सोराबजी सन्तुक लेन, धोबी तलाव, मरीन लाइंस, मुम्बई-400 002

वेबसाइट : www.radhakrishnaprakashan.com
ई-मेल : info@radhakrishnaprakashan.com

विकास कंप्यूटर एंड प्रिंटर्स
ट्रॉनिका सिटी-201 102
द्वारा मुद्रित

मूल्य : ₹599

SAMPOORN KAVITAYEIN
Poems by Manglesh Dabral

ISBN : 978-81-19989-53-9

प्रकाशकीय

प्रतिष्ठित रचनाकारों के रचना-समग्र, संचयन और रचनावलियाँ प्रकाशित करने का एकमात्र उद्‌देश्य यही है कि लेखक अपने सम्पूर्ण प्रभाव के साथ पाठक तक पहुँच सके, और पाठक भी अपने प्रिय रचनाकर्मियों को उनकी पूरी आभा के साथ ग्रहण कर सके। भविष्य के लिए इसका अभिलेखीय महत्त्व तो है ही।

इसी कड़ी में विधाओं पर केन्द्रित सम्पूर्ण संचयन हमारी एक विशेष योजना है। इसके तहत हमने सम्पूर्ण कहानियों, सम्पूर्ण कविताओं के कुछ महत्त्वपूर्ण संकलन प्रकाशित किए हैं। पाठकों ने भी इनका उत्साहपूर्वक स्वागत किया है।

अब हिन्दी के ऐसे कवि की सभी कविताएँ एक जिल्द में आपके सामने हैं जिसे हर वर्ग के पाठकों ने हमेशा पसन्द किया है। पाठकों, आलोचकों, विद्वानों, सभी ने उन्हें ऐसा कवि माना जिसकी प्रत्येक कविता अपना एक नया धरातल, एक नया विस्तार लेकर आती थी। जो सतत सृजनशील रहे, और जिन्होंने अपनी काव्य-चेतना, अपनी संवेदना-परिधि को लगातार विस्तृत किया।

कोरोना महामारी के चलते संसार ने बहुत कुछ खोया, हिन्दी समाज और भारतीय रचनात्मकता ने जो खोया, उसमें मंगलेश डबराल का जाना सबसे ज्यादा अविश्वसनीय था। ठीक उस समय जब उनकी रचनात्मकता एक नया मोड़ ले रही थी, जब वे अपनी कविताओं में देश और समाज के सामने निरन्तर बड़ी होती भयकारी शक्तियों का मुक़ाबला करने के लिए अपनी कविता और उसके औज़ारों को तैयार कर रहे थे, वे चले गए।

शक्ति के अन्यायजनक संकेन्द्रण और सत्ता के समाज-विरोधी अहंकार को उन्होंने अकसर अपनी कविताओं में न सिर्फ विखंडित किया, उसे पहचानने और उसकी अवहेलना करने के लिए हमारी

चेतना को भी तैयार किया। जीवन के सकारात्मक मूल्यों को भी उन्होंने इतनी दृढ़ता के साथ रेखांकित किया कि हमारे लिए उन्हें देखना और महसूस करना आसान हो गया। स्मृतियाँ, उनके यहाँ जीवन के एक ठोस घटक की तरह मौजूद रहती हैं। इधर उन्होंने कविता से बाहर भी अपनी सक्रियता बढ़ाई थी; और इसमें कोई शक नहीं कि आनेवाले समय में, अगर वे होते, तो उससे फ़र्क़ पड़ता।

यह संकलन उनकी स्मृति को श्रद्धांजलि भी है, और कविता के ज़रिये उन्होंने मानवता और न्याय के पक्ष में जो संयत लेकिन अडिग प्रतिरोध के मोर्चे रचे, उनको एक स्थान पर ले आने का प्रयास भी; ताकि जब ज़रूरत पड़े, हम उनका उपयोग कर सकें।

इसमें उनके सभी प्रकाशित संग्रहों को ले लिया गया है; 'पानी का पत्थर' शीर्षक उस नवीनतम संग्रह को भी जो उनके जाने के बाद प्रकाशित हुआ है। 'सम्पूर्ण कविताएँ' का एक ख़ाका उन्होंने ख़ुद ही तैयार किया था, लेकिन कुछ अपरिहार्य कारणों से इसका प्रकाशन उनके जीवनकाल में नहीं हो सका। उनकी सुपुत्री अल्मा डबराल द्वारा पुनरावलोकन के बाद अब इसे प्रकाशित किया जा रहा है।

अब उनकी लगभग सभी पुस्तकें राधाकृष्ण प्रकाशन के पास हैं, यह हमारे लिए विशेष प्रसन्नता का विषय है। हमें पूरी उम्मीद है कि मंगलेश डबराल के प्रेमी पाठकों को यह संचयन ख़ुशी देगा।

—प्रकाशक

क्रम

हम जो देखते हैं

आवाज़ भी एक जगह है

स्मृति एक दूसरा समय है

पानी का पत्थर

वसन्त

इन ढलानों पर वसन्त
आएगा हमारी स्मृति में
ठंड से मरी हुई इच्छाओं को फिर से जीवित करता
धीमे-धीमे धुँधुआता ख़ाली कोटरों में
घाटी की घास फैलती रहेगी रात को
ढलानों से मुसाफ़िर की तरह
गुज़रता रहेगा अन्धकार

चारों ओर पत्थरों में दबा हुआ मुख
फिर उभरेगा कभी
किसी दरार से अचानक
पिघल जाएगा जैसे बीते साल की बर्फ़
शिखरों से टूटते आएँगे फूल
अन्तहीन आलिंगनों के बीच एक आवाज़
छटपटाती रहेगी
चिड़िया की तरह लहूलुहान।

[1970]

आवाज़ें

कुछ देर बाद
शुरू होंगी आवाज़ें

पहले एक कुत्ता भूँकेगा पास से
कुछ दूर हिनहिनाएगा एक घोड़ा
बस्ती के पार सियार बोलेंगे

बीच में कहीं होगा झींगुर का बोलना
पत्तों का हिलना
बीच में कहीं होगा
रास्ते पर किसी का अकेले चलना

इन सबसे बाहर
एक बाघ के डुकरने की आवाज़
होगी मेरे गाँव में।

[1979]

आते-जाते

यहाँ आते-जाते मैंने
भूख के बारे में सोचा जो
दिन में तीन बार लगती थी
और चाहती थी थोड़ा-सा अन्न
कर जाती थी थोड़ा-सा पराजित
हर बार एक स्वप्न दब जाता था उसके नीचे
चेहरे पर आँखों में पूरी देह में
वह हर जगह दिखती थी गुर्राती हुई
माँगती हुई एक इच्छा का रक्त

यहाँ आते-जाते मैंने
ऊब के बारे में सोचा जो
मेज़ पर फैले पानी में काँपते हुए
हमारे चेहरों से टपककर फैलती जाती थी
आसपास कभी कोई आदमी दिखता था
हाँफता अँधेरे में जाता हुआ
कभी कोई औरत दिखती थी
अपना डर छिपाती हुई

यहाँ आते-जाते मैंने
उम्मीद के बारे में सोचा
जिसे अभी कई लड़ाइयाँ लड़नी थीं
फ़ैसले सुनाने थे कब से किये हुए
चारों ओर एक विशाल समरांगण होना था
और बच्चों को दौड़ते हुए आना था

हवाएँ चलनी थीं घंटियाँ बजनी थीं
हर किसी के लौट आने की सूचना देती हुई

यहाँ आते-जाते मैंने
शहर के बारे में सोचा
जो पालतू सूर्यास्त और सनसनीख़ेज़ ख़बरों से
लौटकर अपने मुखौटे छिपा रहा था
किसी तरह सोने की जगह बनाते
दोस्तों से मैंने कहा
कुछ भी बचाया नहीं जा सकता
रात में हम जो सपने देखेंगे
वे भी सुबह यहीं छूट जाएँगे
बाहर एक सड़क होगी कहीं जाती हुई
एक बस होगी हमें वहाँ ले जाती हुई
एक नौकरी होगी धमकाती काम कराती हुई

यहाँ आते-जाते
मैंने दुनिया के बारे में सोचा
जो चारों ओर से बन्द और डरी हुई थी
हमारे दिमाग़ों की तरह
नंगी पड़ी चीज़ों के बाहर और भीतर
ख़ामोशी थी किताबों में
चौरस्तों पर आसमान में
कविताएँ लिख-लिखकर
हम एक विशाल अँधेरे में फेंकते जाते थे
हमारे शब्दों से कितनी दूर
ज़िन्दा रहते थे लोग
हमारी चीख़ से कितनी दूर मार दिये जाते थे वे
किसी मोड़ पर।

[1976]

गिरना

सबसे ज़्यादा ख़ामोश चीज़ है बर्फ़
उसके साथ लिपटी होती है उसकी ख़मोशी
वह तमाम आवाज़ों पर एक साथ गिरती है
एक पूरी दुनिया
और उसके कोहराम को ढाँपती हुई

बर्फ़ के नीचे दबी है घास
चिड़ियाँ और उनके घोंसले
और खँडहर और टूटे हुए चूल्हे
लोग बिना खाए जब सो जाते हैं
वह चुपचाप गिरती रहती है
बर्फ़ में जो भी पैर आगे बढ़ता है
उस पर गिरती है बर्फ़

बर्फ़ गिर रही है चारों ओर आदि-अन्तहीन
रास्ते बन्द हो रहे हैं
उस पार कोई चीख़ता है
बर्फ़ पर उसकी आवाज़ फैलती है
जैसे ख़ून की लकीर।

[1976]

यहाँ थी वह नदी

जल्दी से वह पहुँचना चाहती थी
उस जगह जहाँ एक आदमी
उसके पानी में नहाने जा रहा था
एक नाव
लोगों का इन्तज़ार कर रही थी
और पक्षियों की क़तार
आ रही थी पानी की खोज में

बचपन की उस नदी में
हम अपने चेहरे देखते थे हिलते हुए
उसके किनारे थे हमारे घर
हमेशा उफनती
अपने तटों और पत्थरों को प्यार करती
उस नदी से शुरू होते थे दिन
उसकी आवाज़
तमाम खिड़कियों पर सुनाई देती थी
लहरें दरवाज़ों को थपथपाती थीं
बुलाती हुईं लगातार

हमें याद है
यहाँ थी वह नदी इसी रेत में
जहाँ हमारे चेहरे हिलते थे
यहाँ थी वह नाव इन्तज़ार करती हुई

अब वहाँ कुछ नहीं है
सिर्फ़ रात को जब लोग नींद में होते हैं
कभी-कभी एक आवाज़ सुनाई देती है रेत से।

[1976]

अगले दिन

पहले उसकी सिहरती हुई पीठ दिखी
फिर दिखा चेहरा
पीठ जैसा ही निर्विकार
कितने सारे चेहरे लाँघकर आया हुआ
वह चेहरा जिस पर दो आँखें थीं
सिर्फ़ देखती हुईं कुछ न चाहती हुईं

वह अकेली थी उस रात
वह कहीं जा रही थी अपना बचपन छोड़कर
कितने सारे लोगों द्वारा आतंकित
कितने सारे लोगों द्वारा सम्मोहित
कितने सारे लोगों की तनी हुई आँखों के नीचे
कितनी झुकी हैं उसकी आँखें
कि वह देख नहीं पाती अपनी ओर आती मृत्यु

हर चीज़ के आख़िरी सिरे तक
वे उसके पीछे-पीछे जाएँगे
जहाँ से एक सुरंग शुरू होती है
सुरंग में कई पेड़ों में से एक पेड़ तले
बैठा होता है उसका परिवार
माँ-बाप भाई-बहन
और पोटलियाँ जिनमें भविष्य बन्द है
साँपों की तरह

वे सारा कुछ सोचकर रखेंगे
पहले से दया पहले से प्रेम

पहले से तैयार थरथराते हाथ
वे उसे पा लेंगे बिना परिवार के
बिना बचपन के बिना भविष्य के
और खींच ले जाएँगे एक जगह
कोई नहीं जान पाएगा किस जगह
डराते मंत्रमुग्ध करते हुए

अगले दिन उसके भीतर
मिलेंगे झड़े हुए कितने पत्ते
अगले दिन मिलेगी खुरों की छाप
अगले दिन अपनी देह लगेगी बेकार
आत्मा हो जाएगी असमर्थ
कितने कीचड़ कितने ख़ून से भरी
रात होगी उसके भीतर अगले दिन।

[1977]

घर

यह जो हाथ बाँधे सामने खड़ा है घर है

काली काठ की दीवालों पर साँप बने हैं
जिन पर पीठ टेकने के निशान हैं
इनमें दीमकें लगी हैं
जो जब चलती हैं पूरा घर काँपता है

इसमें काठ का एक सन्दूक है
जिसके भीतर चीथड़ों और स्वप्नों का
एक मिला-जुला अन्धकार है
इसके पिता ने दादा से प्राप्त किया था
और दादा ने ख़ुद कमाकर
घर जब टूटेगा बक्स तभी उठेगा

कई बच्चे बड़े हुए इस घर में
गिरते-पड़ते आख़िरकार
खाने-कमाने की खोज में तितर-बितर होते हुए
यहाँ कुछ मौतें हुईं
कुछ स्त्रियाँ रोईं इस तरह
कि बस उनका सुबकना सुनाई दे
कुछ बहुत पुरानी चीज़ें अब भी बजती हैं घर में

दिन-भर लकड़ी ढोकर माँ आग जलाती है
पिता डाकख़ाने में चिट्ठी का इन्तज़ार करके
लौटते हैं हाथ-पाँव में

दर्द की शिकायत के साथ
रात में जब घर काँपता है
पिता सोचते हैं जब मैं नहीं हूँगा
क्या होगा इस घर का।

[1975]

एक स्त्री

सारा दिन काम करने के बाद
एक स्त्री याद करती है
अगले दिन के काम

एक आदमी के पीछे
चुपचाप एक स्त्री चलती है
उसके पैरों के निशान पर
अपने पैर रखती हुई
रास्ते भर नहीं उठाती निगाह

किसी चट्टान के पीछे
सन्नाटे में एकाएक एक स्त्री सिसकती है
अपनी युवावस्था में
अगले ही दिन आने वाले
बुढ़ापे से बेख़बर

रात को आँखें बन्द किये हुए
एक स्त्री सोचती है
समय बीत रहा है
समय बीत जाएगा आँखें बन्द किये हुए।

[1979]

बच्चा

उसे याद था ठीक-ठीक कितने
खिलौने तोड़े उसने हर साल
कितनी बार रोया अकेला पड़ जाने पर
पत्थरों पर कितनी बार गिरा
और उठकर चल दिया घर की तरफ़
एक-एक कर सारे सपने उसे याद थे
जिनमें बच्चे ही बच्चे दिखते थे
उसे अपनी ओर आते हुए
हर चीज़ का स्वाद अलग-अलग
टिका रहता था उसकी जीभ पर

धीरे-धीरे वह बड़ा हुआ
और एकाएक बड़ा हो गया
अब वह हरदम हँसता था
उसे याद नहीं कितनी बार
सपनों की जगह जली हुई ज़मीन थी
जहाँ कभी-कभी सुन पड़ती थी
उसके माँ-बाप के रोने की आवाज़।

[1977]

सबसे अच्छी तारीख़

ज़रा-सा आसमान जरा-सी हवा
ज़रा-सी आहट
बची रहती है हर तारीख़ में
यहीं कहीं हैं वे लचीली तारीख़ें
वे हवादार जगहें
जहाँ हम सबसे ज़्यादा जीवित होते हैं
शब्दों को स्वाद में बदलते हुए
नामों को चेहरों में
और रंगों को संगीत में

वर्ष अपनी गठरी में लाते हैं
असंख्य तारीख़ें
और उन्हें फैला देते हैं पृथ्वी पर
तारीख़ें तनती हैं
तमतमाये चेहरों की तरह
इतवार की तमाम तारीख़ें घूरती हैं
लाल आँखों से
तारीख़ें चिल्लाती हैं भूख तारीख़ें
माँगती हैं न्याय

कुछ ही तारीख़ें हैं जो निर्जन रहती हैं
पुराने मकानों की तरह
उदास काली खोखली तारीख़ें
जिनमें शेष नहीं है ताक़त
जो बर्दाश्त नहीं कर पातीं बोझ
कुछ ही तारीख़ें हैं

जो पिछले महीनों   पिछले वर्षों की
तारीख़ें होती हैं   नदी के किनारों पर
झाग की तरह छूटी हुईं

सबसे अच्छी तारीख़ है वह
जिस पर टँगे रहते हैं घर-भर के
धुले कपड़े जिसमें फैली होती है
भोजन की गर्म ख़ुशबू जिसमें फल पकते हैं
जिसमें रखी होती हैं चिट्ठियाँ और यात्राएँ
सबसे अच्छी तारीख़ है वह
जिसमें बर्फ़ गिरती है और आग जलती है
सबसे अच्छी तारीख़ है वह
जो ख़ाली रहती है
जिसे हम काम से भरते हैं
वह तारीख़ जो बाहर रहती है कैलेंडर से।

[1979]

कविता

कविता दिन-भर थकान जैसी थी
और रात में नींद की तरह
सुबह पूछती हुई :
क्या तुमने खाना खाया रात को?

[1978]

दुःस्वप्न

अपने सपने बहुत पीछे छोड़कर
आती है वह
एकबारगी सारा कुछ भूलती हुई
अपने बचपन और अपने आँसुओं को
जिनसे ढका रहता था उसका छोटा-सा जीवन

धीरे-धीरे उसकी पथराई आँखें
मेरी आँखों तक उठती हैं
उसके सर्द हाथ मेरे चेहरे को थामते हैं
और मैं उसके अन्धकार में
प्रवेश करता हूँ एक और अन्धकार की तरह

और वहाँ होता है एक भयावह सुनसान
और दर्द और इतिहास
वहाँ होती है उसकी बहुमूल्य देह
व्यर्थ जाती हुई   उसके कितने अकेले स्तन
उसकी देह में समाते हुए
वह आँखें बन्द कर लेती है
और गुज़र जाने देती है अपने ऊपर
सारा दर्द अन्धकार और इतिहास

बाहर हवा में पत्ते उड़ते हैं
लोग चहलक़दमी करते हैं
वह दिन-भर का हिसाब जोड़ती है
और देखती है अन्त में
ज़रा-सा अफ़सोस।

[1975]

चुपचाप

लोगों के बीच
अपना घर और अपने शब्द टटोलता हुआ
मैं नहीं कहूँगा कि वह मेरा रक्त था
वह मेरी आदत थी

तमाम सम्बन्धों को विदा कर देने के बाद
मैं यहाँ उगा हूँ
जहाँ सारी ऋतुएँ समाप्त हो गई हैं
धूप और समुद्र समाप्त हो गए हैं
थोड़ी देर के लिए मैं उगा हूँ यहाँ
जहाँ उजाला जाले की तरह चिपटता है
और समस्याएँ मेरी भूख के आगे
डाल देती हैं मेरा ही शरीर

यह अँधेरा
हमें लगातार नाटक की तरह खेलता रहा
ये दरारें हमारी हलचलों से निकली हैं
यहाँ अब न कोई अफ़वाह है
न प्रेम न घृणा
जिसके बीच हमारे चेहरे आपस में मिलते थे
मौसमों के दरवाज़े लाँघते हुए
अपने ऊपर आकाश बदलते हुए

जहाँ अब कोई घटना नहीं है
फटे हुए दिन को ख़बरों से ढककर
मैं एक भीड़ की ओर फेंकता हूँ

और अपने अकेले घर
और अकेले शब्दों के बीच
आदत की तरह लौट आता हूँ
चुपचाप   और भी चुपचाप।

[1972]

पानी की रात

लोग जो अपनी चिन्ताओं से छूटने आए थे वहाँ
एक शाम उन सबने कहा
पानी बढ़ रहा है
नदी अपनी बग़ल में फैले जंगल जैसी
प्रलापों से भरी नींद जैसी नदी में
पेड़ों से गिरता अँधेरा बहता था
किनारे पर औरतें शोकगीत गाती खड़ी रहीं
बूढ़े खाँसते रहे तेज़ हवा में
नौजवानों के चेहरों पर कितनी धूल
कितने पैबन्द लहूलुहान देहों पर
स्याह पानी भरता हुआ उनकी आत्मा के खोखल में

किस घाटी से आ रहा है यह अन्धकार
वे चीख़े
अपने ही रक्त में डूबे हुए
हमें कुछ भी दिखलाई नहीं देता
पीठ फेरकर जाते हुए स्वप्न भी नहीं
हमें दिखलाओ वे जगहें हम जिन्हें छोड़ आए हैं
हमें वे शब्द दो जिनके बीच कभी तो होगा
हमारा सूर्योदय

पत्थरों पर पानी सिर फोड़ता था
पानी के आदमियों जैसे हज़ार-हज़ार सर
और धुन्ध में जमता झाग
रात में चमकता हुआ।

[1975]

आख़िरी वारदात

जीभ लपलपाते दिन
मेरे सर से त्रले जाते हैं
और धूप मुझे कुछ और मूर्ख बनाकर
छोड़ देती है शहर के बीचोबीच
एक अजीब-सी धुन्ध में
चौंककर मैं आँखें साफ़ करता हूँ
शहर एक स्थायी बाढ़ में बहता चला जाता है
मुझे लकड़ी या पत्थर की तरह
किनारे फेंकता हुआ

मेरा चश्मा जो कि मुझे
उदास और रोबीला बनाता है अक्सर
मेरी आत्मा के अतल में
धँसा हुआ करकता है
रात को जब मैं सिगरेट बाले हुए
बिस्तर पर पड़ा होता हूँ
मुझे अपने गले से
एक अश्लील घरघराहट सुनाई देती है
और मैं टटोलता हूँ चेहरे पर उभरते
इच्छाओं के खुरदरे सींग

मैंने देखा है कई साल से
स्तब्ध लड़कियों को
जो दफ़्तरों से निकलकर
कटे हुए पौधों की तरह फैल जाती हैं
सड़कों पर कहीं न देखती हुईं

मैंने मकानों के पिछवाड़े से उठती हुई
भूख देखी है
तहस-नहस रात के कठघरे में चिल्लाते
कुछ पागलों को देखा है
और सुनी है झनझनाते दिमाग़ में
गूँजती हुई एक असमर्थ टाप

एक आख़िरी वारदात के अन्तर्गत
हर तरफ़ हरे पेड़ हिल रहे हैं
शहर में धूल जम रही है
लोग एक-दूसरे को धक्का देते
और आगे खिसक लेते हैं
अँधेरे में फूले पेट की एक औरत ऊँघती है
उसके तीन मरियल बच्चे
आपसे में पिटते हैं
और मैं दोनों हाथ बाँधता हुआ
बस-स्टॉप पर खड़ा होता हूँ
जहाँ एक ताज़ा पोस्टर मेरी प्रतीक्षा में है
और एक अज्ञात चिड़िया
मेरी स्मृति में चहचहाने को आतुर है।

[1975]

सम्राज्ञी

तुम्हारे ढीले चेहरे के फ़ौरन बाद
एक भीड़ शुरू हो जाती है
एक हल्ले में लोगों के नाक-नक़्श गुम गए हैं
और सतह पर लाल पगड़ियाँ तैर रही हैं

थुलथुल अंगरक्षक
मूर्ख मुद्राओं में ठुमकने लगे हैं
और सम्राज्ञी के बाहर आने में अब देर नहीं है
वह अभी आएँगी
और अपना दुर्लभ हाथ हिलाकर
सबको धन्य कर देंगी

फ़िलहाल सामने से एक कुत्ता निकल रहा है
अपने आलीशान घर की ओर जाता हुआ
जहाँ कुत्ते से अधिक ख़तरनाक एक आदमी
रोज़ तुम्हें चौंकाता है :
कुत्ते से सावधान!

[1974]

थकान

शाम को सारी दुनिया को झाड़कर
बिस्तर पर
औंधा होकर अन्त में
क्या बचता है कन्धे पर बैठे दुख के अलावा
आत्मा पर फफूँद के अलावा क्या बचता है
अन्त में

धीरे-धीरे दिनचर्या के नीचे दबा हुआ
अँधेरा ऊपर उठता है
पार्कों से आई हुई हवा पार्कों में लौट जाती है
बच्चे घरों में बन्द हो जाते हैं
दिन-भर देखी गई स्त्रियाँ देर तक दिमाग़ में
गूँजकर सोने चली जाती हैं
एक तेज़ नदी की तरह सन्नाटा उतरता है आसमान से

रात जब निश्शब्द
हमारी छाती पर झुकी होती है
काले रंग की थकान बिस्तर पर चढ़ती है
मांसपेशियों के मोड़ लाँघती है
काले रंग की थकान
आत्मा में से उठाती है अपना हाथ

ये वर्ष ख़ामोशी की तरह खड़े हैं
धुंध-भरे इन कमरों में नींद है
जिनमें अतीत है प्रज्वलित मोमबत्तियों की तरह
इनकी छतों पर बर्फ़ जम चुकी है

सीटियाँ मारते किलकार करते
स्वप्न उन पर चलते हैं
ख़ून की लकीरें छोड़ते हुए

आधी रात रोशनी में
पेड़ चुपचाप पत्तियाँ गिरा रहे होते हैं
आधी रात पशुओं की वासना में
दबी धरती फैल रही होती है
आधी रात खँडहरों से राख उड़ती है
हमारी हड्डियों पर।

[1974]

अकेला आदमी

अकेला छोड़ दो मुझे हर बार अकेला आदमी
चिल्लाता है एक गहरी रात में
संसार को अपने रक्त में अस्त होते देखता
अकेला आदमी बुदबुदाता है अपनी आख़िरी थकान
अपनी छत पर अपने क्रोध में टहलते हुए
हाँफते पैंट कसते बार-बार गले से
एक अश्लील घरघराहट सुनते हुए अकेला आदमी हो चुका है
बिना कुछ किये-धरे होते रहने से परेशान

एक गहरी रात में जब चीज़ें
ठीक उस जगह चली जाती हैं जहाँ से
उनका जन्म हुआ था अकेला आदमी अपने ठंडे बिस्तरे से
उठकर रोने लगता है
क्या करूँ कहाँ जाऊँ किस रास्ते पर
किस दोस्त के यहाँ क्या कहूँ
कूच करने से पहले सारा कुछ कह दूँगा एक बार

अकेला आदमी सीढ़ियाँ उतरकर
बाहर आता है हवा में आते-जाते मौसमों में
बदबूदार गलियों और झील जैसी शामों में
बच्चों में जो देखते ही देखते क्रूर हो जाएँगे
आकाश के नीचे अपने अकेले बिस्तर को
याद करता हुआ अकेला आदमी
टहलता है सुनसान में सड़कों पर

मृत्यु की तरह व्याप्त प्रकाश में अपने अन्धकार को
छाते की तरह ताने हुए अकेला आदमी
गुज़रता है चीज़ों के बीच से।

[1974]

तुम्हारा प्यार

[एक पहाड़ी लोकगीत से प्रेरित]

तुम्हारा प्यार लड्डुओं का थाल है
जिसे मैं खा जाना चाहता हूँ

तुम्हारा प्यार एक लाल रूमाल है
जिसे मैं झंडे-सा फहराना चाहता हूँ

तुम्हारा प्यार एक पेड़ है
जिसकी हरी ओट से मैं तारों को देखता हूँ

तुम्हारा प्यार एक झील है
जहाँ मैं तैरता हूँ और डूब रहता हूँ

तुम्हारा प्यार पूरा गाँव है
जहाँ मैं होता हूँ।

[1976]

परछाईं

परछाईं उतनी ही जीवित है
जितने तुम

तुम्हारे आगे-पीछे
या तुम्हारे भीतर छिपी हुई
या वहाँ जहाँ से तुम चले गए हो।

[1975]

मकान

यह मकान सारा कुछ छिपाए हुए है
अपने अन्धकार में औरत
औरत का स्वप्न
औरत का बच्चा
औरत की मौत।

[1975]

पहाड़

पहाड़ पर चढ़ते हुए
तुम्हारी साँस फूल जाती है
आवाज़ भर्राने लगती है
तुम्हारा क़द भी घिसने लगता है

पहाड़ तब भी है जब तुम नहीं हो।

[1975]

शहर : एक

मैंने शहर को देखा और मैं मुस्कराया

वहाँ कोई कैसे रह सकता है
यह जानने मैं गया
और वापस न आया।

[1974]

थरथर

अन्धकार में से आते संगीत से
थरथर एक रात मैंने देखा
एक हाथ मुझे बुलाता हुआ
एक पैर मेरी ओर आता हुआ
एक चेहरा मुझे सहता हुआ
एक शरीर मुझमें बहता हुआ।

[1976]

शब्द

कुछ शब्द चीख़ते हैं
कुछ कपड़े उतार कर
घुस जाते हैं इतिहास में
कुछ हो जाते हैं ख़ामोश।

[1975]

चिड़िया

एक क़तार में झुके हुए
अपने सरों के ऊपर बेचैन मँडराते
हमने उसे नहीं देखा
हवा में एक दरार देती हुई
वह कमरे मे आई और
एक-दो लाचार उड़ानें भरती हुई
छिटक गई मेज़ के नीचे
इतना सारा आसमान पार करने के बाद
यह एक छोटा-सा अन्त था
जिसमें सिर्फ़ आँखें मुँदीं
और पैर सिकुड़ गए चुपचाप

चिड़िया को हम
हमेशा उसकी मृत्यु के बाद देखते हैं
हवा उसके डैनों से लिपटकर मर चुकी है
आसमान उसकी पुतलियों में
सिकुड़कर स्याह हो गया है
ठंडे फ़र्श पर उसकी बारीक साँस
लाँघती जाती है
सड़ी हुई टहनियों ज़मीन में गिरे घोंसलों
और चिंचियाते बच्चों का संसार

नया मौसम आसमान से उतरकर
पेड़ों पर अटक रहा होता है
और चिड़िया हमारी मांसपेशियों के फँसाव से
निकलकर उड़ती है आतंकित

ख़ून की ख़ामोशी को छेदती हुई
एक छटपटाहट है जिसके पार
चिड़िया घूमती दिखती है
तमाम चीज़ों को अपनी चोंच से चीरकर
अपना फूला हुआ पेट तानकर
दिशाओं के बीचोबीच झूलती है चिड़िया
अपनी कई-कई शक्लों में
चिड़ियाँ असंख्य हैं
और ख़ून है एक बूँद
जिसे पोंछ दिया जाता है पैर से।

[1972]

लम्बा रास्ता

मेरे घर से बहुत दूर
तुम रहती हो अपने घर में
अपने उदास और लम्बे रास्ते से लौटती हो
तुम रोशनियों के नीचे
देखती हुई उनका प्रकाशित अकेलापन
तुम्हारी चुप्चाप आँखों में
सुबह के पेड़ों के पत्ते काँपते हैं
और मटमैले रंग की यह पृथ्वी हिलती है
तुम चलती जाती हो पेड़ों और पृथ्वी से दूर
मेरे घर से बहुत दूर

यहाँ लगातार ख़त्म होने
और जन्म लेने की आहटें हैं
बर्फ़ गलने और बंजर ढलानों पर
जीवन के आने की आहटें
हवा में धीरे-धीरे तुम्हारे शरीर की गन्ध
धीरे-धीरे हाथ-पैर धीरे-धीरे आकार
और महसूस करने के लिए छोटे-छोटे रोयें
कितने सारे रंगों से मिलकर बने
तुम्हारे रंग से शुरू होते हैं दिन

तुम गुज़रती जाती हो आहटों से दूर
हाथ बढ़ाकर मैं तुम्हारे हाथ छूता हूँ
चौराहों पर रोशनियों के बीच
उदास और लम्बे रास्ते से चलकर आए
मेरे चुम्बन

तुम्हारे चेहरे पर थरथराते हैं कुछ देर
कोहरे की तरह
तुम्हारी देह और रक्त में प्रवेश करते हैं
रात को वे चमकते हैं
तुम्हारी नींद में।

[1976]

अंगों से

रात तुम्हारी आँखों में गोलाकार नाचती है
तुम्हारे माथे पर पिछले
स्पर्शों का उजाला होता है
और तुम्हारी उँगलियों में एक युद्ध
बचपन की हवा और गन्ध में सोये
भूरे जंगलों से पानी की तरह
फूटता है तुम्हारा रुदन
मौसमों के चमकीले अतल में तुम्हारी
हँसी की छायाएँ गिरती हैं
तुम्हारे अंगों से उठता है आसमान।

शहर : दो

मेरे रक्त की अन्तिम उछाल के बाद
शुरू हो जाती हैं
शहर की मुख्य दीवारें
नींद के चारों ओर क़िलों और क़ब्रों को रौंदते
दौड़ते रहते हैं घुड़सवार
उनके विकराल जबड़े हर तरफ़
काला आसमान उगलते हैं
उनके टूटे हुए कवचों से झरता है समय
और वे आते हैं
अपनी क्रूरता के दमकते प्रसंगों से
औरतों को फुसलाने के लिए
उनकी अन्तहीन करुणा दबोचकर

मुँडेरों पर चमकते काँच के टुकड़ों में
देर तक ठहरा रहता है
एक लहूलुहान दृश्य
और उसके बाद लोग भविष्य
और मृत्यु के इन्तज़ार में रुके होते हैं
अन्धकार और वंशवृद्धि से बनी खोह में
शहर सीटियाँ बजाता है
सन्नाटे में पड़ी सड़कों पर सरकता हुआ मैं
इस नाटक के अन्त में घुसता हूँ
और एक आदमक़द भय के आगे खड़ा हो जाता हूँ :
कहाँ हैं मेरे हिस्से के प्रेम-सम्बन्ध
राशन के ख़ाली कनस्तर रेल की पटरियाँ
किताबें और नौकरियाँ

और भविष्य रचने वाले रोमांच
कहाँ हैं मेरे हिस्से के कारतूस
मैं पूछता हूँ और शहर मुझ पर पहले
लाल-पीला होता है फिर हरा हो जाता है
जिसमें मिटते हुए मैदान हैं और बचते हुए लोग

फ़िलहाल यह ठीक है
कि हम छतों से नहीं टकरा रहे हैं
और एक दरवाज़ा हमें
बाहर की जड़ता से जोड़े हुए है
हर रात को एक अन्तिम रात की तरह महसूस करते
हम निःशब्द रोटियाँ कुतरते हैं
अपनी मुरझाई टाँगें बटोरकर
हम एक-दूसरे की पीड़ाओं पर झुके ऊँघते हैं
तमाम ज़रूरतें हमारे नाख़ूनों के नीचे तप रही हैं
और शहर हमें
अपनी मनमानी शक्ल में ढाल रहा है
अपने नकली अँधेरे में शहर
ख़तरे की आवाज़ में बदल रहा है
एक भीड़ में शहर
लाठियों की तरह हम पर टूट रहा है
एक जासूस की तरह हरदम
हमारी हरकतों से गुज़र रहा है
फफूँद की तरह फैल रहा है
शहर हम पर।

[1974]

गाथा

इसी तरह मैं लौटता हूँ तुम्हारी देह में
तुम्हारे रक्त में रोशनी की तरह घूमता हुआ
वर्षों की स्याह घाटियों से उभरकर
मैं तुम्हारी आत्मा की निश्चेष्ट झील में
उतरता हूँ एक बनैले पशु की तरह
इन यात्राओं में मिलने जाते हैं
रौंदे हुए दलदल गूँजती गुफाएँ
और तुम्हारे शरीर में सोयी हुई शताब्दियाँ
जो छूते ही फुफकारती उठ खड़ी होती हैं

तुम आविष्कृत होती हो इसी तरह
बार-बार बर्फ़ीले वनों
और डरावनी गाथाओं में
तुम्हारी यात्राएँ कभी समाप्त नहीं होतीं
इस पेड़ के नीचे तुम्हारे हाथ गिरते हैं
उस चट्टान पर तुम्हारे होंठ
तुम्हारे स्तनों की छाप
उभरती जाती है खुरदरे पत्थरों पर
नदियों के निरन्तर जल में

तुम्हारे अंग एक-एक कर
धरती पर छूटते जाते हैं
स्वर्ग तक की सुदूर यात्राओं के इस नरक में
पिघलती बर्फ़ से
तुम्हारे शरीर की अन्तिम गन्ध उठती है

और तुम्हारे कंकाल में धँसा हुआ दुख
चमकता है दु:स्वप्नों की इस रात में

लहूलुहान स्मृतियों के कोहराम में
मछली की आँख पर तीर मारकर
लौट जाने का एक स्वप्न है
अनगिनत मत्स्य-वेधों से बना तुम्हारा शरीर
अतीत की निर्जन युद्धभूमियों से
धीरे-धीरे उठता है और उसके साथ
तमाम कायरताएँ प्रतिशोध और प्रायश्चित्त भी
जो तुम्हारी देह के बाद हुए

दरारों से सब कुछ उठता है
आर्तनाद की तरह
सिर्फ़ समय आता है
और तुम्हारे विगलित अंगों को लपेटकर
टहलता है तुम्हारी मृत्यु और
तुम्हारे जन्म के आर-पार सुनसान में।

[1974]

अन्तराल

हरा पहाड़ रात में
खिसककर मेरे सिरहाने खड़ा हो जाता है
शिखरों से टकराती हुई तुम्हारी आवाज़
सीलन-भरी घाटी में गिरती है
और बीतते दृश्यों की धुन्ध से
छनकर आते रहते हैं तुम्हारे देह-वर्ष
पत्थरों पर झुकी हुई घास
इच्छाओं की तरह अजस्र झरने
एक निर्गन्ध मृत्यु और वह सब
जिससे तुम्हारा शरीर रचा गया है
लौटता है रक्त में
फिर से चीख़ने के लिए।

[1973]

रेल में सात कविताएँ

1

रेल
प्लेटफ़ॉर्म छोड़कर
आगे बढ़ती है
प्लेटफ़ॉर्म लोगों की तरह हैं
छूटे हुए ख़ाली उदास
अपने उजाले में अकेले
सिहरते हुए

कोई नहीं जाता
रेल के साथ
चलती है सिर्फ़ रात
लोहे की तरह है यह रात
हम इस लोहे के भीतर
लेते हैं साँस।

2

रेल की खिड़की से
मैं आसमान देखता हूँ
जो दूर जाकर पृथ्वी से मिल गया है
वहाँ सो रहे हैं
दिन-भर के थके हुए पक्षी
वहाँ सो रहे हैं हारे हुए लोग
वहाँ फैला हुआ है

पृथ्वी का अनन्त दुख
रेल में एक बच्चा झपकी लेता है
माँ के दूध का सपना
देखता हुआ
एक बूढ़ा आँखें मूँद कर
सोचता है
मौत एक रेल की तरह है
मुझे ले जाती हुई
चेहरा झुकाए एक लड़की
किताब पढ़ती है गुमसुम
उसकी किताब के पन्नों से गुज़रती है
रेल जैसे आँसू की लकीर

नींद जैसे एक बियाबान में
रेल सीटी देती है
समय बीत रहा है
समय बीत जाएगा
चीज़ों को पीछे छोड़ते हुए।

3

नीचे देखने पर मुझे
अपनी छाया दिखाई देती है ज़मीन पर
यह मुझसे दुगुनी है
और बैठी है बिना साँस लिये
इससे कोई बात करना व्यर्थ है
जवाब के लिए यह हमेशा
देखती है मेरी ओर
दूसरी छायाओं से इसका कोई सम्बन्ध नहीं
यह इतनी दूर बैठी है
फिर भी मुझमें लिपटी है बेतरह
सिर्फ़ इसके और मेरे बीच
जब पेड़ और पुल प्रवेश करते हैं

तब यह छितराती है
और बन जाती है
किसी दूसरे आदमी की छाया।

4

कितनी सारी नदियाँ हैं
जिन्हें मैं नहीं जानता
और पुल
जिन पर मैं नहीं चला
कितना सारा पानी है
जिसे मैंने नहीं छुआ

अब यह सब
पड़ता है मेरे रास्ते में।

5

एकाएक आसमान में
एक तारा दिखाई देता है
हम दोनों साथ-साथ
जा रहे हैं अँधेरे में
वह तारा और मैं।

6

यह वह जगह है
जहाँ बार-बार रेल आकर रुकती है
और धुआँ छोड़ती है कुछ देर

यह वह जगह है
जहाँ हम जवान हुए थे एक दिन।

7

मैंने एक दृश्य देखा
जिसमें एक ख़ामोश नदी थी
और कुछ झाड़ियाँ थीं
नदी को घेरे हुए

मैंने उसे देखा और
मैं अभिभूत हुआ
ओ दृश्य मैं तुझे याद रखूँगा
हमेशा
कि मैं अभिभूत हुआ।

[1977]

किसी दिन

किसी दिन हम दीवाल पर पीठ टिका देंगे
हम जो बैठे हैं
रोशनी में कविता बाँचते हुए

किसी दिन हमारे कपड़े नदी में तैरते दिखेंगे
चिट्ठियों पर धूल जम जाएगी
कमरे में साँप भरे होंगे किसी दिन

किसी दिन जीभ का स्वाद मिट जाएगा
हाथ की लकीरें ग़ायब हो जाएँगी
रातों-रात किताबें खो जाएँगी
चश्मा टूट जाएगा तड़ाक्-से

किसी दिन सिर्फ़ दीवाल होगी
जिस पर हम
टिकाएँगे पीठ।

[1975]

पत्तों की मृत्यु

कितने सारे पत्ते उड़कर आते हैं
चेहरे पर मेरे बचपन के पेड़ों से
एक झील अपनी लहरें
मुझ तक भेजती है
लहर की तरह काँपती है रात
और उस पर मैं चलता हूँ
चेहरे पर पत्तों की मृत्यु लिये हुए

चिड़ियाँ अपने हिस्से की आवाज़ें
कर चुकी हैं लोग जा चुके हैं
रोशनियाँ राख हो चुकी हैं
सड़क के दोनों ओर
घरों के दरवाज़े बन्द हैं
मैं आवाज़ देता हूँ
और वह लौट आती है मेरे पास।

[1979]

पैरों के पीछे

[प्रमोद जोशी के लिए]

एक दस्तक सुनकर
मैं हड़बड़ी में दरवाज़ा खोलूँगा
और तुम भीतर आओगे
दिन-भर की ख़बरों थोड़ी-सी हवा
और चुप्पी के साथ
थकान की तरह अपना कोट उतारकर
आईने में कुछ देर
तुम अपना चेहरा देखोगे और मुस्कराओगे
कमरे में हल्की-सी धूल उड़ेगी
और चली जाएगी
खिड़की से बाहर

इस तरह सब कुछ
बीतता जाता है रोज़
उसी रास्ते आना-जाना थकान
किताबें नींद बहसें और उनके बाद
आने वाली पथरीली उदासी
सब कुछ बीतता जाता है
हमेशा हम बचे रह जाते हैं
किसी स्वप्न के भीतर दुबके हुए
अपनी बची-खुची ज़िन्दगी बचाते हुए
सोचते हुए कि एक दिन
कोई विस्फ़ोट होगा और ज़िन्दगी बदलेगी

मेज़ पर गम्भीरता से झुके हुए
हम किसके प्रतिनिधि हैं
किस घटना की ख़बर हैं हम
कौन हैं वे लोग हम जिनकी आवाज़ हैं
भूख से भर्राई हुई
हम उन्हें जान पाते कोई हथियार
दे सकते उनके हाथों में
हम उनसे पूछ सकते क्या वे अपने साथ
लाए हैं अपनी आग
कविता से पूछे जाने थे
सारे सवालों के जवाब
पूरी सदी पूरे ख़ून का हिसाब

भारी दिमाग़ और काँपते पैरों से
हम एक दिन चल देते हैं
बिना किसी यात्रा के बिना उद्देश्य के
बिना प्रेम किये बिना लड़े
चलते हुए हम अपने साथ
ले जाते हैं अपने शब्द
पैरों के पीछे ख़ामोशी छोड़ते हुए।

[1977]

पहाड़ पर लालटेन

जंगल में औरतें हैं
लकड़ियों के गट्ठर के नीचे बेहोश
जंगल में बच्चे हैं
असमय दफ़नाए जाते हुए
जंगल में नंगे पैर चलते बूढ़े हैं
डरते-खाँसते अन्त में ग़ायब हो जाते हुए
जंगल में लगातार कुल्हाड़ियाँ चल रही हैं
जंगल में सोया है रक्त

धूप में तपती हुई चट्टानों के पीछे
वर्षों के आर्तनाद हैं
और थोड़ी-सी घास है   बहुत प्राचीन
पानी में हिलती हुई
अगले मौसम के जबड़े तक पहुँचते पेड़
रातोंरात नंगे होते हैं
सूई की नोक जैसे सन्नाटे में
जली हुई धरती करवट लेती है
और एक विशाल चक्के की तरह घूमता है आसमान

जिसे तुम्हारे पूर्वज लाए थे यहाँ तक
वह पहाड़ दुख की तरह टूटता आता है हर साल
सारे वर्ष सारी सदियाँ
बर्फ़ की तरह जमती जाती हैं निःस्वप्न आँखों में
तुम्हारी आत्मा में
चूल्हों के पास पारिवारिक अन्धकार में

बिखरे हैं तुम्हारे लाचार शब्द
अकाल में बटोरे गए दानों जैसे शब्द

दूर एक लालटेन जलती है पहाड़ पर
एक तेज़ आँख की तरह
टिमटिमाती धीरे-धीरे आग बनती हुई
देखो अपने गिरवी रखे हुए खेत
बिलखती स्त्रियों के उतारे गए गहने
देखो भूख से बाढ़ से महामारी से मरे हुए
सारे लोग उभर आए हैं चट्टानों से
दोनों हाथों से बेशुमार बर्फ़ झाड़कर
अपनी भूख को देखो
जो एक मुस्तैद पंजे में बदल रही है
जंगल से लगातार एक दहाड़ आ रही है
और इच्छाएँ दाँत पैने कर रही हैं
पत्थरों पर।

[1974]

अत्याचारियों की थकान

अत्याचार करने के बाद
अत्याचारी नेगाह डालते हैं बच्चों पर
उठा लेते हैं उन्हें गोद में
अपने जीतने की कथा सुनाते हैं

कहते हैं
बच्चे कितने अच्छे हैं
हमारी तरह नहीं हैं वे अत्याचारी

बच्चों के पास आकर
थकान मिट जाती है उनकी
जो पैदा हुई थी करके अत्याचार।

[1980]

तानाशाह कहता है

हमारे बिना तुम कुछ नहीं कर सकते
तानाशाह कहता है
तुम उठ नहीं सकते   साँस नहीं ले सकते
कहीं आ-जा नहीं सकते
हम न हों तो तुम भी नहीं हो सकते

देखो तुम्हारी झोंपड़ियों के छप्पर
उड़ गए हैं
और कई रोज़ से तुमने कुछ नहीं खाया
तुम्हारी फ़सल कोई लूट ले गया है
तुम्हारे बच्चे रो रहे हैं
आसमान की ओर मुँह किये हुए

फिर भी तुम ख़ुश रह सकते हो
अगर हमारे होकर रहो
हम तुम्हारे लिए ही आए हैं
कहता हुआ तानाशाह नेपथ्य से आता है
जो हमारा नहीं उसकी ख़ैर नहीं
कहकर मुस्कराता है

तानाशाह कहता है
धैर्य रखो धैर्य बड़ी चीज़ है
अपने दुख के बारे में मत सोचो
और दुख होगा
मुझसे देखा नहीं जाता तुम्हारा दुख
देखो देखो कितना बड़ा है मेरा दुख

तानाशाह चाहता है
तुम सिर्फ़ उसके दुख के बारे में सोचो
और कुछ करना ही है
तो इतना करो
कि जब वह मरने लगे
तो खोज लाओ एक नया तानाशाह।

[1980]

मुक्ति

पीठों पर घाव और कन्धों पर हथियार लिये हुए
लोगों की आहटें और नज़दीक हो गई हैं
उनके काँपते सर और सूराख़दार सीने
धीरे-धीरे अपने पैतृक विलाप से बाहर आ रहे हैं
कच्ची मिट्टी से सने उनकी उँगलियों के पोर
सनसनाते हैं ख़ून की लकीरों जैसी
उनके हाथ की रेखाएँ चमकती हैं
उठी हुई कुहनियों से मीलों स्तब्ध हवा काँपती है
उनकी धमनियों में गूँजती भूख
खोजती है अपना ग़ुस्सा और अपना प्रेम
उनके रोओं से उड़ती है बारूद

अपने मरे हुए बच्चों की खोज में
मैंने उन्हें एक जंगल से निकलकर
दूसरे जंगल में जाते हुए देखा है
मैंने नारों और वादों के लिजलिजे जाल में
उनकी भूख को एक मुस्तैद और नुकीले
पंजे में बदलते देखा है
मैंने उन्हें मौत के अँधेरे समुद्रों में
एक रहस्यमय लपट की तरह चलते हुए देखा है
मैंने उन्हें बेशुमार पौधों की तरह नाचते दखा है
इस रक्तरंजित रेगिस्तान में

खेतों और मकानों से उठकर वे
खेतों और मकानों में बिछ रहे हैं
वे चट्टानों के भीतर जड़ों की तरह पसर रहे हैं

घाटियों और चरागाहों में फड़फड़ाते हुए
वे लगातार आ रहे हैं अन्याय को
फिर से अपने रक्त और मांस में पकड़ने के लिए
सुनसान और अवैध रास्तों से गुज़रते हुए
वे सुनते हैं सुदूर जेलों में बजती
मृत्यु की सूचना देती बेड़ियाँ
और अजन्मे बच्चों के नाम पेड़ों पर गोदते हैं : मुक्ति

धमनियों में गूँजते इस ग़ुस्से और इस प्रेम को देखो
इस बंजर को देखो जिसका हर कोना
एक नये मनुष्य की गन्ध से भर गया है
और सड़कें और टहनियाँ पानी और फूल
और रोशनी और संगीत
तमाम चीज़ें हथियारों में बदल गई हैं
चीख़ों और हाथों के चिह्न जहाँ-तहाँ छूटे हैं
देखो रक्त के थक्कों के नीचे
अब भी ज़मीन हरी है दरारों में पानी की छरछराहट है
और हमारी भूख है
जिसे हम सबसे ज़्यादा जानते हैं।

[1973]

खिड़की

इस खिड़की के बाहर
मेरा इन्तज़ार हो रहा है
मुट्ठियाँ ताने हुए शब्दों की तरह
हरे पत्तों से भरपूर सुबह दिखेगी
एक बड़ी भूरी चिड़िया की तरह
कोहरा टहनियों पर टिका होगा
एक छत से धुआँ उठ रहा होगा
एक बच्चा सड़क पर पड़ी
पतंग ले जाता होगा अपने घर
उसकी ओस पोंछता हुआ

इस खिड़की के बाहर
मेरा इन्तज़ार हो रहा है
वहाँ मेरे बचपन के कपड़े सूख रहे हैं
नये पत्तों के फूटने की ख़बर
पिता की चिट्ठी
और माँ की हँसी फैली होगी धूप में
वहाँ मेरे दोस्त होंगे
ज़िन्दगी में जाने के लिए तैयार
कपड़े पहनते हुए

सूरज होगा एक-एक दृश्य से टकराता हुआ
इस खिड़की के बाहर
मेरा इन्तज़ार हो रहा है
रात के स्याह पानी से उभरते
घरों की खिड़कियाँ खुल रही हैं

आँखों की तरह
मुझे यह खिड़की खोलनी चाहिए
जो तमाम खिड़कियों के
खुलने की शुरुआत है।

[1979]

एक जीवन के लिए

शायद वहाँ थोड़ी-सी नमी थी
या हल्का-सा कोई रंग
शायद सिहरन या उम्मीद

शायद वहाँ एक आँसू था
या एक चुम्बन
याद रखने के लिए
शायद वहाँ बर्फ़ थी
या छोटा-सा एक हाथ
या सिर्फ़ छूने की कोशिश

शायद अँधेरा था
या एक ख़ाली मैदान
या खड़े होने भर की जगह
शायद वहाँ एक आदमी था
अपने ही तरीक़े से लड़ता हुआ।

[1986]

सपना

मैं गिरा एकाएक
जैसे सपने से
जैसे चलते-चलते कोई गिरता है
सड़क पर अधबीच

यह मेरी त्वचा के गिरने का सपना था
अपनी आत्मा सहित
मुँह और रोओं के गिरने का सपना
मेरी गृहस्थी गिरी मेरे साथ
जेब में रखी हुई चीज़ें
जिन्हें मैं बार-बार निकालकर
रखता था फिर जेब में

गिरते गए अब तक कमाए
तमाम मेरे अनुभव
रोने-धोने की आवाज़ें गिरीं साथ-साथ
किसी ने गिरा दिये
मेरे कपड़े भी
बारिश और हवा से दूर
गिरता रहा मैं धरती
और रसातल से दूर

गिरते हुए उसकी एक झलक
देखी मैंने
जो हँसते हुए मुझे गिरा रहा था
लगातार।

[1986]

आश्चर्यलोक

जाते ही धम से कुर्सी पर बैठ
कुछ देर मैं खोया-खोया-सा लगूँगा
फिर निगाह उठाकर चौतरफ़ा देखूँगा
मन्द मुस्कराते हुए
मुझे आश्चर्य नहीं होगा किसी बात पर
पहली बार किसी चीज़ को देखकर
ख़ुशी या दुख से मैं चौंक नहीं उठूँगा

परेशान एक आदमी आएगा हाँफता हुआ
मुझे लू लग गई जी
मेरे पूरे परिवार को
गर्मी में भटकने की बजाय आप क्यों नहीं
आराम करते घर में कहकर मैं चुप लगा लूँगा
ऐनक ठीक करता हुआ हो जाऊँगा व्यस्त

तभी आएगा एक नाराज़ आदमी
हद हो गई अब नहीं होता बर्दाश्त
देखिए शहर में खुलेआम घूमते हैं हत्यारे
थोड़ा मुस्कराते हुए मैं कहूँगा भाई
अच्छे-ख़ासे तुम क्यों चले आए इस शहर
तुम जैसों के रहने की नहीं है यह जगह

अन्ततः मैं शान्त और सन्तुष्ट रहूँगा
बिना हैरत बिना अफ़सोस
सोचता हुआ कैसे सुलझा लिये मैंने जीवन के संकट

इसी तरह चलता है संसार
कुछ दिन मन में विद्रोह होता है घुमड़न रहती है
कोई दुख देखकर नीची कर लेनी होती है निगाह।

[1984]

प्रेम करती स्त्री

प्रेम करती स्त्री देखती है
एक सपना रोज़
जागने पर सोचती है क्या था वह
निकालने बैठती है अर्थ

दिखती हैं उसे आमफ़हम चीज़ें
कोई रेतीली जगह
लगातार बहता नल
उसका घर बिखरा हुआ
देखती है कुछ है जो दिखलाई नहीं पड़ता
कई बार देखने के बाद

प्रेम करती स्त्री
यक़ीन नहीं करती किसी का
कन्धा गिरा देती है
दर्पण में नहीं देखती ख़ुद को
सोचती है मैं ऐसे ही हूँ ठीक

उसकी सहेलियाँ एक-एक कर
उसे छोड़कर चली जाती हैं
धूप उसके पास आए बिना निकल जाती है
हवा उसके बाल बिखराये बिना बहती है
उसके खाए बिना हो जाता है खाना ख़त्म

प्रेम करती स्त्री
ठगी जाती है रोज़

उसे पता नहीं चलता बाहर क्या हो रहा है
कौन ठग रहा है कौन है खलनायक
पता नहीं चलता कहाँ से शुरू हुई कहानी

दुनिया को समझती है वह
गोद में बैठा हुआ बच्चा
निकल जाती है अकेली सड़क पर
देखती है कितना बड़ा फैला शहर
सोचती है मैं रह लूँगी यहाँ कहीं।

[1987]

पता

प्यारे पत्ते हो तुम उन्होंने कहा
कोमल और हिलते हुए
तुम्हारे विचार हैं तुम्हारी ही तरह

मुझे होना चाहिए एक ठूँठ
जो ख़ुशी से फूल नहीं जाता
मुरझाता नहीं
पाला पड़ने पर रंग नहीं बदलता

रह लेता है कहीं भी
गहरी साँस लेता हुआ।

[1986]

पेड़

पृथ्वी और आकाश उनमें एक साथ मौजूद हैं
जब हम नहीं थे तब भी थे वे पेड़

उनसे ज़्यादा उनकी स्मृतियाँ हैं हमारे पास
वे बने हैं करोड़ों चिड़ियों की नींद से

हमने उन्हें कभी नाराज़ या बौखलाते नहीं देखा
नहीं देखा सर धुनते हुए

वे सोचते रहते हैं कुछ
पृथ्वी और आकाश में बराबर बँटे हुए।

[1984]

हम

अपना रास्ता चलते हुए
हम आपस में कहते हैं
सँभल कर चलो
हमें चलना है कई साल

घर से निकलना है
घर में प्रवेश करना है
चींटी चाल चलते कभी हड़बड़ करते
बचे रहना है आँधी से
जो आने को है कभी भी
त्वचा हमारी दूर से भाँप लेती है
हवा में ख़त्म होती नमी को

फूलों और भिखारियों को
पीछे छोड़ते हुए हम चलते हैं
रास्ते में बिखरे ख़ून को न देखते
रोते हुए बच्चे से कहते
चुप रहो चुप
अभी चलना है कई साल

ठीक से चलिए साहब
लड़खड़ाते आदमी से कहना चाहते हैं हम
दुनिया में फैल रही है थकान
हम देर तक बातचीत करते हैं
सहमत होते हैं

तारों के नीचे लौटते हुए हम नहीं पूछते
कहाँ जाती होगी यह सड़क

जो जा रहे हैं उन्हें विदा करते
हम आपस में कहते हैं
सँभलकर चलो
बचते हुए अपने शरीर की सिहरन से।

[1986]

दूसरा हाथ

आख़िरकार मेरे पास एक ही हाथ है
उससे कितने काम कर सकता हूँ मैं
मैंने कहा
मेरा दूसरा हाथ लगभग बेकार है
कम ही काम आता है यह किसी के
और अक्सर मुझे याद नहीं रहता
कि एक दूसरा भी हाथ है मेरे पास

इसी एक हाथ से मैं कर पाता हूँ काम
मसलन आपके घर पानी भरना
आभार के शब्द लिखना
बसों की रेलिंग से लटकना
सार-सँभाल करना आपके संसार की
चलते हुए मैं इस हाथ को ज़ोरों से झुलाता हूँ
ताकि यह सक्रिय रहे और परवाह न करे

दूसरा हाथ तब कहीं दुबका होता है
झाड़ी के ख़रगोश सा
या दूर बचपन की गेंदों
और लकड़ी के घोड़े के बीच पड़ा हुआ
युवावस्था में किसी लड़की का हाथ भींचे हुए वह हाथ
जिसे छू नहीं पाता मेरा यह झूलता हुआ हाथ

शहरों दफ़्तरों घरों के दरवाज़े
खटखटाता जाता है यह हाथ
इसी से करने होते हैं मुझे सारे काम

दुनिया के सबसे बड़े झूठों में शुमार यह हाथ
जो थकता नहीं निराश नहीं होता कभी
जब हद हे जाती है
तब दूसरा हाथ कभी-कभी जतलाता है अपना विरोध
काँपता दर्द करता हुआ।

[1983]

प्रेमीजन

कोई नहीं देखता उन्हें साथ-साथ चलते हुए
आलिंगनबद्ध या आँखों में आँखें डाले
कोई नहीं पहचानता उन्हें
लोग कहते हैं यह तो हवा थी
या कोई आवाज़
या किसी अजनबी की पगचाप
जिससे मिलना चाहते थे हम कब से

कभी-कभी वे चले जाते हैं दूर
जहाँ न लोग हों न सन्नाटा
जैसे अपने चुम्बनों से बनाई हो उन्होंने एक नाव
और खेते गए हों पसीने की धार में
वे पुकारते जाते हैं एक दूसरे को
लोग कहते हैं सब बेकार की बात है
हमें तो अक्सर याद नहीं रहते सपने
प्रेमीजन बसाते हैं इस संसार में
एक संसार
खुलेआम बहते हैं उनके आँसू
जैसे पेड़ से झरते हों पत्ते गिरते हों फल
वे अपनी आँखें नहीं छिपाते चश्मों से
लोग कहते हैं हमें तो कुछ दिखाई नहीं दिया
वहाँ सिर्फ़ कुछ धब्बे ये रास्ते में

यह बहुत पुरानी बात है
एक सुन्दर स्वप्नवत् दृश्य में
एक शान्त पेड़ पर आकर बोलती थी

एक चिड़िया कई दिनों तक
कुछ बूढ़े-बूढ़ियाँ उसे कभी-कभी याद करते हैं
और चुप रहते हैं
एक दूसरे की आँखों में देखते।

[1987]

संरचना

अँधेरे में
वह सबसे सघन संरचना थी
अँधेरे से ज़्यादा सघन

उसके सपने
उसे छोड़ रहे थे
एक विपत्ति के दरवाज़े पर

हमने साथ-साथ एक चट्टान पार की
एक नदी साथ-साथ
पार किये कई बचपन

मैं बेहद अकेला था
जब मैंने उससे कहा प्यार जैसा कुछ
वे शब्द निरर्थक थे या थके हुए

एक मातमी माहौल में
मैं कहना चाहता था तुम पृथ्वी हो
तुममें शुरू होता है जीवन तुममें ख़त्म

बाहर रोशनियाँ बुझ रही थीं
पेड़ों और चेहरों पर धूल जमती थी
ख़त्म होने को थी एक शताब्दी

उसने कहा मुझे मालूम है भविष्य
मैं रोज़ देखती हूँ अपने हाथ-पैर
जहाँ से चढकर आता है अन्धकार

एक पवित्र देह में रहती रही
मैली-कुचैली एक आत्मा झुर्रियों से भरी
धीरे-धीरे स्कुिड़ती हुई।

[1986]

चौराहे पर

वह चिल्लाई
चौराहे पर
जहाँ अँधेरे से आती सड़कें
दम तोड़ती हैं रोशनी में

उसने कुछ कहा
एक गहरी रात में
जब कहीं कुछ सुनाई नहीं देता
और लोग सोने जा चुके होते हैं

उसने हाथ फैलाए
किसी ऊँची छत पर
जहाँ से यह शहर
एक आश्चर्यजनक दृश्य की तरह
दिखता है

मुझे बचाओ यह बात
वह कहती आ रही थी कई साल से
भागते हुए हम ठिठकते हैं
कभी-कभी अकेले में।

[1986]

एक पुरानी कहानी

अब हम आ गए हैं
घर से बहुत दूर

चट्टानों से फूटकर चट्टानों में जाते
पानी की आवाज़ अब नहीं सुन पड़ती
नहीं दिखते पुरखों के लाए हुए पत्थर
जिन पर हम सुस्ताने बैठते थे
यात्राओं की थकान के बाद

अब यह परदेश की भूमि है
हमारे पास जो कुछ है
उसे हमें आपस में बाँट लेना चाहिए
जैसी सूखी रोटियाँ

आसमान में बादल हैं
कभी भी बारिश हो सकती है
हमें बचा लेनी चाहिए अपनी क़ीमती चीज़ें
जैसे चप्पलें जेबों में पड़ी पुरानी चिट्ठियाँ
दोस्तों के पते-ठिकाने

घर से बहुत दूर आ गए हैं हम
तकलीफ़ों की एक और ही दुनिया में
जहाँ लगातार दौड़ते रहना होगा
दलदल में धँसेंगे पैर
सूझेगा नहीं रास्ता सन्नाटे में
तब हम पुकारेंगे एक दूसरे को

चाहे जैसी भी हवा हो
यहीं हमें जलानी है अपनी आग
जैसा भी वक़्त हो
इसी में खोजनी है अपनी हँसी
जब बादल नहीं होंगे
ख़ूब तारे होंगे आसमान में
उन्हें देखते हम याद करेंगे
अपना रास्ता।

[1983]

पैदल बच्चे स्कूल

पैदल जाने वाले बच्चों का कोई भरोसा नहीं
वे घर से जल्दी चल पड़ते हैं
और स्कूल पहुँचते हैं अक्सर देर से
रास्ते में गन्दी हो जाती हैं उनकी पोशाकें
जिन्हें सँभालते हुए वे भागते हैं
आँखें नीची किये खड़े होते हैं क़तार में

बाहर निकलने पर वे देखते हैं
फूल तोड़ लिये गए हैं
घास कुचली जा चुकी है
और आसमान बुरी तरह बरसने वाला है

रोज़ एक ऊबड़-खाबड़ रास्ता पार करते हैं वे
आने-जाने वालों से पूछते हैं
कितना बजा है भाई साब
बारिश में भी पहुँच जाते हैं स्कूल
यह देखने कि वह बन्द है या खुला हुआ

पैदल बच्चों के पास छिपाने के लिए कुछ नहीं है
किताबों के बीच तितलियाँ नहीं
जूते भी नहीं जिन्हें वे रख सकें
झाड़ी के पीछे
कई बार उन्हें हिदायत दी गई है
जूते पहन कर आने की
हाथ-पैर के नाख़ून कलात्मक काटने की
कई बार पड़ी हैं बेंत

और कहा गया है कि हम तुम्हें नहीं ले जाएँगे
महापुरुषों की अगवानी में

पैदल बच्चों की सूरत अक्सर
उनकी माँओं से मिलती है
शाम को जब वे लौटते हैं झुंड के झुंड
जैसे किसी हमले में खदेड़े जाते हुए
पैदल बच्चों की दुनिया में कभी-कभी फूल आते हैं
पैदल बच्चों की दुनिया में कभी-कभी हवा बहती है
कभी-कभी उन्हें देखा गया है
कोमल मानवीय भावनाओं के विरोध में
कुछ शब्द लिखते हुए।

[1985]

वह

कभी वह एक चिड़िया थी
कहती हुई कि लो मैं उड़ी
कभी पत्थर
बरसों से नदी किनारे बैठी हुई

रात में बार-बार उठकर वह देख लेती थी
अपनी बग़ल में सोये आदमी का चेहरा
उसके कपड़े पहन लेती थी
गहरी साँसें छोड़ती थी
ताकि उसकी याद वहाँ बनी रहे
किताबों और बिस्तरों के बीच

इस तरह छाया रहा पूरे घर में
एक स्त्री का निरर्थक प्रेम
उसके चलने-फिरने की आवाज़ें
विपदाओं से घिरा अकेला दिमाग़
जो जाना चाहता था हर बार
किसी निर्जन की शरण

मैं देर तक सोचती हूँ अन्धकार
उसने कहा तय नहीं कर पाती
कि चिड़िया हूँ
या पत्थर।

[1985]

पत्थरों की कहानी

1

पत्थरों के बीच आवाज़ें हैं बहुत पहले की
जब हमारे पुरखे यहाँ आए थे
पुराने जंगलों का सन्नाटा
और पशुओं की दहाड़ है पत्थरों में
बहुत-से पेड़ जो नष्ट हो गए
उनकी जड़ें छिपी हैं इनमें
निर्जन पृथ्वी के भीतर से आए ये पत्थर
पूर्वजों के जीवाश्म जिनके भीतर ठंड है
ज़रा-सी धूप पाकर जो चमकने लगते हैं
सख़्त और नुकीले बनते हुए
सूरज चाँद तारे कभी-कभी इनसे टकराते हैं
दूसरे पत्थरों की तरह

2

पत्थरों के इस रास्ते मैं कई बार आया हूँ
मैंने देखा है पानी का वेग रोकते
आदमियों से भी ऊँचे पत्थरों को
और उन्हें भी जो इनके सामने बिलकुल बच्चे हैं
जिनके भीतर से नदी आसानी से बह जाती है
कई बार आया-गया हूँ मैं इस रास्ते
लगभग चीख़ता हुआ लगभग काँपता हुआ
पत्थरों के इस विशाल लोक को लाँघते हुए
मुझे लगा है मैं इन्हें लाँघ नहीं सकता

मैं बहुत कम जानता हूँ इनके बारे में
एक भी शब्द लिख नहीं सकता
कभी वे सिर्फ़ शोक में डूबे लगते हैं
कभी एक-दूसरे से फुसफुसाते हुए
कभी-कभी उनसे पैदा हुईं चिनगारियाँ
आसपास कोई जंगल खोजती हुईं

इन पत्थरों के बीच से
सर नीचा किये हुए मैं गुज़रा इस तरह
जैसे वहाँ पत्थरों की जगह बैठे हों
चौकन्नी आँखों वाले लोग।

3

इन पत्थरों से शुरू होते हैं रास्ते
इनके बीच से हम देखते हैं धीरे-धीरे पास आते गाँव
इनके बीच से हम स्वजनों को देते हैं आवाज़

पत्थरों में मिलती है शरण
थके-माँदे हम जब लौटते हैं घर।

[1985]

शुरुआत

सामने नंगे पहाड़ पर
जैसे ही चाँद चमकता है
अँधेरे में पिता माँगते हैं थोड़ी-सी मदद
माचिस की तीली बराबर रोशनी
कुछ देर की गाढ़ी निर्भय नींद
सुबह सीढ़ियाँ उतरने की सामर्थ्य
और एक लाठी पत्थरों को टटोलने के लिए

यह बुढ़ापे की शुरुआत है
अँधेरी कोठरी में सर झुकाकर काँपने
और हड्डियों में ठंड बैठने की शुरुआत
चेहरे धीरे-धीरे धुँधले होते हैं
जीते-जी गुम हो गई एक पीढ़ी
एक दलदल में धँस गए साथ के लोग

वर्षों पीछे छूटा हुआ दृश्य
चाहते हैं पिता याद करने के लिए
जब उनमें ताक़त थी
और उन्होंने देखा था बेटे-बेटियों का बढ़ना
चट्टानें तोड़कर निकाले थे रास्ते
शाम के आसमान में चहकते पक्षियों की तरह
उनके भीतर सपने उड़ते थे
अँधेरे में पिता माँगते हैं थोड़ी-सी उम्मीद
पर्देश गए बेटे के लौटने की

यह ज़मीन हर साल
और कठोर होती जाती है
पेड़ हर साल कुछ कम फल देते हैं
बच्चे दिखते हैं और भी दुबले
उनके माँ-बाप कुछ और कातर
मौसम बदल रहा है
रात किसी जानवर की तरह
गाँव को दबोचे हुए है
और सामने नंगे पहाड़ पर चाँद चमक रहा है
अँधेरे में पिता माँगते हैं थोड़ी-सी मदद
अपने बुढ़ापे की शुरुआत में।

[1981]

शोकगीत

इस धीमी रोशनी में पढ़ो
पुरानी धुँधली चिट्ठियों के अक्षर
क्या वे कोई रहस्य-भरे सन्देश हैं
या कहानियाँ हैं दरवाज़ों के बन्द होने की
दरारें पड़ने और धूल हो जाने की लिपियाँ

रात सबके चेहरों पर एक साथ गिरती है
रास्ता खोजते हुए याद करो
यहाँ पानी बहता था गीत गाये जाते थे
अँधेरे में से आती थी हँसने की आवाज़
ख़ज़ाने की तरह छिपा होता था कोई दुख

चारों तरफ़ से आते इस शोकगीत को सुनो
जिसमें कोई स्वर नहीं कोई लय नहीं
स्मृतियाँ भी नहीं हैं
सिर्फ़ रात है उन अक्षरों पर गिरती हुई
जिन्हें तुम अज्ञात लिपि की तरह पढ़ते हो रात-भर।

[1984]

हम सोते हैं

नदी में जंगल की छाया पड़ती है
हम सोते हैं

किनारे पर नंगे पत्थर तपते हैं
हम सोते हैं

काली रात सफ़ेद होती है
हम सोते हैं

हमारे खेतों में बाढ़ आती है
हम सोते हैं

हमारे बच्चे अपनी कॉपियों पर
मरे हुए लोगों के चेहरे बनाते हैं
हम सोते हैं।

[1979-81]

पिता

बूढ़े हो गए हैं पिता
बहुत बूढ़े हो गए पिता

अगर वे दाढ़ी उगाते
तो वह होती चमकीली सफ़ेद
लम्बी लहराती
दिव्य पुरुष जैसी
कुछ बच्चे भी होते दाढ़ी पकड़
झूला झूलते

पर वे तो बैठे हैं धूप में
सर झुकाए
कभी देह का कोई हिस्सा खुजाते

अक्सर उन्हें लगता है
कहीं दूर से लौटे हैं अभी-अभी
हालाँकि वे हिलते-डुलते तक नहीं
अपनी जगह से
बैठे रहते हैं निश्चेष्ट

कभी-कभी कहते हैं
कैसा था हमारा ज़माना
तुम्हारे रद्दी ज़माने से पहले
तुम तो आए नहीं किसी काम

कभी-कभी जब वे खुजा नहीं पाते
अपनी पीठ
तो कहते हैं अरे ज़रा
कोई खुजाना मेरी पीठ।

[1982]

सम्भव

मैं चाहता था वहाँ एक पेड़
हवा और रात
मैं चाहता था एक नदी
एक आदमी
थकान दूर करने के लिए
हाथ-पैर धोता हुआ।

[1986]

नदी

सुख दिन में नदी की तरह था
दुख रात में नदी की तरह

डूबे जाते थे हम।

[1986]

कुछ अन्धकार

कुछ अन्धकार
बचाकर रख लिया है

हम आते हैं और देखते हैं
अतीत।

[1983]

स्मृति

रात-भर हम देखते हैं
पत्थरों के नीचे
पानी के छलछलाने का स्वप्न

सुबह बर्फ़ झाड़ते पेड़
छिटककर अलग होते हैं
और विनम्र अपनी जड़ों तक झुक जाते हैं।

[1983]

एक दृश्य

वह आत्मा ही थी
शरीर का स्वप्न देखती

वह आत्मा ही थी
तारों की तरह झरती।

[1983]

प्रेम

वह कोई बहुत बड़ा मीर था
जिसने कहा प्रेम एक भारी पत्थर है
कैसे उठेगा तुझ जैसे कमज़ोर से

मैंने सोचा
इसे उठाऊँ टुकड़ों-टुकड़ों में

पर तब वह कहाँ होगा प्रेम
वह तो होगा एक हत्याकांड।

[1983]

ट्रेन में

सोती हुई बच्ची को
जगह देने के लिए
एक बूढ़ा अपनी जगह से उठता है
और काँपते पैरों पर खड़ा हो जाता है

बच्ची सोती है गाढ़ी दूध की नींद
बूढ़ा उसे देखता है
दूर से

बूढ़ा मुस्कराता है शरमाता हुआ
बच्ची मुस्कराती है सोते हुए।

[1983]

सफल कवि

रहते हैं इस शहर में कई सफल कवि
एक खर्राटेदार नींद के बाद वे जागते हैं
नहा-धोकर बैठते हैं कविता लिखने
टहलते हैं सिर्फ़ बाग़ीचों में
सोचते हुए जो सफल है वही है कवि

प्रखर चिन्तन गद्य-पद्य-रस-अलंकार
अस्तित्ववाद अन्तरराष्ट्रीयता पत्राचार
चरित्र-चित्रण राजनीति दूरदर्शन कला भवन
सबमें रहता समान आवागमन
लगभग जादूगर हैं सफल कवि
बुलाते ही हाज़िर होती हैं
बाँदियों की तरह कविताएँ

उदास लोगों को वे देखना नहीं चाहते
आरामकुर्सियों पर बैठे मिठाई खाते हैं
क़हक़हे लगाते हैं
फिर सहसा डूब जाते हैं
किसी गहन चिन्ता के रसातल में
यही है एक उनकी मुसीबत

गुज़र गईं कई पीढ़ियाँ
सफल कवियों की इस शहर में
फ़िलहाल देखिए सामने के फ़ोटो में
एक सफल नेता को विनम्र हाथ जोड़ रहा है
एक सफल कवि।

[1984]

हत्यारा

बहुत दूर से आया है हत्यारा
उसे पार करने पड़े हैं
दुर्गम डरावने जंगल
मौसम की मार झेलनी पड़ी है
बीहड़ रास्तों पर
भूखे बिताए हैं उसने कई दिन
सेनाओं ने सही हैं मुसीबतें
हत्यारे के लिए

सेनाएँ कट मरेंगी हत्यारा जीतेगा
हर बार जीतने के बाद
लाशों के बीच अकेला खड़ा
हत्यारा कहेगा
अब मैं जाता हूँ बुद्ध की शरण।

[1981]

सफ़ेद दीवार

शहर की सबसे लम्बी सबसे सफ़ेद दीवार
ख़ाली है इस वक़्त
उस पर लिखा जा सकता है
अपना पूरा पता
बनाए जा सकते हैं वे चेहरे
जो अब नहीं हैं
ताज़ा वारदात में मृतकों की संख्या
ख़त्म होती हुई यह पूरी शताब्दी
दर्ज की जा सकती है दीवार पर

इस पर एक लड़का
अपने पड़ोस की लड़की का नाम लिख सकता है
एक लड़की अपनी सबसे बड़ी इच्छा
यहाँ उकेर सकती है
यहाँ भूखे बच्चों की तस्वीर लगाई जा सकती है
गोलियों के निशान बनाए जा सकते हैं
और उनके चारों ओर उड़ती हुई बारूद
यहाँ खोदी जा सकती हैं
हत्यारों की आँखें
उनके ख़ून से भरे हुए हाथ

सबसे लम्बी सबसे सफ़ेद दीवार
ख़ाली है इस वक़्त
इस पर लिखी जा सकती है कोई कविता

कल सुबह के लिए कोई सन्देश
इस पर दर्ज किया जा सकता है
अगली लड़ाई का एलान।

[1981]

क्या काम

[असद ज़ैदी के लिए]

आप दिखते हैं बहुत उदास
आपको इस शहर में क्या काम
आपके भीतर भरा है ग़ुस्सा
आपको इस शहर में क्या काम

आप सफलता नहीं चाहते
नहीं चाहते ताक़त
जो मिल जाए उसे छोड़ कुछ नहीं माँगते
आपको इस शहर में क्या काम

आप तुरत लपकते नहीं
और न खिलखिल करते
हाथ जेब में डाले चलते
रोज़ रात में पाते ख़ुद को लहूलुहान
आपको इस शहर में क्या काम।

[1986]

बाएँ हाथ का खेल

हम एक विशाल इमारत में घुसते हैं
खोलते हैं उसका लोहे वाला फाटक
जैसे यह हमारे बाएँ हाथ का खेल हो
सीढ़ियाँ चढ़ते हैं ऊपर से नीचे देखते हैं
जहाँ लोग एक दूसरे को धक्का देते बढ़ रहे हैं
हमारी निगाह टिक जाती है एक लड़की पर
जो धीरे-धीरे जा रही है कहीं काम की खोज में
इस तरह हम जुटाते हैं शहर के उदाहरण

आलीशान एक घर में हम दस्तक देते हैं
जिसका पता हमें मालूम नहीं
हम खा आते हैं खाना पी आते हैं शराब
कल की शाम तो आप बिताएँ हमारे साथ
कहता है हाथ मिलाता हुआ आकस्मिक दोस्त
रात में कोई हमें विदा करने आता है
आते रहिए कृपया संकोच नहीं करेंगे आने में
मैं तो भूल ही गया था पूछना आपका नाम
बिना घुले-मिले कैसे बनेगा आपका व्यक्तित्व

हमारा अपना एक विवेक है
हम अँधेरे में भी चल सकते हैं
अकेले में देख सकते हैं हमारे शरीर नहीं गए व्यर्थ
हम दे सकते हैं सवालों के माकूल जवाब
अब हम रह सकते हैं यहाँ
अब हम कह सकते हैं बहुत अच्छा

हम दिखते हैं सुबह ख़ुश या शाम को थके हुए
शाम को तरोताज़ा या सुबह परेशान
जहाँ कुछ कम नमी हो या कुछ कम धूप
हम दिखते हैं जैसे सपने में
कहीं टिकने के लिए कोई कोना ढूँढ़ते हुए
तकियों की खोज में इधर-उधर भटकते हैं हमारे सर।

[1987]

बाज़ार भाव

एक कोने में वह खड़ी दिखी
कुछ पीती हुई
तरह-तरह के लोग थे वहाँ
तरह-तरह के धन्धे हरेक धीरे से बतलाता था
अपनी सफलता की कहानी
एक साथ सब हँस पड़ते एक दूसरे पर

मैंने कहा मैं कविता लिखता हूँ
परिस्थितियों के हिसाब से
जब जो कुछ देखा हुआ उसे किया दर्ज
जैसे आप पहने हैं नीला रंग
तो उसका भी कुछ होगा
कविता में ज़िक्र

परिस्थिति बहुत विकट है मैंने कहा
यहाँ तक कि नीला रंग
किसी को डरा सकता है
बदहवास कोई चीख़ने लग सकता है
इस आनन्द मंगल जगह में

पार्टी की औरत ने देखी दुर्गत
कविता की हमारे ज़माने में
नहीं पूछा उसने कविता का बाज़ार भाव।

[1984]

काव्यात्मक चिन्ता

क्या मैं ग़लत समय पर
ग़लत जगह आया हुआ आदमी हूँ
जो कहीं पर बस से उतरा और सीधा चला आया

मुझे नहीं मालूम कि यहाँ क्या हो रहा है
किस तरह के शब्द यहाँ प्रचलित हैं
प्यारे कवियो यह सब कोहराम क्यों है

मैं चाहता हूँ हम साफ़-साफ़ एक बयान दें
कि सारी चीज़ें ठीक-ठीक समझाई जाएँ
और खुलेआम ही नहीं चोरी-छिपे भी
अभद्रताएँ फ़ौरन बन्द हों
(शुरुआत करें ख़ुद से ही)

कैसा वक़्त है यह
दोस्त धमकाते हैं दोस्तों को
बूढ़े भटकते हैं जगह-जगह
पते पूछते हुए
मैं चाहता हूँ हम गहरा शोक व्यक्त करें इस पर

भाइयो हम स्थगित कर सकते थे यह सभा
हम यहाँ शराब नहीं भी पी सकते थे
काव्यात्मक चिन्ताएँ

लम्बे समय तक ख़ारिज की जा सकती थीं
ज़रूरी नहीं था हमारा बन-ठन कर टहलना
हम नहीं भी ढो सकते थे यह बोझ।

[1984]

दिनचर्या

कुछ ठोस उदाहरणों का हवाला देकर
हम कहते हैं यह दिन बीत गया
सुबह दरवाज़ा है हमारी आत्मा का
इसे हम खटखटाते हैं कामकाजी तरीक़े से

उठो और चल दो
अपनी दैनिक निराशा अर्जित करने के लिए
हम जानते हैं
धुआँ ख़ून और चीख़ बहुत पहले से मौजूद हैं
इस सबकी छाप है हमारे विचारों पर
अपने विचारों से ज़्यादा दूर नहीं गए हैं हम

हम सड़क पर आते हैं
कविताओं-कहानियों की खोज में
हाथ बाँधकर परस्पर बातचीत करते हैं
हमारी आस्था है इस तरह बातचीत करने में
तेज़ी से कमरे में टहलते हैं अख़बार पर झल्लाते हैं
अन्त में हम कहते हैं भयानक है यह सब

हमने नहीं सोचा था मनुष्यता का भी एक ग़र्त है
हमने नहीं सोचा था अत्याचारी भी कहेगा
मेरा चेहरा मिलता है आदमी से
हम नहीं थे इस अपराध इस पागलपन में शामिल
सोचते हुए हम देखते हैं
समाज जा रहा है तेज़ी से रसातल

बचा ले आए हैं हम रोटी में नमक बराबर जीवन
सलामत हैं हमारे सर चक्कर खाते हुए
आत्मा के दरवाज़े से गुज़रते हुए हम सोचते हैं
करुणा राहत उदारता के बारे में।

[1986]

प्रेम सफलता की कुंजी

प्रेम में उन्हें मिली सफलता
उन्होंने सफलता से किया प्रेम

वे मानते थे प्रेम हो तो सफलता से
लोग याद करें इसे कहते हैं सफल प्रेम

असफलता को वे नहीं मानते थे प्रेम
प्रेम को तो होना ही होगा सफल

सफलता के झरोखे से वे निगाह रखते हैं
प्रेम करने वालों पर।

[1987]

अमीर लड़की

अमीर लड़की
भेजती है निमंत्रण
पाँच पुरुषों को
पाँचों आते हैं एक शाम
धड़कते हृदय लिये हुए
देर से आने की हड़बड़ी के साथ

एक कहता था मैं आसपास ही
भटकता रहा बड़ी देर
एक सोचता रोशनी यहाँ इतनी कम क्यों
एक की आँखों से बरसता था शोक
एक परेशान कि उसके हैं अपने ही संकोच
ए कहता अब मैं कहीं आता-जाता नहीं
हो चला हूँ गम्भीर

अमीर लड़की हँसती है
आप समझिए यह जीवन
जैसे हो एक स्वप्न पूरा न होता हुआ
यह जीवन जैसे फटे हुए किसी चित्र
की नक़ल पर बना कोई चित्र
आप कुछ खाएँ कुछ पिएँ
फिर जल्दी से बताएँ
आप में कौन है सबसे ज़्यादा योग्य

इस समाज में अब कहाँ रह गए ऐसे लोग
अमीर लड़की हँसती है

पाँच पुरुषों को खाते-पीते
आसमान में उड़ते देख
यह रही मेरी कला
फ़र्श और दीवार पर धुँधली रोशनी में
यहीं पाई है मैंने सच्ची निरर्थकता
यही है मेरी उदासी मेरा प्यार

पाँच पुरुष चकित खड़े रहते हैं
चमकाते चेहरा मलते हथेलियाँ
सोचते यह जगह तो है बहुत दूर
अमीर लड़की हँसती है
जानती हूँ मैं कितना कठिन है
ठीक-ठीक कुछ कहना
मैं जानती हूँ असमंजस
आएँगे आप बुलाऊँगी आपको फिर,

[1987]

सरोकार

बुनियादी हैं आपके सरोकार
जैसे इस दुनिया की नींव में धँसाये हुए
हवा पानी धूप कुछ भी उन तक नहीं पहुँचता
इतिहास के पन्ने चाटने वाले
नमक से भी अपरिचित हैं आप

आप पहने हैं उजले-धुले कपड़े
नाख़ूनों में ज़रा गन्दगी नहीं
बालों में तेल पैरों में चप्पल
कालातीत आप पैदल चलते हैं
आध्यात्मिक यात्राओं पर
चकित होते हैं बाजे-सी बजती अपनी आत्मा पर

कविता है आपका अतीव आनन्द का विषय
मन रमता है आपका
बच्चों खिलौनों और ईश्वर में
आप उतार डालते हैं घास से भरी पृथ्वी के कपड़े
अपने घर ले जाना चाहते हैं
तमाम शब्द पूरा सूरज सारा आकाश

आप देखते हैं
आप चले गए हैं समुद्र की तह तक
खड़े हैं एक बर्फ़ीली चोटी पर
नज़र आ रही है ईश्वर की बनाई सृष्टि

पाते हैं चारों तरफ़ है सुख
आप समझ नहीं पा रहे हैं
नश्वर लोग क्यों कातर हैं इस संसार में।

[1987]

हवा

रात-भर
मैं तुम्हारा किवाड़ खटखटाता हूँ
सारा गाँव सुनता है
सिर्फ़ तुम नहीं

सुबह
तुम्हारी दहलीज़ पर
देर तक रुकी रहती है हवा।

[1986]

नींद

चीज़ें ज्यों की त्यों होंगी
मैं उन्हें देखता रहूँगा
ज्यों की त्यों।

[1986]

टीवी दृश्य

1

पढ़ी-लिखी युवती
आत्मविश्वास से दिखाती है
एक अर्धजीवित देह
मृत्यु से पहले इस जीवन में हैं
कितने सारे रंग।

2

बाघ और बकरी साथ-साथ हैं
दिखाते हैं एक ही जगह
अपना पानी पीना
बाघ है एक अच्छा बाघ
बकरी से पूछता है
तुम भी तो हो उतनी ही अच्छी बकरी।

3

आमने-सामने कुर्सियों पर
बैठते हैं शिकारी और शिकार
कितने सुन्दर शिकार हैं आप
कितना सहा आपने
अभी-अभी तो उगे हैं आपके पंख
अभी-अभी सीखा है उड़ना
हाँ तो कैसे हुए आप शिकार

किसी प्रेरणा से किस महापुरुष
की शिक्षाओं का असर पड़ा आप पर

शिकारी जब बढ़त है
शिकार की ओर
टीवी एकाएक हो जाता बन्द।

[1987]

खिलौने

कोई और ही दुनिया है
खिलौनों की सजी हुई
किसी और ही दुनिया के बच्चे
बढ़ाते हैं उनकी ओर हाथ
सुबह उठने पर मेरे बेटे ने कहा
पापा मैंने देखा एक बाग़
फूलों की जगह लगे थे खिलौने
चुपचाप मैं तोड़ लाया एक
देखिए मुझसे टूट भी गई है उसकी एक बाँह

आसानी से पार होगा उनका बचपन
जिन्होंने ख़रीदे हैं खिलौने
शहर में नई खुली निर्माता कम्पनी
तरस खाती है समाज में
बच्चों की बढ़ती दुरवस्था पर

सुनो संसार के सबसे महँगे
खिलौने की सीटी
वह जो बुलाता है गर्दन उठाकर
बच्चों को काउंटर के पीछे
जिसके चेहरे पर आँखें झपकाता है
शहर का बड़ा व्यापारी
उसकी एक झलक देखने को
बच्चे टकटकी बाँधे हैं
उन्हें घसीटकर घर ले जाते दिखते हैं
उनके परेशान माँ-बाप

एक कमज़ोर खिलौना दिखा
उससे भी कमज़ोर एक बच्चे के हाथ में
वह जब भी भूख से रोता
माँ उसकी थमा देती उसे खिलौना
क्या करूँ यह बच्चा है दुष्ट
क्यों नहीं पैदा हुआ यह अमीरों के घर में
चाहता है तरह-तरह के खिलौने
कल ही लाई बाज़ार से बीस रुपये का एक

अब कोई क्या खिलौने बेचे
निगाह झुकाए गुज़रता है फेरीवाला
मुझे शर्म आती है इन्हें ढोते हुए
फ़र्क़ नहीं रहा भेड़िये और हिरन की आँखों में
बन्दर दिखता है ख़ूँख़ार
रबर का बना ख़रगोश
दन से दाग़ देता पिस्तौल।

[1987]

घर का रास्ता

कई बार मैंने कोशिश की
इस बाढ़ में से अपना एक हाथ निकालने की
कई बार भरोसा हुआ
कई बार दिखा है यह अन्त

मैं कहना चाहता था
एक या दो मामूली शब्द
जिन पर फ़िलहाल विश्वास किया जा सके
जो सबसे ज़रूरी हों फ़िलहाल

मैं चाहता था
एक तस्वीर के बारे में बतलाना
जो कुछ देर क़रीब-क़रीब सच हो
जो टँगी रहे चेहरों और
दृश्यों के मिटने के बाद कुछ देर

मैं एक पहाड़ का
वर्णन करना चाहता था
जिस पर चढ़ने की मैंने कोशिश की
जो लगातार गिराता था धूल या कंकड़
रहा होगा वह भूख का पहाड़
मैं एक लापता लड़के का
ब्योरा देना चाहता था
जो कहीं ग़ुस्से से खाता होगा रोटी
देखता होगा अपनी चोटों के निशान

अपने को कोसता
कहता हुआ चला जाऊँगा घर

मैं अपनी उदासी के लिए
क्षमा नहीं माँगना चाहता था
मैं नहीं चाहता था मामूली
इच्छाओं को चेहरे पर ले आना
मैं भूल नहीं जाना चाहता था
अपने घर का रास्ता।

[1987]

एक शहर की नौ कविताएँ

1

यहाँ आते-आते
भारी हो चले थे हमारे सर
हमने मोटे कर लिये थे कलेजे
चिन्ताएँ करनी छोड़ दी थीं
बढ़ा लिये थे बाल

हमारे कन्धों से लटकते थे झोले
उनमें सहेज कर हम रखते थे
अपनी प्रसन्नताएँ।

2

बहुत बड़े इस शहर में
हमें भी मिली छोटी-सी एक जगह
थोड़ी-सी हवा एक बिस्तर
मुसीबतें याद रखने के लिए
एक डायरी

दिन में कई बार नमस्ते की
शाम को ग़म ग़लत किया
छिपकर दीवारों पर चिपकाये कुछ पोस्टर
सुबह उठकर सामने से आते
आदमी से पूछा अच्छा तो आप भी हैं
इस शहर में।

3

बहुत कम में काम चल जाएगा
हमने सोचा था।
ज़िन्दगी में थोड़ा-सा जानना होगा
थोड़ा सामान कुछ किताबें
कुछ बर्तन खाने-पीने के
कुछ सरल शब्द
जिन्हें बोलते हुए शर्म न महसूस हो

हमने सोचा था
कुछ साधारण वाक्य बनाने होंगे
जिन्हें बोलते हुए जीभ लड़खड़ाए नहीं
एक निजी क्रोध काफ़ी होगा लड़ने के लिए
अत्याचारी को डरा देंगी सिर्फ़ तमतमाई हुई आँखें
अन्याय के विरुद्ध काम आएगा
एक छोटा-सा शब्दकोश।

4

आपका स्वागत है
क्योंकि आप नये हैं
आपका स्वागत है
क्योंकि आप बहा सकते हैं
कभी पसीना कभी ख़ून

आपका स्वागत है
क्योंकि अभी आपने
अपना जीवन नहीं जिया
आपका स्वागत है
क्योंकि आप घर की याद में
हो उठते हैं बेचैन
आपका स्वागत है

क्योंकि आप चाहते हैं
अपने परिवार को यहीं बुलाना।

5

हम उठते हैं सुबह चार बजे
नहाते हैं
कपड़े पहनते हैं तुरत-फुरत
किसी को धक्का देकर
चढ़ते हैं एक बस में
रास्ते में गुलमोहर के पेड़ देखते
मुस्कराते हैं
अपनी बग़ल में बैठे आदमी से
पूछते हैं
अन्दाज़ से कितना पैसा कमाया होगा आपने।

6

हम यहाँ जानते हैं कुछ लोगों को
वे लोग हमें नहीं जानते
उनके मुखौटे मिलते हैं जगह-जगह
सजे हुए भवनों और बाज़ारों में

वे अगर हमें जानते
तो यह भी जानते
कि हम जानते हैं उन्हें।

7

जो आलसी हैं
उनके घरों में चूहे बनाते हैं बिल
खोदते हैं दीवारें

जो आलसी नहीं हैं
वे कभी-कभी मदद करते हैं चूहों की।

8

अच्छे बच्चे
तुम क्यों रोते हो सबके सामने

प्यारी लड़की
तुम अपने आँसू क्यों छिपाए रहती हो
भले आदमी
तुम्हारे आँसू कैसे सूख गए।

9

लॉटरी बेचने वाली लड़कियाँ
हँसती हैं चौराहे पर
किसी को नहीं मिला इनाम
किसी का नहीं फटा छप्पर।

[1987]

घर शान्त है

धूप दीवारों को धीरे-धीरे गर्म कर रही है
आसपास एक धीमी आँच है
बिस्तर पर एक गेंद पड़ी है
किताबें चुपचाप हैं
हालाँकि उनमें कई तरह की विपदाएँ बन्द हैं

मैं अधजगा हूँ और अधसोया हूँ
अधसोया हूँ और अधजगा हूँ
बाहर से आती आवाज़ों में
किसी के रोने की आवाज़ नहीं है
किसी के धमकाने या डरने की आवाज़ नहीं है
न कोई प्रार्थना कर रहा है
न कोई भीख माँग रहा है

और मेरे भीतर ज़रा भी मैल नहीं है
बल्कि एक ख़ाली जगह है
जहाँ कोई रह सकता है
और मैं लाचार नहीं हूँ इस समय
बल्कि भरा हुआ हूँ एक ज़रूरी वेदना से
और मुझे याद आ रहा है बचपन का घर
जिसके आँगन में औंधा पड़ा मैं
पीठ पर धूप सेंकता था

मैं दुनिया से कुछ नहीं माँग रहा हूँ
मैं जी सकता हूँ गिलहरी गेंद
या घास जैसा कोई जीवन

मुझे चिन्ता नहीं
कब कोई झटका हिलाकर ढहा देगा
इस शान्त घर को।

[1990]

कुछ देर के लिए

कुछ देर के लिए मैं कवि था
फटी-पुरानी कविताओं की मरम्मत करता हुआ
सोचता हुआ कविता की ज़रूरत किसे है
कुछ देर पिता था
अपने बच्चों के लिए
ज़्यादा सरल शब्दों की खोज करता हुआ
कभी अपने पिता की नक़ल था
कभी सिर्फ़ अपने पुरखों की परछाईं
कुछ देर नौकर था सतर्क सहमा हुआ
बची रहे रोज़ी-रोटी कहता हुआ

कुछ देर मैंने अन्याय का विरोध किया
फिर उसे सहने की ताक़त जुटाता रहा
मैंने सोचा मैं इन शब्दों को नहीं लिखूँगा
जिनमें मेरी आत्मा नहीं है जो आततायियों के हैं
और जिनसे ख़ून जैसा टपकता है
कुछ देर मैं एक छोटे-से गड्ढे में गिरा रहा
यही मेरा मानवीय पतन था

मैंने देखा मैं बचा हुआ हूँ और साँस
ले रहा हूँ और मैं क्रूरता नहीं करता
बल्कि जो निर्भय होकर क्रूरता किये जाते हैं
उनके विरुद्ध मेरी घृणा बची हुई है यह काफ़ी है

बचे-खुचे समय के बारे में मेरा ख़याल था
मनुष्य को छह या सात घंटे सोना चाहिए

सुबह मैं जागा तो यह
एक जानी-पहचानी भयानक दुनिया में
फिर से जन्म लेना था
यह सोचा मैंने कुछ देर तक।

[1992]

अभिनय

एक गहन आत्मविश्वास से भरकर
सुबह निकल पड़ता हूँ घर से
ताकि सारा दिन आश्वस्त रह सकूँ
एक आदमी से मिलते हुए मुस्कराता हूँ
वह एकाएक देख लेता है मेरी उदासी
एक से तपाक से हाथ मिलाता हूँ
वह जान जाता है मैं भीतर से हूँ अशान्त
एक दोस्त के सामने ख़ामोश बैठ जाता हूँ
वह कहता है तुम दुबले बीमार क्यों दिखते हो
जिन्होंने मुझे कभी घर में नहीं देखा
वे कहते हैं अरे आप टीवी पर दिखे थे एक दिन

बाज़ारों में घूमता हूँ नि:शब्द
डिब्बों में बन्द हो रहा है पूरा देश
पूरा जीवन बिक्री के लिए
एक नई रंगीन किताब है जो मेरी कविता के
विरोध में आई है
जिसमें छपे सुन्दर चेहरों को कोई कष्ट नहीं
जगह-जगह नृत्य की मुद्राएँ हैं विचार के बदले
जनाब एक पूरी फ़िल्म है लम्बी
आप ख़रीद लें और भरपूर आनन्द उठाएँ

शेष जो कुछ है अभिनय है
चारों ओर आवाज़ें आ रही हैं
मेकअप बदलने का भी समय नहीं है
हत्यारा एक मासूम के कपड़े पहनकर चला आया है

वह जिसे अपने पर गर्व था
एक ख़ुशामदी की आवाज़ में गिड़गिड़ा रहा है
ट्रेजडी है संक्षिप्त लम्बा प्रहसन
हरेक चाहता है किस तरह झपट लूँ
सर्वश्रेष्ठ अभिनेता का पुरस्कार।

[1990]

गुमशुदा

शहर के पेशाबघरों और अन्य लोकप्रिय जगहों में
उन गुमशुदा लोगों की तलाश के पोस्टर
अब भी चिपके दिखते हैं
जो कई बरस पहले दस-बारह साल की उम्र में
बिना बताए घरों से निकले थे
पोस्टरों के अनुसार उनका क़द मझोला है
रंग गोरा नहीं गेहुँआ या साँवला है
हवाई चप्पल पहने हैं
चेहरे पर किसी चोट का निशान है
और उनकी माँएँ उनके बग़ैर रोती रहती हैं
पोस्टरों के अन्त में यह आश्वासन भी रहता है
कि लापता की ख़बर देने वाले को मिलेगा
यथासम्भव उचित इनाम

तब भी वे किसी की पहचान में नहीं आते
पोस्टरों में छिपी धुँधली तस्वीरों से
उनका हुलिया नहीं मिलता
उनकी शुरुआती उदासी पर
अब तकलीफ़ें झेलने की ताब है
शहर के मौसम के हिसाब से बदलते गए हैं उनके चेहरे
कम खाते कम सोते कम बोलते
लगातार अपने पते बदलते
सरल और कठिन दिनों को एक जैसा बिताते
अब वे एक दूसरी ही दुनिया में हैं
कुछ कुतूहल के साथ
अपनी गुमशुदगी के पोस्टर देखते हुए

जिन्हें उनके परेशान माता-पिता जब-तब छपवाते रहते हैं
जिनमें अब भी दस या बारह
लिखी होती है उनकी उम्र।

[1993]

दिल्ली में एक दिन

उस छोटे से शहर में एक सुबह
या शाम या किसी छुट्टी के दिन
मैंने देखा पेड़ों की जड़ें
मज़बूती से धरती को पकड़े हुए हैं
हवा थी जिसके चलने में अब भी एक रहस्य बचा था
सुनसान सड़क पर
अचानक कोई प्रकट हो सकता था
आ सकती थी किसी दोस्त की आवाज़

कुछ ही देर बाद
इस छोटे से शहर में आया
शोर कालिख पसीने और लालच का बड़ा शहर।

[1994]

बार-बार कहता था

ज़ोरों से नहीं बल्कि
बार-बार कहता था मैं अपनी बात
उसकी पूरी दुर्बलता के साथ
किसी उम्मीद में बतलाता था निराशाएँ
विश्वास व्यक्त करता था बग़ैर आत्मविश्वास
लिखता और काटता जाता था यह वाक्य
कि चीज़ें अपने सबसे बुरे दौर से गुज़र रही हैं
बिखरे काग़ज़ सँभालता था
धूल पोंछता था
उलटता-पलटता था कुछ क्रियाओं को
मसलन ऐसा हुआ होता रहा
होना चाहिए था हो सकता था
होता तो क्या होता।

[1994]

कमरा

इस कमरे में सपने आते हैं
आदमी पहुँच जाता है
दस या बारह साल की उमर में

यहाँ फ़र्श पर बारिश गिरती है
सोये हुओं पर बादल मँडराते हैं

रोज़ एक पहाड़ धीरे-धीरे
इस पर टूटता है
एक जंगल यहाँ अपने पत्ते गिराता है
एक नदी यहाँ का कुछ सामान
अपने साथ बहाकर ले जाती है

यहाँ देवता और मनुष्य दिखते हैं
नंगे पैर
फटे कपड़ों में घूमते
साथ-साथ घर छोड़ने की सोचते।

[1989]

बाहर

मैंने दरवाज़े बन्द किये
और कविता लिखने बैठा
बाहर हवा चल रही थी
हल्की रोशनी थी
बारिश में एक साइकिल खड़ी थी
एक बच्चा घर लौट रहा था

मैंने कविता लिखी
जिसमें हवा नहीं थी रोशनी नहीं थी
साइकिल नहीं थी बच्चा नहीं था
दरवाज़े नहीं थे।

[1990]

बारिश

खिड़की से अचानक बारिश आई
एक तेज़ बौछार ने मुझे बीच नींद से जगाया
दरवाज़े खटखटाये ख़ाली बर्तनों को बजाया
उसके फ़ुर्तीले क़दम पूरे घर में फैल गए
वह काँपते हुए घर की नींव में धँसना चाहती थी
पुरानी तस्वीरों टूटे हुए छातों और बक्सों के भीतर
पहुँचना चाहती थी तहाये हुए कपड़ों को
बिखराना चाहती थी वह मेरे बचपन में बरसना
चाहती थी मुझे तरबतर करना चाहती थी
स्कूल जाने वाले रास्ते पर

बारिश में एक-एक कर चेहरे भीगते थे
जो हमउम्र थे पता नहीं कहाँ तितर-बितर हो गए थे
उनके नाम किसी और बारिश में पुँछ गए थे
भीगती हुई एक स्त्री आई जिसका चेहरा
बारिश की तरह था जिसके केशों में बारिश
छिपी होती थी जो फिर एक नदी बनकर
चली जाती थी इसी बारिश में एक दिन
मैं दूर तक भीगता हुआ गया इसी में कहीं लापता
हुआ भूल गया जो कुछ याद रखना था
इसी बारिश में कहीं रास्ता नहीं दिखाई दिया
इसी में बूढ़ा हुआ जीवन समाप्त होता हुआ दिखा

एक रात मैं घर लौटा जब बारिश थी पिता
इन्तज़ार करते थे माँ व्याकुल थी बहनें दूर से एक साथ
दौड़ी चली आई थीं बारिश में हम सिमटकर

पास-पास बैठ गए हनने पुरानी तस्वीरें देखीं
जिन पर कालिख लगी थी शीशे टूटे थे बारिश
बार-बार उन चेहरों को बहाकर ले जाती थी
बारिश में हमारी जर्जरता अलग तरह की थी
पिता की बीमारी और माँ की झुर्रियाँ भी अनोखी थीं
हमने पुराने कमरों में झाँककर देखा दीवारें
साफ़ कीं जहाँ छत टपकती थी उसके नीचे बर्तन
रखे हमने धीमे-धीमे बात की बारिश
हमारे हँसने और रोने को दबा देती थी
इतने घने बादलों के नीचे हम बार-बार
प्रसन्नता के किसी किनारे तक जाकर लौट आते थे
बारिश की बूँदें आकर लालटेन का काँच
चिटकाती थीं माँ बीच-बीच में उठकर देखती थी
कहीं हम भीग तो नहीं रहे बारिश में।

[1991]

दादा की तस्वीर

दादा को तस्वीरें खिंचवाने का शौक़ नहीं था
या उन्हें समय नहीं मिला
उनकी सिर्फ़ एक तस्वीर गन्दी पुरानी दीवार पर टँगी है
वे शान्त और गम्भीर बैठे हैं
पानी से भरे हुए बादल की तरह

दादा के बारे में इतना ही मालूम है
कि वे माँगने वालों को भीख देते थे
नींद में बेचैनी से करवट बदलते थे
और सुबह उठकर
बिस्तर की सलवटें ठीक करते थे
मैं तब बहुत छोटा था
मैंने कभी उनका ग़ुस्सा नहीं देखा
उनका मामूलीपन नहीं देखा
तस्वीरें किसी मनुष्य की लाचारी नहीं बतलातीं
माँ कहती है जब हम
रात के विचित्र पशुओं से घिरे सो रहे होते हैं
दादा इस तस्वीर में जागते रहते हैं
मैं अपने दादा जितना लम्बा नहीं हुआ
शान्त और गम्भीर नहीं हुआ
पर मुझमें कुछ है उनसे मिलता-जुलता
वैसा ही क्रोध वैसा ही मामूलीपन
मैं भी सर झुकाकर चलता हूँ
जीता हूँ अपने को एक तस्वीर के ख़ाली फ़्रेम में
बैठे देखता हुआ।

[1990]

पिता की तस्वीर

पिता की छोटी-छोटी बहुत-सी तस्वीरें
पूरे घर में बिखरी हैं
उनकी आँखों में कोई पारदर्शी चीज़
साफ़ चमकती है
वह अच्छाई है या साहस
तस्वीर में पिता खाँसते नहीं
व्याकुल नहीं होते
उनके हाथ-पैर में दर्द नहीं होता
वे झुकते नहीं समझौते नहीं करते

एक दिन पिता अपनी तस्वीर की बग़ल में
खड़े हो जाते हैं और समझाने लगते हैं
जैसे अध्यापक बच्चों को
एक नक़्शे के बारे में बताता है
पिता कहते हैं मैं अपनी तस्वीर जैसा नहीं रहा
लेकिन मैंने जो नये कमरे जोड़े हैं
इस पुराने मकान में उन्हें तुम ले लो
मेरी अच्छाई ले लो उन बुराइयों से जूझने के लिए
जो तुम्हें रास्ते में मिलेंगी
मेरी नींद मत लो मेरे सपने लो

मैं हूँ कि चिन्ता करता हूँ व्याकुल होता हूँ
झुकता हूँ समझौते करता हूँ
हाथ-पैर में दर्द से कराहता हूँ
पिता की तरह खाँसता हूँ
देर तक पिता की तस्वीर देखता हूँ

[1991]

माँ की तस्वीर

घर में माँ की कोई तस्वीर नहीं
जब भी तस्वीर खिंचवाने का मौक़ा आता है
माँ घर में खोई हुई किसी चीज़ को ढूँढ़ रही होती है
या लकड़ी घास और पानी लेने गई होती है
जंगल में उसे एक बार बाघ भी मिला
पर वह डरी नहीं
उसने बाघ को भगाया घास काटी घर आकर
आग जलाई और सबके लिए खाना पकाया

मैं कभी घास या लकड़ी लाने जंगल नहीं गया
कभी आग नहीं जलाई
मैं अक्सर एक ज़माने से चली आ रही
पुरानी नक़्क़ाशीदार कुर्सी पर बैठा रहा
जिस पर बैठकर तस्वीरें खिंचवाई जाती हैं
माँ के चेहरे पर मुझे दिखाई देती है
एक जंगल की तस्वीर लकड़ी घास और
पानी की तस्वीर खोई हुई एक चीज़ की तस्वीर।

[1990-91]

अपनी तस्वीर

यह एक तस्वीर है
जिसमें थोड़ा-सा साहस झलकता है
और ग़रीबी ढकी हुई दिखाई देती है
उजाले में खिंची इस तस्वीर के पीछे
इसका अँधेरा छिपा हुआ है

इस चेहरे की शान्ति
बेचैनी का एक मुखौटा है
करुणा और क्रूरता परस्पर घुले-मिले हैं
थोड़ा-सा गर्व गहरी शर्म में डूबा है
लड़ने की उम्र जबकि बिना लड़े बीत रही है
इसमें किसी युद्ध से लौटने की यातना है
और ये वे आँखें हैं
जो बताती हैं कि प्रेम जिस पर सारी चीज़ें टिकी हैं
कितना कम होता जा रहा है

आत्ममुग्धता और मसखरी के बीच
कई तस्वीरों की एक तस्वीर
जिसे मैं बार-बार खिंचवाता हूँ
एक बेहतर तस्वीर खिंचने की
निरर्थक-सी उम्मीद में।

[1990-93]

बच्चों के लिए चिट्ठी

प्यारे बच्चो हम तुम्हारे काम नहीं आ सके। तुम चाहते थे हमारा क़ीमती समय तुम्हारे खेलों में व्यतीत हो। तुम चाहते थे हम तुम्हें अपने खेलों में शरीक करें। तुम चाहते थे हम तुम्हारी तरह मासूम हो जाएँ।

प्यारे बच्चो हमने ही तुम्हें बताया था जीवन एक युद्धस्थल है जहाँ लड़ते ही रहना होता है। हम ही थे जिन्होंने हथियार पैने किये। हमने ही छेड़ा युद्ध हम ही थे जो क्रोध और घृणा से बौखलाए थे। प्यारे बच्चो हमने तुमसे झूठ कहा था।

यह एक लम्बी रात है। एक सुरंग की तरह। यहाँ से हम देख सकते हैं बाहर का एक अस्पष्ट दृश्य। हम देखते हैं मारकाट और विलाप। बच्चो हमने ही तुम्हें वहाँ भेजा था। हमें माफ़ कर दो। हमने झूठ कहा था कि जीवन एक युद्धस्थल है।

प्यारे बच्चो जीवन एक उत्सव है जिसमें तुम हँसी की तरह फैले हो। जीवन एक हरा पेड़ है जिस पर तुम चिड़ियों की तरह फड़फड़ाते हो। जैसा कि कुछ कवियों ने कहा है जीवन एक उछलती गेंद है और तुम उसके चारों और एकत्र चंचल पैरों की तरह हो।

प्यारे बच्चो अगर ऐसा नहीं है तो होना चाहिए।

[1988]

काग़ज़ की कविता

वे काग़ज़ जो हमारे जीवन में कभी अनिवार्य थे एक दिन रद्दी बनकर चारों ओर जमा हो जाते हैं। जब हम सोने जाते हैं तब भी वे हमें दिखाई देते हैं। वे हमारे स्वप्नों को रोक लेते हैं। सुबह जब हम अनिद्रा की शिकायत करते हैं तो इसकी मुख्य वजह यही है कि हम उन काग़ज़ों से घिरे सो रहे थे। चाहते हुए भी हम उन्हें बेच नहीं पाते क्योंकि उनमें हमारे सामान्य व्यवहार दबे होते हैं जिन्हें हम अपने से बताते हुए भी कतराते हैं। लिहाज़ा हम फाड़ने बैठ जाते हैं तमाम फ़ालतू काग़ज़ों को।

इस तरह फाड़ दी जाती हैं पुरानी चिट्ठियाँ जो हमारे बुरे वक़्त में प्रियजनों ने हमें लिखी थीं। हमारे असफल प्रेम के दस्तावेज़ चिन्दी-चिन्दी हो जाते हैं। कुछ प्रमुख कवियों की कविताएँ भी फट जाती हैं। नष्ट हो चुकते हैं वे शब्द जिनके बारे में हमने सोचा था कि इनसे मनुष्यता की भूख मिटेगी। अब इन काग़ज़ों से किसी बच्चे की नाव भी नहीं बन सकती और न थोड़ी दूर उड़कर वापस लौट आने वाला जहाज़।

अब हम लगभग निःशब्द हैं। हम नहीं जानते कि क्या करें। हमारे पास कोई रास्ता नहीं बचा काग़ज़ों को फाड़ते रहने के सिवा।

[1988]

नींद की कविता

नींद की अहमियत इस बात से ज़ाहिर है कि उसके बिना हम अपने को जागा हुआ नहीं कह सकते। नींद का वर्णन करने के लिए पहाड़ समुद्र जंगल और रेगिस्तान जैसी चीज़ों का इस्तेमाल किया जाता है पर तब भी नींद के रहस्य नहीं खुलते। आसानी के लिए हम कह सकते हैं कि जहाँ कहीं छायाएँ दिखती हैं वे नींद की छायाएँ हैं। हमारी अपनी छाया हमारी नींद के अलावा कुछ नहीं है।

भूख से परेशान लोग अक्सर नींद से काम चलाते हैं। कोई अपने घोड़े दौड़ाता हुआ उनके पास से गुज़र जाता है तब भी वे नहीं उठते। दूसरी ओर कुछ लोग अनिद्रा की शिकायत करते नज़र आते हैं। नींद की गोलियाँ उनके पेट में खिलखिलाती हैं। वे हमेशा दूसरों की नींद तोड़ने की कोशिश में लगे रहते हैं। वह कहानी सभी को मालूम होगी कि किस तरह एक सम्राट ने एक भूखे आदमी की नींद ख़राब करने के लिए उसे अपने मख़मल के बिस्तर पर सुला दिया था।

आधी रात किसी आहट से चौंककर हम उठ बैठते हैं। चारों ओर देखते हैं। अँधेरा एक प्राचीन मुखौटे की तरह दिखता है। कोई है जो बार-बार हमारी नींद तोड़ता है। कोई सपना या कोई यथार्थ। शायद दन्तकथाओं से निकला हुआ कोई सम्राट। शायद दुनिया को बार-बार ख़रीदता और बेचता हुआ कोई आदमी जिसे नींद नहीं आती।

[1990]

सपने की कविता

सपने उन अनिवार्य नतीजों में से हैं जिन पर हमारा कोई नियंत्रण नहीं होता। वे हमारे अर्धजीवन को पूर्णता देने के लिए आते हैं। सपने में ही हमें दिखता है कि हम पहले क्या थे या कि आगे चलकर क्या होंगे। जीवन के एक गोलार्ध में जब हम हाँफते हुए दौड़ लगा रहे होते हैं तो दूसरे गोलार्ध में सपने हमें किसी जगह चुपचाप सुलाए रहते हैं।

सपने में हमें पृथ्वी गोल दिखाई देती है जैसा कि हमने बचपन की किताबों में पढ़ा था। सूरज तेज़ गर्म महसूस होता है और तारे अपने ठंडे प्रकाश में सिहरते रहते हैं। हम देखते हैं चारों ओर ख़ुशी के पेड़। सामने से एक साइकिल गुज़रती है या कहीं से रेडियो की आवाज़ सुनाई देती है। सपने में हमें दिखती हैं अपने जीवन की जड़ें साफ़ पानी में डूबी हुईं। चाँद दिखता है एक छोटे-से अँधेरे कमरे में चमकता हुआ।

सपने में हम देखते हैं कि हम अच्छे आदमी हैं। देखते हैं एक पुराना टूटा-फूटा आईना। देखते हैं हमारी नाक से बहकर आ रहा है ख़ून।

[1990]

बचपन की कविता

जैसे-जैसे हम बड़े होते हैं लगता है हम बचपन के बहुत क़रीब हैं। हम अपने बचपन का अनुकरण करते हैं। ज़रा देर में तुनकते हैं और ज़रा देर में ख़ुश हो उठते हैं। खिलौनों की दुकान के सामने देर तक खड़े रहते हैं। जहाँ-जहाँ ताले लगे हैं हमारी उत्सुक आँखें जानना चाहती हैं कि वहाँ क्या होगा। सुबह हम आश्चर्य से चारों ओर देखते हैं जैसे पहली बार देख रहे हों।

हम तुरन्त अपने बचपन में पहुँचना चाहते हैं। लेकिन वहाँ का कोई नक़्शा हमारे पास नहीं है। वह किसी पहेली जैसा बेहद उलझा हुआ रास्ता है। अक्सर धुएँ से भरा हुआ। उसके अन्त में एक गुफा है जहाँ एक राक्षस रहता है। कभी-कभी वहाँ घर से भागा हुआ कोई लड़का छिपा होता है। वहाँ सख़्त चट्टानें और काँच के टुकड़े हैं छोटे-छोटे पैरों के आसपास।

घर के लोग हमें बार-बार बुलाते हैं। हम उन्हें चिट्ठियाँ लिखते हैं। आ रहे हैं आ रहे हैं आएँगे हम जल्दी।

[1990]

चाँद की कविता

जैसे ही हम चाँद की तरफ़ देखने को होते हैं कहीं पास से एक कुत्ते के भौंकने की आवाज़ सुनाई देती है। हम उसे खोजने लगते हैं जबकि चाँद हमारे ठीक सामने चमक रहा होता है आईने की तरह इतना साफ़ कि हम उसमें अपने चेहरे के गड्ढे और धब्बे भी क़रीब-क़रीब देख सकते हैं। जब हमारे दिमाग़ दर्द कर रहे होते हैं वह हमारे ठीक ऊपर चमक रहा होता है प्रेमियों को घरों से निकालकर अज्ञात जगहों में भटकाता रात को असंख्य झरनों की शक्ल में चारों ओर से बहाता हुआ। शमशेर जैसे कवि ने इस ऐतिहासिक चाँद से कुछ देर बातें भी की हैं।

जो लोग चाँद को सभी पहलुओं से जान चुके हैं उन्हें सबसे पहला एहसास उसकी चमक के ख़त्म होने का हुआ। उन्होंने बारीकी से चाँद की मिट्टी की जाँच की और उसे अपने पास सुरक्षित रख लिया। लेकिन चाँद के बारे में अब भी बच्चे कहीं ज़्यादा जानते हैं। जैसे ही कहीं कुत्ते का भौंकना सुनाई देता है वे आसमान की ओर इशारा करके कहते हैं : देखो चाँद चाँद।

[1989]

निराशा की कविता

बहुत कुछ करते हुए भी जब यह लगे कि हम कुछ नहीं कर पाए तो उसे निराशा कहा जाता है। निराश आदमी को लोग दूर से ही सलाम करते हैं। अपनी निराशा को हम इस तरह बचाए रखते हैं जैसे वही सबसे बड़ी ख़ुशी हो। हमारी आँखों के सामने संसार पर धूल जमती है। चिड़ियाँ फटे हुए काग़ज़ों की तरह उड़ती दिखती हैं। संगीत भी हमें उदार नहीं बना पाता। हमें हमेशा कुछ बेसुरा बजता हुआ सुनाई देता है। रंगों में हमें ख़ून के धब्बे और हत्याओं के बाद के दृश्य दिखते हैं। शब्द हमारे काबू में नहीं होते और प्रेम मनुष्य मात्र के वश के बाहर लगता है।

निराशा में हम कहते हैं निराशा हमें रोटी दो। हमें दो-चार क़दम चलने की सामर्थ्य।

[1990]

आँसुओं की कविता

पुराने ज़माने में आँसुओं की बहुत क़ीमत थी। वे मोतियों के बराबर थे और उन्हें बहता देखकर सबके दिल काँप उठते थे। वे हरेक की आत्मा के मुताबिक़ कम या ज़्यादा पारदर्शी होते थे और रोशनी को सात से ज़्यादा रंगों में बाँट सकते थे।

बाद में आँखों को कष्ट न देने के लिए कुछ लोगों ने मोती ख़रीदे और उन्हें महँगे और स्थायी आँसुओं की तरह पेश करने लगे। इस तरह आँसुओं में विभाजन शुरू हुआ। असली आँसू धीरे-धीरे पृष्ठभूमि में चले गए। दूसरी तरफ़ मोतियों का कारोबार ख़ूब फैल चुका है।

जो लोग अँधेरे में अकेले दीवार से माथा टिकाकर सचमुच रोते हैं उनकी आँखों से बहुत देर बाद बमुश्किल आँसूनुमा एक चीज़ निकलती है और उन्हीं के शरीर में गुम हो जाती है।

[1989]

हाशिये की कविता

हाशिया वह जगह है जिसे हमेशा ख़ाली छोड़ा जाता है। लोग उसे अनावश्यक समझते हैं और अनदेखा कर देते हैं। छात्रों की कॉपियों में पहले से ही रेखाएँ खिंची रहती हैं ताकि वे वहाँ कुछ न लिखें। हाशिये का कोई केन्द्र नहीं होता हालाँकि उसके आसपास कई केन्द्रबिन्दु होते हैं जो उसे बार-बार अपनी तरफ़ खींचते हैं। जब हाशिया काफ़ी लाचार हो जाता है तो चीख़कर कहता है कि मुझे यहीं छोड़ दो।

एक कवि अपने लिए एक हाशिया खोजता है। वहाँ जितनी हवा और रोशनी है उसे रेखाओं से घेर लेता है। वहाँ कुछ शब्द लिखता है। पशुओं वनस्पतियों या तार पर सूखते कपड़ों की शक्ल में कुछ आकृतियाँ बनाता है। अपने कुछ कर्तव्य दर्ज करता है। कुछ निशान छोड़ देता है लाल रंग के।

हाशिया फैला है कवि की उम्र की तरह। जो नहीं है उसके इन्तज़ार की तरह। जो नहीं होगा उसकी उम्मीद की तरह। वहाँ साइकिल चलाती बहनों का तेज़ी से बीतता कठिन बचपन है। पिताओं की भारी साँसें और पानी की तरह बहता माँओं का जीवन है। वहाँ स्मृति है छोटी-सी एक बच्ची की तरह बड़ी होती हुई।

अगर हम कभी केन्द्रबिन्दुओं से कुछ बाहर देखने का कष्ट करें तो हाशिये पर हमें एक कवि दिखेगा कविता को एक काग़ज़ से दूसरे काग़ज़ पर उतारता हुआ।

[1989]

कालातीत कवि

कालातीत कवि अपने जीते-जी कालातीत हो जाते हैं। एक सुबह वे यह देखकर आश्चर्य में पड़ जाते हैं कि वे काफ़ी बड़े हो गए हैं। कई बार उन्हें अपने से तिगुना-चौगुना होते हुए देखा गया है। उनके पाजामे अक्सर छोटे पड़ जाते हैं। अपनी चप्पलें वे छोटे कवियों को दे देते हैं।

कुछ कवि रात में कालातीत होते हैं। लोग जब सिकुड़े-सिमटे गठरी बने नींद में दुबके रहते हैं कवियों का क़द बढ़ता रहता है। कभी वे इतने बड़े हो उठते हैं कि वे भी अपने को देख नहीं पाते। कुछ कवि अपने बचपन में ही बुज़ुर्ग हो गए। युवा होते-होते उन्हें कालजयी कहा जाने लगा। कुछ ने अपने नाम मृतकों की सूची में लिखवा लिये। कुछ दूसरी भाषाओं में पा गए इनाम।

कुछ कवि अपने बचपन के फ़ोटो छपवाते हैं। बाक़ी अपने बच्चों के फ़ोटो छपवाकर काम चलाते हैं कि हम तो रहे विफल। अब बच्चों से ही है उम्मीद।

[1988]

नृत्य में खाँसी

पल्लविनी जी मंच पर नाच रही थीं। तभी उसे खाँसी का दौरा पड़ा। सहम गईं पल्लविनी जी। सबसे आगे बैठे थे मंत्री जी सुविख्यात था जिनका संस्कृति-प्रेम। पर खाँसी खाँसने वाले के सिवा किसी को नहीं पहचानती।

मंत्री ने सौम्य-शान्त दृष्टिपात किया खाँसने वाले पर। कई बार देखा सर घुमाकर। दाएँ-बाएँ बैठे सभासद तमतमाये उठने को हुए। मंत्री ने इशारे से उन्हें रोका। कोई खाँस रहा है बेचारा पर समझ में नहीं आता कि क्यों। वह कोई संस्कृति-विरोधी तो होगा नहीं। खाँसने वाला भाग निकला बाहर। खुले में खाँसना हर तरह से बेहतर।

खाँसी मनुष्य को नृत्य से दूर करती है। खाँसी मनुष्य को मंत्री से दूर करती है। खाँसी मनुष्य को दूर करती है संस्कृति से।

[1988]

आईने

आईनों के बारे में अनंत लिखा जाता रहा है लेकिन यह तय है कि आईना ईजाद करने वाला मानवीय दुर्बलताओं का कोई विद्वान रहा होगा। आईने के सामने आदमी वे हरकतें करता है जो हर हाल में असामान्य कही जाएँगी। वह घूर-घूर कर देखता है नथुने फुलाता है दाँत दिखाता है और भौंहें टेढ़ी करके देखता है कि इस तरह वह कितना सुन्दर दिखता है। ये चीज़ें बन्दरों से हमारा रिश्ता प्रमाणित करती हैं हालाँकि आईने से बन्दरों के लगाव के बारे में कोई ठोस सबूत उपलब्ध नहीं हैं।

कुछ लोग अपने चेहरे इस तरह बनाए रहते हैं जैसे वे आईना देख रहे हों। वे किसी चेहरे को नहीं पहचानते। ऐसे लोग समाज में काफ़ी ताक़तवर माने जाते हैं। वे हर चेहरे को आईने की तरह निहारते हैं और अपनी सुन्दरता पर धीमे-धीमे मुस्कराते रहते हैं। जबकि सचाई यह है कि वे सिर्फ़ नथुने फुलाते हैं दाँत किटकिटाते हैं भौंहें तानते हैं और घूरते रहते हैं।

[1991]

दिल्ली : एक

दस लोगों का परिवार मारुति डीलक्स में ठुँसा जा रहा था। दोस्त से गहन चर्चा में लीन चित्रकार सामने से आती बस देखकर सहसा लपक पड़ा। कोने में एक औरत अपने बच्चे को पीट रही थी। एक नौजवान खुलेआम एक युवती से प्रेम करने का स्वाँग करता था।

एक आदमी कुहनियों से अग़ल-बग़ल धक्के मारकर काफ़ी आगे निकल गया। कम्प्यूटर के सामने बैठा दिल का मरीज़ सोचता था देश का इलाज कैसे करूँ। आलीशान बाज़ार के पिछवाड़े एक वीर पुरुष रो रहा था जिसे वीरता की बीमारी थी। एक सफल आदमी सफलता के गुप्तरोग का शिकार था। एक प्रसिद्ध अत्याचारी विश्व पुस्तक मेले में हँसता हुआ घूम रहा था।

इस शहर में दिखाई देते हैं विचित्र लोग। मेरे शत्रुओं से मिलते हैं उनके चेहरे। आरामदेह कारों में बैठकर वे जाते हैं इन्दिरा गांधी अन्तरराष्ट्रीय हवाई अड्डे की ओर।

[1988]

दिल्ली : दो

सड़कों पर बसों में बैठकघरों में इतनी बड़ी भीड़ में कोई नहीं कहता आज मुझे निराला की कुछ पंक्तियाँ याद आईं। कोई नहीं कहता मैंने नागार्जुन को पढ़ा है। कोई नहीं कहता किस तरह मरे मुक्तिबोध।

एक कहता है मैंने कर ली है ख़ूब तरक़्क़ी। एक ख़ुश है कि उसे बस में मिल गई है सीट। एक कहता है यह समाज क्यों नहीं मानता मेरा हुक्म। एक देख चुका है अपना पूरा भविष्य। एक कहता है देखिए किस तरह बनाता हूँ अपना रास्ता।

एक कहता है मैं हूँ ग़रीब। मेरे पास नहीं है कोई और शब्द।

[1988]

लिखे चला जाता था

आख़िरकार मैंने देखा पत्नी कितनी यातना सहती है। बच्चे बावले-से घूमते हैं। सगे-सम्बन्धी मुझसे बात करना बेकार समझते हैं। पिता ने सोचा अब मैं शायद कभी उन्हें चिट्ठी नहीं लिखूँगा।

मुझे क्या था इस सबका पता
मैं लिखे चला जाता था कविता।

[1988]

परिभाषा की कविता

परिभाषा का अर्थ है चीज़ों के अनावश्यक विस्तार में न जाकर उन्हें एक या दो पंक्तियों में सीमित कर देना। परिभाषाओं के कारण ही यह सम्भव हुआ कि हम हाथी जैसे जानवर या ग़रीबी जैसी बड़ी घटना को दिमाग़ के छोटे-छोटे ख़ानों में हूबहू रख सकते हैं। स्कूली बच्चे इसी कारण दुनिया के समुद्रों को पहचानते हैं और रासायनिक यौगिकों के लम्बे-लम्बे नाम पूछने पर तुरन्त बता देते हैं।

परिभाषाओं की एक विशेषता यह है कि वे परिभाषित की जाने वाली चीज़ों से पहले ही बन गई थीं। अत्याचार से पहले अत्याचार की परिभाषा आई। भूख से पहले भूख की परिभाषा जन्म ले चुकी थी। कुछ लोगों ने जब भीख देने के बारे में तय किया तो उसके बाद भिखारी प्रकट हुए।

परिभाषाएँ एक विकल्प की तरह हमारे पास रहती हैं और जीवन को आसान बनाती चलती हैं। मसलन मनुष्य या बादल की परिभाषाएँ याद हों तो मनुष्य को देखने की बहुत ज़रूरत नहीं रहती और आसमान की ओर आँख उठाए बिना काम चल जाता है। संकट और पतन की परिभाषाएँ भी इसीलिए बनाई गईं।

जब हम किसी विपत्ति का वर्णन करते हैं या यह बतलाना चाहते हैं कि चीज़ें किस हाल में हैं तो कहा जाता है कि यह शब्दों का अपव्यय है। एक आदमी छड़ी से मेज़ बजाकर कहता है : बन्द करो यह पुराण। बताओ परिभाषा।

[1990]

बीस साल

बीस साल बाद एक दिन
पता चलता है मैं बीस साल से यहाँ जमा हुआ हूँ
आता-जाता हुआ या कुछ देर रुककर
किसी चमत्कार की प्रतीक्षा करता हुआ
सुबह खिड़की खोलता हूँ किसी उम्मीद में
सामने एक जैसे मकानों की क़तार है
उनमें एक जैसे लोग रहते हैं
एक जैसा जीवन बिताते हुए
कोई जाता है तो उसकी जगह वैसा ही
एक और आदमी रहने आ जाता है
दोस्तों के चेहरे भी नहीं बदले
वे उसी तरह सख़्त हैं उनकी संवेदनाएँ वैसी ही अस्त-व्यस्त
कोई हँसता है तो वही पुरानी हँसी

मेरे भीतर ऐसी भावनाओं का एक भंडार है
जिन्हें समझ पाना कठिन है
जिन्हें प्रकट करने पर शायद एक जंगल की आवाज़ सुनाई दे
यह मालूम करना भी मुश्किल है कि इस संसार में
क्या-क्या काम मैं कर सकता हूँ
बच्चे बड़े हो रहे हैं मेरे सामने
और अपने आप
उनका अपना उल्लास है अपनी ऊँचाई
वे भी मेरे बारे में ज़्यादा नहीं जानते
वे सिर्फ़ देखते हैं कि मैं नाराज़ हूँ
और काँप रहा हूँ और मेरा चेहरा बिगड़ गया है

और आँखें निस्तेज हैं
जिनसे कभी प्रेम बरसता था

मैं कहना चाहता हूँ
यह सब कितनी बड़ी मूर्खता है और मैं इसमें
बीस साल से क़ैद हूँ
झल्लाया हुआ खिड़की के बाहर निगाह डालता हूँ
एक युवक एक युवती कोई बीस साल के
हँसते हुए दूर तक दौड़ते जाते हैं
उन्हें देखता हो जाता हूँ चुप।

[1990]

एक रात

बहुत देर हो गई थी
घर जाने का कोई रास्ता नहीं बचा
तब एक दोस्त आया
मेरे साथ मुझे छोड़ने

अथाह रात थी
जिसकी कई परतें हमने पार कीं
हम एक बाढ़ में डूबने
एक आँधी में उड़ने से बचे
हमने एक बहुत पुरानी चीख़ सुनी
बन्दूक़ें देखीं जो तैयार रहती हैं हमेशा
किसी ने हमें जगह-जगह रोका
चेतावनी देते हुए
हमने देखे आधे पागल और भिखारी
तारों की ओर टकटकी बाँधे हुए

मैंने कहा दोस्त मुझे थामो
बचाओ गिरने से
तेज़ी से ले चलो
लोहे और ख़ून की नदी के पार

सुबह मैं उठा
मैंने सुनी दोस्त की आवाज़
और ली एक गहरी साँस।

[1989]

कविता की तरफ़

जगह-जगह बिखरी थीं घर की परेशानियाँ
साफ़ दिखती थीं दीवारें
एक चीज़ से छूटती थी किसी दूसरी चीज़ की गन्ध
कई कोने थे जहाँ कभी कोई नहीं गया था
जब-तब हाथ से गिर जाता
कोई गिलास या चम्मच
घर के लोग देखते थे कविता की तरफ़ बहुत उम्मीद से
कविता रोटी और ठंडे पानी की एक घूँट के एवज़
प्रेम और नींद के एवज़ कविता

मैं मुस्कराता था
कहता था कितना अच्छा घर
हकलाते थे शब्द
बिम्ब दिमाग़ में तितलियों की तरह मँडराते थे
वे सुनते थे एकटक
किस तरह मैं छिपा रहा था
कविता की परेशानियाँ।

[1993]

चेहरा

माँ मुझे पहचान नहीं पाई
जब मैं घर लौटा
सर से पैर तक धूल से सना हुआ

माँ ने धूल पोंछी
उसके नीचे कीचड़
जो सूखकर सख़्त हो गया था साफ़ किया

फिर उतारे लबादे और मुखौटे
जो मैं पहने हुए था पता नहीं कब से
उसने एक और परत निकालकर फेंकी
जो मेरे चेहरे से मिलती थी

तब दिखा उसे मेरा चेहरा
वह सन्न रह गई
वहाँ सिर्फ़ एक ख़ालीपन था
या एक घाव
आड़ी-तिरछी रेखाओं से ढका हुआ।

[1989]

उम्मीद

आँख का इलाज कराने जाते
पिता से दस क़दम आगे चलता हूँ मैं

आँख की रोशनी लौटने की उम्मीद में
पिता की आँखें चमकती हैं उम्मीद से

उस चमक में मैं उन्हें दिखता हूँ
दस क़दम आगे चलता हुआ।

[1989]

खोई हुई चीज़

कुछ समय पहले हमारे पास एक सुन्दर चीज़ थी। कोमल और पारदर्शी। उसी के कारण हमारे भीतर एक अवर्णनीय मिठास रहती थी। हमें अपना शरीर हवा के कई झोंकों से बना हुआ लगता था। कहीं पानी बहने की आवाज़ आती तो वह हमारे भीतर से आती सुनाई देती थी। किसी को छूने पर पहली बार छूने जैसा धीमा कम्पन महसूस होता।

एक दिन वह हमसे कहीं खो गई। कहना कठिन है कि यह कैसे हुआ। इसका पता तब चला जब हमारे शरीर भारी और सख़्त हो गए और स्पर्श की जगह सिर्फ़ एक चिपचिपाहट बची रही। अक्सर लगता है कि वह चीज़ यहीं कहीं है हालाँकि उसकी खोज में हम काफ़ी ख़ाक छान चुके हैं और अक्सर झल्लाते रहते हैं। खोई हुई चीज़ों का अपना एक जीवन है जो मिठास से भरा हुआ है और वे आपस में इतना घुल-मिल कर रहती हैं कि यह पहचानना लगभग असम्भव है कि वह चीज़ कहाँ है।

[1992]

पिता की स्मृति में

दवाओं की शीशियाँ ख़ाली पड़ी हैं लिफ़ाफ़े फटे हुए हैं चिट्ठियाँ पढ़ी जा चुकी हैं। अब तुम दहलीज़ पर बैठे इन्तज़ार नहीं करते बिस्तर में सिकुड़े नहीं पड़े रहते सुबह उठकर दरवाज़े नहीं खोलते। तुम हवा पानी और धूल के अदृश्य दरवाज़ों को खोलते हुए किसी पहाड़ नदी और तारों की ओर चले गए हो ख़ुद एक पहाड़ एक नदी एक तारा बनने के लिए।

तुम कितनी आसानी से शब्दों के भीतर आ जाते थे। दुबली सूखती तुम्हारी काया में दर्द का अन्त नहीं था और उम्मीद अन्त तक बची हुई थी। धीरे-धीरे टूटती दीवारों के बीच तुम पत्थरों की अमरता खोज लेते थे। ख़ाली डिब्बों फटी हुई किताबों और घुन-लगी चीज़ों में जो जीवन बचा हुआ था उस पर तुम्हें विश्वास था। जब मैं लौटता तुम उनमें अपना दुख छिपा लेते थे। सारी लड़ाई तुम लड़ते थे जीतता सिर्फ़ मैं था।

[1992]

शेष जीवन

पुराने बक्से के ऊपर कई बक्से हैं
वे गिरते नहीं
खिड़की के सामने मेज़ पर
फ़्यूज़ हुए बल्ब रखे हैं
कैलेंडरों में छपे सुन्दर बच्चों और
जीर्ण-शीर्ण देवताओं की तस्वीरें वैसे ही चिपकी हैं
उनके पीछे दीवारों की पपड़ियाँ
गिरती रहती हैं
काँच से मढ़ी तस्वीरें उनकी कहानी कहती हैं
जो कभी-कभी लौटते हैं
या नहीं लौटते

कीलों पर टँगे कपड़े
अपना शेष जीवन जीते हैं
दरवाज़ा खोलकर भीतर आने पर
सन्नाटा एक कमरे से दूसरे कमरे में जाता है।

[1992]

सभ्यता

हम जानते हैं कि एक आदमी अब भी किसी अदृश्य खोह में अपने तीर-कमान के साथ लड़ाई का अभ्यास कर रहा है। जब कभी भूल से वह नंग-धड़ंग दिख जाता है तो हमारे तैयार कैमरे उसके फ़ोटो ले लेते हैं। कहते हैं हमारे घरों में पहले यही आदमी अपने विशाल कुनबे के साथ रहता था। वे मुखौटों की पूजा करते थे और समुद्र और चिड़ियों से बात करना उनका प्रमुख व्यवसाय था। हमने उनके मुखौटों की जगह अपने मुखौटे रखे और उनके तीर-कमानों को मौजूदा समय के लिए बेकार मानकर अपने पास जमा कर दिया। उनकी चिड़ियाँ हमारे पैरों पर गिर पड़ीं।

वे लोग कहाँ चले गए इस बारे में विद्वानों के अलग-अलग मत हैं। शायद वे समुद्र में डूबे या चिड़ियों की मौत ने या हमारे मुखौटों ने ही उन्हें मार डाला। बहरहाल कुछ का कहना है कि इस सिलसिले में एक भीषण युद्ध हुआ और जब उस कुनबे का एक ही आदमी बचा रह गया तो हमने मुखौटा और तीर-कमान लौटा दिये और उसे दूर किसी गुफा में भेज दिया। सभ्यता यही कहती थी कि एक आदमी ज़रूर बचा रहे तस्वीरों में नहीं बल्कि नंगा जीता-जागता कभी-कभी दिखता हुआ।

[1991]

तस्वीर

बहुत पहले सिर्फ़ आसमान था जो कई रंगों में बदलता रहता था। उसके नीचे बादल दौड़ते थे। फिर घास उगी और किसी चिड़िया के बोलने की आवाज़ आई। कहीं से धीमी बाँसुरी सुनाई दी। रात में पहली बार तारे प्रकट हुए और बहुत पास आ गए ताकि हम उन्हें छू सकें। कभी-कभी वे हमसे खेलते और हमारी आँखों में प्रवेश करके चमकने लगते। उस समय पेड़ों के नाम नहीं थे और पत्थर अभी-अभी जन्मे बच्चों की तरह सोये रहते थे। रात को कुछ रोशनियाँ जलतीं जिनके बारे में विश्वास था कि वे आने वाले संकटों को भगा देती हैं।

अब यह सब हमारी स्मृति में है : छाते की तरह तना आसमान दूर टँके तारे अपनी जगह स्थिर पेड़ और चिड़ियाँ जो उड़ती नहीं हैं और पत्थर जिनका बचपन ख़त्म हो चुका है। एक फ्रेम में जड़ी यह हमारी प्रिय तस्वीर है। रात में चमकती रोशनियों के बारे में हम कहते हैं वे हमारे गाँव की आँखें हैं।

[1991]

सात पंक्तियाँ

मुश्किल से हाथ लगी एक सरल पंक्ति
एक दूसरी बेडौल-सी पंक्ति में समा गई
उसने तीसरी जर्जर क़िस्म की पंक्ति को धक्का दिया
इस तरह जटिल-सी लड़खड़ाती चौथी पंक्ति बनी
जो ख़ाली झूलती हुई पाँचवीं पंक्ति से उलझी
जिसने छटपटाकर छठी पंक्ति को खोजा जो आधा ही लिखी गई थी
अन्ततः सातवीं पंक्ति में गिर पड़ा यह सारा मलबा।

[1992]

अपना अन्धकार

जब रोशनी हुई
परछाईं दिखी
अपने से बड़ा दिखा
अपना अन्धकार।

[1991]

पैसे

मैंने कहा जाओ
मेरी जेब के बचे-खुचे पैसो
बाहर निकलो
कोई रास्ता खोजो जाने का
पसीने के छेदों से
या मेरी आत्मा में से ही बाहर निकलो
तुम्हें मैंने काफ़ी मेहनत से कमाया था
जाओ ख़र्च हो जाओ
मेरी मेहनत भी इसी तरह
होती रही है ख़र्च।

[1991]

एक देह

त्वचा आवाज़ों को सुनती है
ख़ामोशी की अपनी एक देह है
पैरों में भी निवास करती हैं संवेदनाएँ
पीठ की अपनी ही एक कहानी है
अभी-अभी दबी हथेली का
धीरे-धीरे उभरना
कुछ कहता है देर तक।

[1990]

हारमोनियम

पानी बहने और तारे चमकने की तरह
एक कठिन संगीतहीन संसार में
वह भी बजा कुछ देर
वह कमरे के बीचोबीच रखा था
उजाले में
उसके कारण जानी गई यह जगह
लोग आते और उसके चारों ओर बैठते

अब वह पड़ा है बाक़ी सामान के बीच
पीतल लोहे और लकड़ी के साथ
उसे बजाने पर अब राग दुर्गा या पहाड़ी के स्वर नहीं आते
सिर्फ़ एक उसाँस सुनाई देती है
कभी-कभी वह छिप जाता है एक पुश्तैनी बक्से में
मिज़ाजपुर्सी के लिए आए लोगों से
बचने की कोशिश करता हुआ।

[1993]

पहाड़ हैं

वे नींद के पहाड़ हैं
फैले हुए निमग्न
पहाड़ों पर
आती है नींद।

[1988]

जब जीवन ठीक चल रहा होगा

जब जीवन ठीक चल रहा होगा
एक दिन मैं रोमांच से भर उठूँगा
ज़रा-सी छाँह पाते ही ख़ुश हो जाऊँगा
धूप में नंगे पैर निकल पड़ूँगा
बारिश में कहीं अपना छाता भूल जाऊँगा
सर्दियों में नहीं जलाऊँगा आग

एक दिन मैं अपने पर आश्चर्य करूँगा
फिर से पुरानी चिट्ठियाँ खोलकर बैठ जाऊँगा
एक घर के दरवाज़े पर देर तक रुका रहूँगा
विकल होकर किसी की प्रतीक्षा करने लगूँगा
अपनी ही किसी बात पर मुझे रोना आएगा

त्वचा के नीचे जब नीचताएँ कुलबुलाएँगी
मुझे स्वार्थ की कमी महसूस होगी
दिन में ही सपने देखने लगूँगा
खड़े-खड़े सारा दिन गुज़ार दूँगा
अपना चेहरा बहुत दिन बाद दिखाऊँगा
लोगों को साफ़-चमकीले कपड़ों के
भीतर बैठी एक परेशानी नज़र आएगी
असाधारण अनुभव मेरे लिए सुगम साधारण हो उठेंगे

जब जीवन ठीक चल रहा होगा
मैं कुर्सी पर बैठने से इनकार कर दूँगा
किसी जंगल में जाकर कहूँगा लो सुनो मेरी आपबीती
मैं लोगों बातों और चीज़ों का भंडार हो जाऊँगा

मुझे चीख़ना नहीं पड़ेगा क्रोध नहीं आएगा
थकूँगा नहीं मिन्नतें नहीं करूँगा
मुझे अपना भविष्य साफ़ नहीं दिखेगा
मैं नहीं कहूँगा बस बहुत हो गया बहुत।

[1988]

प्रक्रिया

1

हल्का-सा अँधेरा
थोड़ी-सी ओट
कोई देख नहीं रहा होता है
और फिर एक फिसलन
या एक छोटा-सा गड्ढा
जिसमें हम गिरते हैं
और उठकर चल देते हैं
जैसे कुछ हुआ ही न हो

इतिहास की इस प्रक्रिया के
नतीजे में
हम खिलखिलाते रहते हैं
ख़ूब खाते हैं
गहरी नींद सोते हैं
बचे रहते हैं।

2

कब के मर चुके लोग
फूलमालाएँ पहने दिखते हैं
विजय के इस जुलूस में
मृतकों की एक भीड़
जयकार करती लपकती है
किताबों में दफ़्न कोई राजपुरुष

दिखता है
मरी हुई सेनाओं को
एक अज्ञात युद्धस्थल की ओर
कूच करने का आदेश देता हुआ।

[1993]

छूट गया है

भारी मन से चले गए हम
तजकर पुरखों का घरबार
पीछे मिट्टी धसक रही है
गिरती पत्थर की बौछार
थोड़ा मुड़कर देखो भाई
कैसे बन्द हो रहे द्वार
उनके भीतर छूट गया है
एक-एक कोठार।

[1992]

आयोवा

[हे-र्‌योन हाम के लिए]

1

इस शहर का नाम
एक नदी का नाम है
शहर का सन्नाटा नदी की आवाज़ है
दिन में शहर के चौराहे पुल और पार्क
चुपचाप पानी में उतरते हैं
किताबें कपड़े गृहस्थी का सामान और
हैमबरगर बेचती दुकानें
पानी में स्थिर पड़ी रहती हैं
खिलौनों की एक दुकान
कुछ देर नदी के तल में सो जाती है

शाम को जब रोशनियाँ जलती हैं
शहर नदी से बाहर आता है
एक ख़ाली जगह दिखती है
पानी में उगा हुआ एक पेड़
उसके नीचे एक अकेली बेंच
जिस पर पत्ते बैठते हैं कुछ देर।

2

रास्ता लम्बा है   चलना आसान नहीं
रात ख़त्म नहीं होती   बारिश थमती नहीं
शोर होता रहता है   सन्नाटा टूटता नहीं

रोशनियाँ जली रहती हैं अँधेरा भागता नहीं
रोना आता रहता है हँसी रुकती नहीं
बर्फ़ गिरती जाती है आग बुझती नहीं।

3

एक पत्ता पेड़ पर ज़रा-सा अटका रहता है
बादल आसमान में ज़रा-सा अटका रहता है
धुन्ध चेहरों पर ज़रा-सी अटकी रहती है
नींद रात के किसी कोने में ज़रा-सी अटकी रहती है
भाषा में ज़रा-सी अटकी रहती है कविता।

[1991]

अमेरिका में कविता

1

वे नौजवान नर और मादा शरीर
जो चेहरे पर असमय आती झुर्रियों से परेशान हैं
एक विशाल शतरंज पर तैनात
एक दूसरे को मात देने का खेल खेलते हैं
बच्चों के बारे में एक झगड़ा है
कि उन्हें आख़िर कौन चाहता है

जो बूढ़े हो चुके जा चुके
जिनके घर बिक चुके उनके घर ख़रीदे जा चुके
वे अपने दुख बतलाते हुए नहीं दिखते
जो दिखते नहीं वे कहीं रहते नहीं।

2

अमेरिका में रोना मना है
उदास होना मना है
एक बहुत बड़ी आँख सबको देख रही है
पीछे मुड़कर जीवन को देखना मना है
वह क़िस्सा किसे नहीं मालूम
कि आलीशान दुकान में सामान बेचती
एक दुबली-सी लड़की
जो कुछ सोचती हुई-सी बैठी थी
एक दिन एक ग्राहक के सामने मुस्कराना भूल गई
शाम को उसे नौकरी से अलग कर दिया गया

यह बात जब उसका पति उससे अलग हुआ
उसके एक दिन बाद की है

अमेरिका में आगे देखिए बढ़िए दौड़िए
अमेरिका में ज़्यादा मत सोचिए
अमेरिका में मुस्कराना याद रखिए
अमेरिका में अपना ख़याल रखना मत भूलिए।

3

टीवी देख-देख कर आजिज़ आइए
मौसम से भी बुरी हैं ख़बरें मौसम की
सुन-सुन करके आजिज़ आइए
जहाँ कहीं हैं बटन दबाकर ऊबिए
बटन दबाकर मिलता जो कुछ
उसको पाकर ऊबिए
हैमबरगरों से ऊब जाइए
प्राणहीन मुस्कानों से ऊबिए
बिना प्यार के चुम्बन लेकर ऊबिए
ऊब मिटाने की ख़ातिर फिर से चुम्बन लीजिए।

[1991]

प्रायोजित व्यापार

[पंजाब पर एक टेलीफ़िल्म देखकर : रघुवीर सहाय की स्मृति को समर्पित]

फ़िल्मकार ने पूछा याद करो वह दृश्य
कि जब दुश्मन ने घर में नरसंहार किया
दुख का भार उठाते बच्चे ने बतलाया कैसे
अत्याचारी ने हँसते-हँसते वार किया

जीवन का भीषण अन्त किस तरह हुआ
यह सुबक-सुबककर उसने उगला
उसकी निश्छल आँखों ने देखा था यह सब
लोग सभी कहते हैं उसको पगला

फिर वह नन्हा बिलख उठा ज़ोरों से
जैसा अक्सर बम्बइया फ़िल्मों में होता है
उस घनघोर विलाप में फ़िल्मकार को
लगा कि यह बालक कितना अद्‌भुत रोता है

पर जो हम सबका दुश्मन था वह कहाँ गया
जिसने इतनी हिंसा की और दहशत फैलाई
हम मूरख सोच रहे थे शायद अन्यायी का
कोई चेहरा देगा हमें दिखाई

भय औ' दुख का यह प्रायोजित व्यापार
फ़िल्मकार जी तुम क्यों हमको दिखलाते हो
हिंसा-हत्या के विरोध में गर हो तुम
कोई सही विचार क्यों नहीं सुझाते हो।

[1991]

तीन घटनाएँ

1

आप हमारा क्या बिगाड़ सकते हैं उन्होंने पूछा
'कुछ नहीं'
उन्होंने कहा : तब आपसे बात करने से क्या फ़ायदा!

2

झूठ बोलने के क्या-क्या फ़ायदे हैं उन्होंने पूछा
'कुछ नहीं'
उन्होंने कहा : तब झूठ बोलकर क्या फ़ायदा!

3

उन्होंने इसे तोड़ दिया
उन्होंने उसे तोड़ दिया
उन्होंने सब कुछ तोड़ दिया
और कहा : अब सब टूट चुका है
'आगे क्या होगा?'
उन्होंने कहा : कुछ नया हो तो बताइए!

[1992]

दस या ग्यारह लोग

पहले का आप जानते हैं असमय निधन हो गया
तब से उसकी याद कम ही आती है
उसकी कविताएँ भी बस किताबों में पड़ी हैं
दूसरा गृहस्थी की गाड़ी सर पर लादे हुए है
तीसरे ने जब लिखना क़रीब-क़रीब बन्द किया
तो चौथे को उम्मीद थी कि आगे बढ़ेगा
पर वह इधर कहीं दिखाई नहीं देता
पाँचवें के बाल सफ़ेद हो चले हैं
और आदतें अपने पिता से मिलने लगी हैं
छठा अपनी निराशा को
राख में चिनगारी की तरह छिपाए मुस्कराता है
इनमें सातवीं एक स्त्री थी जो विवाह करके चली गई
उसकी चिट्ठियों से पता चलता है कि ख़ुश है

बाक़ी तीन या चार अब भी हड़बड़ी में दिखते हैं
किराये के कमरों की छोटी-छोटी खिड़कियों से झाँकते हैं
वे एक अदृश्य मुक़दमे के गवाह हैं
वे देखते हैं कौन है जो इतिहास की धूल के
पर्दे गिराकर हत्याकांड करता है
कौन है जो उजाले में अँधेरा मिलाता है
एक विरोध पत्र लिखते हुए
वे जिस चीज़ का भी वर्णन करते हैं
वह उनकी अपनी ही हालत का वर्णन होता है।

[1992]

अत्याचारी के प्रमाण

अत्याचारी के निर्दोष होने के कई प्रमाण हैं

उसके नाख़ून या दाँत लम्बे नहीं हैं
आँखें लाल नहीं रहतीं
बल्कि वह मुस्कराता रहता है
अक्सर अपने घर आमंत्रित करता है
और हमारी ओर अपना कोमल हाथ बढ़ाता है
उसे घोर आश्चर्य है कि लोग उससे डरते हैं

अत्याचारी के घर पुरानी तलवारें और बन्दूक़ें
सिर्फ़ सजावट के लिए रखी हुई हैं
उसका तहख़ाना एक प्यारी-सी जगह है
जहाँ श्रेष्ठ कलाकृतियों के आसपास तैरते
उम्दा संगीत के बीच
जो सुरक्षा महसूस होती है वह बाहर कहीं नहीं है

अत्याचारी इन दिनों ख़ूब लोकप्रिय है
कई मरे हुए लोग भी उसके घर आते-जाते हैं।

[1992]

ऐसा समय

जिन्हें दिखता नहीं
उन्हें कोई रास्ता नहीं सूझता
जो लँगड़े हैं वे कहीं नहीं पहुँच पाते
जो बहरे हैं वे जीवन की आहट नहीं सुन पाते
बेघर कोई घर नहीं बनाते
जो पागल हैं वे जान नहीं पाते
कि उन्हें क्या चाहिए

यह ऐसा समय है
जब कोई हो जा सकता है अन्धा लँगड़ा
बहरा बेघर पागल।

[1992]

मैं चाहता हूँ

मैं चाहता हूँ कि स्पर्श बचा रहे
वह नहीं जो कन्धे छीलता हुआ
आततायी की तरह गुज़रता है
बल्कि वह जो एक अनजानी यात्रा के बाद
धरती के किसी छोर पर पहुँचने जैसा होता है

मैं चाहता हूँ स्वाद बचा रहे
मिठास और कड़वाहट से दूर
जो चीज़ों को खाता नहीं है
बल्कि उन्हें बचाए रखने की कोशिश का
एक नाम है

एक सरल वाक्य बचाना मेरा उद्देश्य है
मसलन यह कि हम इनसान हैं
मैं चाहता हूँ इस वाक्य की सचाई बची रहे
सड़क पर जो नारा सुनाई दे रहा है
वह बचा रहे अपने अर्थ के साथ
मै चाहता हूँ निराशा बची रहे
जो फिर से एक उम्मीद
पैदा करती है अपने लिए
शब्द बचे रहें
जो चिड़ियों की तरह कभी पकड़ में नहीं आते
प्रेम में बचकानापन बचा रहे
कवियों में बची रहे थोड़ी लज्जा।

[1993]

पुनर्रचनाएँ

[ये कविताएँ पहाड़ के दूर-दराज़ क्षेत्रों के ऐसे लोकगीतों से प्रेरित हैं जिन्हें लोक कविताएँ कहना ज़्यादा सही होगा पर ये उनके अनुवाद नहीं हैं।]

1

तुम्हें कहीं खोजना असम्भव था
तुम्हारा कहीं मिलना असम्भव था
तुम दरअसल कहीं नहीं थीं
न घर के अँधेरे में
न किसी रास्ते पर जाती हुईं

तुम न गीत में थीं
न उस आवाज़ में जो उसे गाती है
न उन आँखों में
जो सिर्फ़ किन्हीं दूसरी आँखों का प्रतिबिम्ब हैं
तुम उन देहों में नहीं थीं
जो कपड़ों से लदी होती हैं
और निर्वस्त्र होकर डरावनी दिखती हैं
तुम उस बारिश में भी नहीं थीं
जो खिड़की के बाहर दिखाई देती है
निरन्तर गिरती हुई।

2

मैंने देखे दो या तीन रंग
मैंने देखी हल्की-सी रोशनी
जो लगातार

पैदा होती थी
मैंने देखी एक आत्मा
जो काँपती साँस लेती थी
मैंने देखा तुम आती थीं
मेरे ही स्पर्शों में से निकलकर

इस तरह मैंने तुम्हारी कल्पना की
ताकि दुख से उबरने के लिए
प्रार्थनाएँ न करनी पड़ें
मैंने तुम्हारी कल्पना की
ताकि नींद के लिए
अँधेरे की कामना न करनी पड़े

मैंने तुम्हारी कल्पना की
ताकि तुम्हें देखने के लिए
फिर से कल्पना न करनी पड़े।

3

रात में खुलता है पहाड़ का दरवाज़ा
रात में खुलती है पहाड़ की खिड़की
वहाँ से प्रवेश करता है प्रेम
दिखते हैं कुछ और दरवाज़े
दरवाज़ों के आगे
दिखती हैं कुछ और खिड़कियाँ
खिड़कियों के आगे।

4

तुम्हारे लिए आता हूँ मैं इस रास्ते
मेरे रास्ते में हैं तुम्हारे खेत
मेरे खेत में उगी है तुम्हारी हरियाली
मेरी हरियाली पर उगे हैं तुम्हारे फूल
मेरे फूलों पर मँडराती हैं तुम्हारी आँखें
मेरी आँखों में ठहरी हुईं तुम।

5

तुम्हारे चेहरे पर
एक पेड़ की छाया है
तुम्हारे चेहरे पर
एक पहाड़ की छाया है
तुम्हारे चेहरे पर
एक चन्द्रमा की छाया है
तुम्हारे चेहरे पर
छाया है एक आसमान की।

6

प्रेम होगा तो हम कहेंगे कुछ मत कहो
प्रेम होगा तो हम कुछ नहीं कहेंगे
प्रेम होगा तो चुप होंगे हम
प्रेम होगा तो हम शब्दों को छोड़ आएँगे
रास्ते में पेड़ के नीचे
नदी में बहा देंगे
पहाड़ पर रख आएँगे।

7

पत्थरों के भीतर
छोड़ दो हमारे सिहरते शरीर
आत्मा अपने आप जन्म लेगी
जैसे वह आग
जिसे हमने पैदा किया था
जब वहाँ दो पत्थर थे।

8

आँधी में लगातार आते हैं
तिनके
धीरे-धीरे एक घोंसला बनता है

तुम्हारी देह में उड़ती दो चिड़ियाँ
सो जाती हैं चुपचाप।

9

चुम्बन एक दिन
तुम्हारे सामने काग़ज़ पर
एक कविता बनेंगे

कविता एक दिन
चुम्बन बन जाएगी
काग़ज़ से उठकर।

10

कोहरे क्या तुम कुछ छँटोगे
ताकि मुझे दिख सके
तुमसे ढका हुआ मेरा पहाड़

पहाड़ क्या तुम कुछ झुकोगे
ताकि मुझे दिख सके
तुम्हारी ओट में छिपा हुआ मेरा प्रेम।

11

रात रात रात
किसी किनारे से नदी के
बहने की आवाज़ आती है
अकेला मैं उठता हूँ
एक गिलास पानी पीकर सो जाता हूँ।

12

मैं सोचता रहा
और दूर चला आया

मैं दूर चला आया
और सोचता रहा

तुम सोचती रहीं और दूर चली गईं
तुम दूर चली गईं
और सोचती रहीं

इस तरह हमने दूरियाँ तय कीं।

13

जब बर्फ़ गिरेगी और सन्नाटा होगा
हम कहेंगे यह प्रेम है

जब बर्फ़ पिघलना शुरू होगी
जंगल में
हम कहेंगे इतनी ही थी इसकी उम्र।

14

चार बार हमें भूख लगेगी
पाँचवीं बार
हम कुछ खा लेंगे

चार बार प्यास लगेगी
पाँचवीं बार
हम पानी पी लेंगे

चार बार हम जागते रहेंगे
पाँचवीं बार
आ जाएगी नींद।

15

आधा पहाड़ दौड़ाता है
आधा दौड़ाता है हमारा बोझ

आधा प्रेम दौड़ाता है
आधा दौड़ाता है सपना

दौड़ते हैं हम।

16

बाहर एक बाँसुरी सुनाई देती है
एक और बाँसुरी है
जो तुम्हारे भीतर बजती है
और सुनाई नहीं देती

एक दिन वह चुप हो जाती है
तब सुनाई देता है उसका विलाप
उसके छेदों से गिरती है राख।

[1990]

दृश्य

जिनसे मिलना सम्भव नहीं हुआ
उनकी भी एक याद बनी रहती है जीवन में
जिनसे मुलाक़ात होने में कुछ ही पल की देर हुई
और उन वजहों की भी जो मिलने के रास्ते में आईं
ज़रा ग़ौर से सुनें तो जिनसे कभी बात ही नहीं हुई
उनकी धीमी आवाज़ें भी सुन पड़ती हैं कानों में
वे कहते दिखते हैं कुछ
इस तरह कि हम अनजाने ही उसमें शामिल हो लें
और कुछ दूर चलें पैदल
जैसे जाते हों उनसे मिलने
चलते-चलते दिख जाता है कोई और बग़ल में चलता
और अँधेरे में भी लगता है कोई हाथ प्रेम से भरा
हमारी ओर बढ़ रहा है आहिस्ता
आते दिखते हैं कई अजनबी राहगीर
पूछते हुए पता अदेखी जगहों का

कहीं आसपास है वह जगह जहाँ हम गए नहीं
उसकी ख़ुशबू आती रहती है हम तक
ग़ौर से देखें तो दिखती हैं नदियाँ चौड़ी नीली
तटों पर उनके झुके हुए बादल
जिनके चेहरे पानी पर बहते जाते हैं
और सिहरन से भरे हुए वे अनजाने पुल
जिन पर तेज़ हवाओं की आवाज़ाही है
जिन्हें पार नहीं किया हमने जो छूट गए हमसे
उनकी रोशनियाँ जैसे स्वप्नों में जलती रहती हैं

एक अकेलापन है जिसकी याद किसी और
अकेलेपन में आती है
वह दृश्य बचा रहत है जो चारों तरफ़
अदृश्य हुआ जाता है।

[1999]

छुपम छुपाई

बच्चे खेल रहे थे छुपम छुपाई का खेल
उन्हीं में से कभी किसी ने खोजा होगा इसे अनायास
इस तरह छिपने में भी पैदा हुई एक कला
एक परिचित जगह में उन्होंने खोज लिये कई अज्ञात दुर्गम कोने
रोज़मर्रा की सपाट दुनिया में भर दिये रहस्य
दरवाज़े की ज़रा-सी ओट में या मेज़-कुर्सी-पलंग के नीचे
कभी किसी पर्दे को आड़ बनाते हुए
किसी पौधे के पीछे किताबों के अंबार की बग़ल में
कभी माँ की साड़ी के छोर में छिपते हुए
छिपने वाला कभी खोजने वाले की पीठ को ही ओट बना लेता है
अक्सर वह आवाज़ भी देता है कि आ जाओ अब मैं
अच्छी तरह छिप गया हूँ खोजे जाने के लिए तैयार
यह एक संकेत है कि जिसे तुम आसान समझते हो
वह दरअसल काफ़ी कठिन है
और आवाज़ भी एक जगह है जहाँ छिपा जा सकता है
अपने कुतूहल कल्पना और सहजबुद्धि के सहारे
आगे बढ़ता बच्चा खोज ही लेता है छिपे हुए को
कुछ देर के ऊहापोह के बाद
वही होता है एक सघन उल्लास का क्षण
जब रहस्य और यथार्थ
चमकदार आँखों से एक-दूसरे से टकराते हैं
मैंने देखा है यह छिपने और खोजने का खेल
और जब कोई सुराग पाने की कोशिश में कोई बच्चा
पूछता है कि आपने कहीं देखा मेरी दीदी को
मैं कहता हूँ देखा नहीं
क्योंकि मैं छिपाए रहता हूँ ख़ुद को

अपनी ख़ाल के कवच में धूल होते काग़ज़ों में ख़ामोशी में
बचता चला आया हूँ यहाँ तक अपमान और अन्याय से
छिपा दूर-दूर तक कि यह भाँपना कठिन हो कहाँ छिपा हूँ
बहुत दिन हुए खोजा नहीं पाया कुछ
गया नहीं किसी अनजान दुर्गम जगह की ओर
छुपम छुपाई खेलते बच्चों से कहता हूँ दौड़ो नहीं
तुम्हें चोट लग सकती है जगह-जगह नुकीले कोने हैं
कहीं कीलें भी निकली हुई हैं
धान रखो आराम से खेलो खोजने का खेल।

[1999]

पर्दों की तरह

वे अक्सर पर्दों की तरह पड़े रहते हैं
तमाम शब्द वाक्य और विन्यास
वे काग़ज़ के पर्दे हैं या धूल नींद स्याही और अँधेरे के पर्दे
कभी-कभी रक्त के पर्दे भी
उन्हें खोलने पर दिखता है एक कमरा
उसमें कुछ जीवित लोग
थककर सोया हुआ एक आदमी
जो शायद अब भी एक सपना देख रहा है
या एक स्त्री जो शायद आग जलाने जा रही है
उदासी का एक पर्दा दीवारों से उतरता है
इस तरह बाहर के दृश्य भीतर प्रवेश करते हैं
भीतर की तस्वीरें एक पर्दा हटाकर बाहर जाती हैं
जीवन की एक आवाज़
जो अनेक आवाज़ों में सुनाई देती है

पेड़ की तरह एक पर्दा ज़रा-सा काँपता है
उसी के पीछे है एक पुराना परिचित सचमुच का पेड़
जिसका वर्णन नहीं किया जा सकता
वहीं से हवा का एक झोंका हमारी तरफ़ आता है।

[1995]

संगतकार

मुख्य गायक के चट्टान जैसे भारी स्वर का साथ देती
वह आवाज़ सुन्दर कमज़ोर काँपती हुई थी
वह मुख्य गायक का छोटा भाई है
या उसका शिष्य
या पैदल चलकर सीखने आने वाला दूर का कोई रिश्तेदार
मुख्य गायक की गरज में
वह अपनी गूँज मिलाता आया है प्राचीन काल से
गायक जब अन्तरे की जटिल तानों के जंगल में
खो चुका होता है
या अपने ही सरगम को लाँघकर
चला जाता है भटकता हुआ एक अनहद में
तब संगतकार ही स्थायी को सँभाले रहता है
जैसे समेटता हो मुख्य गायक का पीछे छूटा हुआ सामान
जैसे उसे याद दिलाता हो उसका बचपन
जब वह नौसिखिया था
तारसप्तक में जब बैठने लगता है उसका गला
प्रेरणा साथ छोड़ती हुई उत्साह अस्त होता हुआ
आवाज़ से राख जैसा कुछ गिरता हुआ
तभी मुख्य गायक को ढाढ़स बँधाता
कहीं से चला आता है संगतकार का स्वर
कभी-कभी वह यों ही दे देता है उसका साथ
यह बताने के लिए कि वह अकेला नहीं है
और यह कि फिर से गाया जा सकता है
गाया जा चुका राग
और उसकी आवाज़ में जो एक हिचक साफ़ सुनाई देती है

या अपने स्वर को ऊँचा न उठाने की जो कोशिश है
उसे विफलता नहीं
उसकी मनुष्यता समझा जाना चाहिए।

[1995]

मंगल

वहाँ अगर जीवन की सम्भावना थी
तो वह ज़रूर मंगल ग्रह रहा होगा
मैं वहाँ आराम से था अख़बार टीवी और टेलीफ़ोन से दूर
मुझे नौकरी पर जाने की हड़बड़ी नहीं थी
बार-बार छींक नहीं आती थी सर में दर्द नहीं था घुटन नहीं थी
मेरे होने के उद्देश्य के बारे में शंकाएँ नहीं थीं
जो मुझे करना था उसे न कर पाने की ऊब नहीं थी
अस्पतालों के बाहर टूटी हड्डियों वाले बच्चे
और उन्हें दिखाकर भीख माँगती माँएँ नहीं थीं
उनसे कतराकर निकलने का पश्चात्ताप नहीं था
वहाँ कोई शत्रु नहीं था युद्ध नहीं था धमकियाँ नहीं थीं
बल्कि वहाँ हवा थी एक पूरा वायुमंडल प्रकट होने को था
और यह देखने का आश्चर्य बचा हुआ था कि पहली बार
पानी कैसे बनता है
कुछ बारीक जीवों और वनस्पतियों के फूटने का आभास था
वहाँ सिर्फ़ शुरुआत थी और अन्त नहीं था
लगातार जन्म की ओर प्रवेश था
पुनर्जन्म नहीं था न उसके कारोबार में लगे लोग थे
मुखौटों त्रिशूलों दाँतों और नाख़ूनों से भेंट नहीं होती थी
मुस्कराते फ़ोटो खिंचाते ज़ालिम नहीं थे
बल्कि अगर वहाँ मनुष्य थे तो वे खोजे जाने से बचते थे
अपने को छिपाए रहते थे एक अनिवार्य संकोच में
गोल सुन्दर लाल और अभी-अभी
अपनी कक्षा से घूमकर आया मंगल ग्रह
जहाँ पृथ्वी की तरह ख़ून से सनी जगहें ढहे हुए घर
और ज़िन्दा जलाए जाते लोग नहीं थे

पृथ्वी के बहुत पास आया वह
वहीं से किसी निर्मम हाथ ने खींचा मुझे
वहीं से गिरा मैं अपनी जीर्ण-शीर्ण देह में।

[1999]

स्त्रियाँ

[इतालवी फ़िल्मकार फ़ेदेरीको फ़ेल्लीनी की फ़िल्में देखने के बाद]

आधी क्रूरता और आधी कामुकता की सजी-धजी दुनिया में
जहाँ मासूमियत का एक छोटा-सा घेरा
खींच दिया गया है
देखो एक स्त्री को एक पुरुष से प्रेम करते हुए
उसका चेहरा बताता है
वह कितने लम्बे समय से करती आ रही है प्रेम
वह उसके पीछे-पीछे चलती है
उसके चारों ओर बार-बार लिपटती है
वह उसे सौंपना चाहती है सर्वस्व
उसके कान में कहती है कोई मर्म की बात
जबकि पुरुष सिर्फ़ अभिनय कर रहा है
सबसे अच्छे कपड़े पहने हाथ में एक फूल लिये हुए
वह उसे फुसलाकर एक कगार तक ले जाता है
एकाएक उसके पैसे छीनता है
और उसे नदी में धकेलकर भाग जाता है

लेकिन वह फिर से कगार पर खड़ी है
पानी से उबरकर आई हुई समूची सुन्दर और निष्कलुष
एक आँख से हँसती एक से रोती हुई
वह फिर से आ पहुँचती है पुरुष के सामने
जैसे उसका कुछ न छीना गया हो
जैसे वह उसी तरह करती आ रही हो प्रेम

इस तरह स्त्रियाँ जाती हैं अत्याचारियों के साथ
या सामन्तों की रस्सियों से बँधी हुई

चल देती हैं तानाशाहों के पीछे
उनकी जगमग पोशाक और तमग़े देखती हुईं
उन्हें ले जाया जाता है निर्जन रोमांचक यात्राओं में
ख़तरनाक कगारों तक
बाग़ीचों और रोशनियों से होते हुए
वासना के धुएँ से भरी शानदार इमारतों में
रात्रिभोजों और इतिहास के स्वर्णिम पृष्ठों में
जहाँ पियक्कड़ ऐयाश उन पर सवारी गाँठते हैं
उन्हें कोड़ों से फटकारते हैं
जबकि वे अपने स्तनों को बेहिचक इतनी देर तक दिखाती हैं
जैसे उनमें कोई रहस्य न हो
और उन्हें देखते पुरुष दिखने लगें मूर्ख और लज्जित

जब उन्हें अकेला छोड़ दिया जाता है चट्टानों के बीच
या नदी में धकेल दिया जाता है
या घरों और दिमाग़ों से निकाल दिया जाता है
प्रेम करने के अपराध में
उन्हें अच्छी तरह भुला दिया जा चुका होता है
तब कहीं से आती है उनके होने की आवाज़
उनका कोई प्रिय गीत अचानक सुनाई दे जाता है
वे धीमी कोमल आवाज़ में कुछ कहती दिखती हैं
जिसे एक भारी कोलाहल के बीच
हम सुन नहीं पाते
कभी-कभी वे अपनी ही तस्वीरों और पोस्टरों से
बाहर उतर आती हैं
दुगुनी-तिगुनी-चौगुनी होती गलियों-चौराहों में टहलती हुईं
सहसा वे ढाँप लेती हैं समूचे पर्दे को।

[1995]

पागलों का एक वर्णन

पागल होने का कोई नियम नहीं है
इसलिए तमाम पागल अपने अद्वितीय तरीक़े से पागल होते हैं
स्वभाव में एक-दूसरे से अलग
व्यवहार में अक्सर एक-दूसरे के विपरीत
समान्तर रेखाओं जैसे फैलते हैं उनके संसार
वे भूल चुके होते हैं कि पागल होने से
बचे रहने के कई नियम हैं
पुस्तकों में वर्णित हैं नुस्ख़े सुन्दर पुष्ट शरीरों के
जिनमें निवास करते हैं स्वस्थ मस्तिष्क
चेहरे के दर्पण में झलकते हुए
जिन्हें हासिल करने के लिए ईजाद किये जाते हैं
नये-नये उपाय

जो अपना मानसिक स्वास्थ्य हमेशा के लिए खो चुके हैं
वे अचानक प्रकट होते हैं
सूखी रोटियों की एक पोटली के साथ
कहीं पर विकराल कहीं निरीह
वे नहीं जानते कि वे कहाँ से आए
उनका कहीं जन्म हुआ या नहीं
उनके होने पर ख़ुशी मनाई गई या नहीं
और एक खम्भे से दूसरे खम्भे तक
इस शाश्वत दौड़ का अर्थ क्या है

नुक्कड़ पर बैठा एक पागल
दिन-भर गालियाँ देता है प्रधानमंत्री को
पटरी पर खड़ा हुआ जो पागल

व्यवस्था से एक लम्बा युद्ध छेड़े हुए है
दिन-भर वह बनाता है अपनी रणनीति
एक पागल औरत भीड़ में पहचान लेती है
अपने धोखेबाज़ प्रेमी को
और क्रोध में उस पर अदृश्य पत्थर फेंकती है
एक प्राचीन पागल चौराहे को गुफा मानकर
रहता चला आता है
वह बताता है मनुष्य के कारनामों का रक्तरंजित इतिहास

तरह-तरह के इशारे करते पागलों के बीच से
अक्सर गुज़रते हैं स्वस्थ मस्तिष्क के लोग
उनकी आँखों में थोड़ा-सा झाँककर
एकाएक सहमते हुए आगे बढ़ जाते हैं
जैसे झटक देते हों अपने जीवन का कोई अंश
अपना कोई क्रोध कोई प्रेम कोई विरोध
अपनी ही कोई आग
जो उनसे अलग होकर अब भटकती है
व्यस्त चौराहों और नुक्कड़ों पर
कपड़े फाड़े बाल बिखराए सूखी रोटियाँ सँभाले हुए

कोई नहीं जानता आधी रात के बाद
वे कहाँ ग़ायब हो जाते हैं
कौन-से दरवाज़े उनके लिए खुलते हैं
और उन्हें अन्दर आने दिया जाता है
शायद वे किसी घर में दस्तक देते हों
पुरानी दोस्ती का हवाला देते हुए बैठ जाते हों
कहते हुए हमें कुछ देर शरण दो
हम एक राष्ट्रीय अन्तरराष्ट्रीय षड्यंत्र के शिकार हैं
या फिर वे सिर्फ़ एक कप चाय की फ़रमाइश करते हों
रोज़मर्रा के काम पर निकलने से पहले।

[1996]

रचना प्रक्रिया

बीच-बीच में उसने गला साफ़ किया पसीना पोंछा
और पानी पिया
अचानक उसने एक तानपूरे से टिका दी अपने संगीत की पीठ
फिर वह दूसरे तानपूरे की तरफ़ बढ़ा
जैसे सहारे के लिए लाठी खोजता हो कोई वृद्ध
तबले पर बजती थी विलम्बित एक ताल
उसकी उँगलियाँ थामे हुए वह चलता रहा
हारमोनियम से उठते स्वरों को उसने इस तरह पकड़ा
जैसे कठिन चढ़ाई पर हम पकड़ते हैं घास-झाड़ियाँ-टहनियाँ
कई जगह वह छोड़ देता था लम्बे अन्तराल
सुस्ताने बैठ जाता था
तब सिर्फ़ हारमोनियम-तबला और तानपूरे चढ़ाई चढ़ते दिखते
कभी-कभी उनमें प्रवेश कर जातीं बाहर की आवाज़ें
सहसा वह सारे अवलम्बन छोड़कर गाने लगता अकेला
फिर किसी अज्ञात निर्जन से घबराकर
लौट आता इन्हीं सबके पास भरोसे के लिए
सबसे कम भरोसा था उसे अपनी आवाज़ पर
अपने अभ्यास पर।

[1999]

अमीर ख़ाँ

तुम खोजते रहे रहने के लिए एक घर
गाने के लिए एक घराना
तुम खोजते रहे दोस्तों की बैठकों में
किसी स्त्री के चेहरे पर
अपने ही जैसे लापरवाह शिष्यों की आवाज़ में
विकल करती हुई उन बन्दिशों में
जिन्हें तुम एक निराकार शान्ति के साथ प्रस्तुत करते थे
आरोह-अवरोह के आकाश-पाताल के बीच
संगीत के मेरुखंड में तुम कहीं एक कोना ढूँढ़ते रहे
तुम बनाते रहे एक असम्भव घर
सरगमों और छूट की तानों में
खिड़कियों-दरवाज़ों के लिए ख़ाली जगहें छोड़ते हुए
इतनी दूर से तुम सहज ही सम पर लौट आते थे
जैसे कोई लौटता है अपने घर
जहाँ बहुत दूर की चीज़ें भी बहुत पास रखी हुई होती हैं

तुम गाते थे एक चट्टान की सिहरन
पेड़ों का रुदन बादलों की हँसी
वियोग की तरह फैली हुई रात में उड़ता अकेलापन
तुम बार-बार मनाते रहे किसी रूठे हुए प्रेम को
देह को आत्मा और आत्मा को
देह की पुकार से भरते हुए
लेकिन कला में हम जितना बनाते-बनाते जाते हैं
उतना वह ढहता-ढहता जाता है
ऊपर उठते हुए ऊँचाइयाँ और ऊँची हो उठती हैं
नीचे उतरते हुए गहराइयाँ और गहरी

संगीत तुम्हारा एकमात्र काम था
हालाँकि तुम्हें दे दिये गए थे दूसरे कई काम
जो संगीत के साथ थे बेसुर-बेताल
तुम्हें हिसाब रखना नहीं आया पैसे पता नहीं कहाँ खोते रहे
महान अमूर्तनों का समय ख़त्म हुआ आया व्यापार का युग
पार्श्व से सुनाई देते रहे विवादी स्वर
समझ में न आने वाला गायन आवाज़ की सीमाएँ
हिन्दू संगीत मुस्लिम संगीत
घर घराना परम्परा कहीं की ईंट कहीं का रोड़ा
लेकिन तुम गाते रहे बागेश्री पूरिया चन्द्रकौंस
जनसम्मोहिनी अहीर भैरव कोमल ऋषभ आसावरी
और उत्तर-दक्षिण हिन्दी फ़ारसी ईश्वर-अल्लाह सबको एक करती
ज्ञान और गुण माँगती हंसध्वनि
इत्तिहादे मियाने मनो तो नेस्त मियाने मनो तो...*

कठिन था घर और घराने का बनना
कठिन था संगीत का गुरुत्व थामे रहना
अन्त में तुम जीवित रहे अपनी उदारता और विनम्रता के क़िस्सों में
घरेलू महफ़िलों और रेडियो स्टेशनों में दर्ज धुँधली पड़ती आवाज़ में
तुम जीवित रहे उन संस्मरणों में
कि किसने तुम्हें आख़िरी बार कहाँ कब क्या गाते हुए सुना था
और हर बार तुम्हें जैसे एक परीक्षा से गुज़रना पड़ा
तुम्हारा अन्तिम संघर्ष अपने ही संगीत से था
अपनी ही आवाज़ से

और 1974 में जब कलकत्ते के पास
एक कार दुर्घटना में तुम्हारी आकस्मिक मृत्यु हुई
तुम एक दोस्त के विवाह में अपना आख़िरी राग सुनाकर
लौट रहे थे अपने असम्भव घर और घराने की ओर।

[1997]

---

* अमीर खुसरो की फ़ारसी रचना जिसका अर्थ है : तुम और मैं इस तरह एक हैं कि तुम्हारे और मेरे 'बीच' कोई 'बीच' नहीं है।

केशव अनुरागी

यह ढोल एक समुद्र है साहब केशव अनुरागी कहता था
इसके बीसियों ताल हैं सैकड़ों सबद
और कई तो मर-खप गए हमारे पुरखों की ही तरह
फिर भी हैं संसार में आने और जाने के अलग-अलग ताल
साल शुरू हो या फूल खिलें तो उसके भी अलग
बारात के आगे-आगे चलती इसकी गहन आवाज़
चढ़ाई-उतराई और विश्राम के अलग बोल
और झोड़ा चाँचरी पांडव नृत्य और जागर के वे गूढ़ सबद
जिन्हें सुनकर पेड़ और पर्वत भी झूमते हैं अपनी-अपनी जगह
जीवन के उत्सव तमाम इसकी आवाज़ के बिना जीवनहीन
यह जितना बाहर बजता है उतना अपने भीतर भी
एक पाखे से फूटते बोल सुनकर बज उठता है
दूसरे पाखे का कोई ढोल बतलाता उस तरफ़ के हालचाल
देवताओं को नींद से जगाकर मनुष्य जाति में
शामिल करता है यह काल के विशाल पर्दे को बजाता हुआ
और जब कोई इस संसार से जाता है
तो मृत्यु का कातर ढोल सुनाई देता है
दूर-दूर से बुला लाता लोगों को
शवयात्रा में शामिल होने के लिए

लोग कहते थे केशव अनुरागी ढोल के भीतर रहता है
ढोल सागर के भूले-बिसरे तालों को खोजने वाला बेजोड़ गायक
जो कुछ समय कुमार गन्धर्व की संगत में भी रहा
गढ़वाल के गीतों को जिसने पहुँचाया शास्त्रीय आयामों तक
उसकी प्रतिभा के सम्मुख सब चमत्कृत
अछूत के घर कैसे जन्मा यह संगीत का पंडित

और जब वह थोड़ी पी लेता तो
ढोल की तालों से खेलता गेंद की तरह
कहता सुनिए यह बादलों का गर्जन और यह रही
पानी की पहली कोमल बूँद यह फुहार
यह झमाझम बारिश यह बहने लगी नदी
यह बना एक सागर विराट प्रकृति गुंजायमान
लेकिन मैं हूँ एक अछूत कौन मुझे कहे कलाकार
मुझे ही करना होगा आजीवन पायलागन महाराज जय हो सरकार

बिना शिष्य का गुरु केशव अनुरागी
नशे में धुत सुनाता था एक भविष्यहीन ढोल के बोल
किसी ने अपनाई नहीं उसकी कला
अनछपा रहा वर्षों की साधना का ढोल सागर
इस बीच ढोल भी कम होते चले गए हमारे गाँवों में
कुछ फूट गए कुछ पर नई पूड़ें नहीं लगीं
उनके कई बाजगी दूसरे धन्धों की खोज में चले गए
केशव अनुरागी
मदहोश आकाशवाणी नजीबाबाद की एक कुर्सी पर धँसा रहा
एक दिन वह हैरान रह गया अपने होने पर
एक दिन उसका पैर कीचड़ में फँस गया
वह अनजाने किसी से टकराया सड़क पर
एक दिन वह मनुष्यों और देवताओं के ढोल से बाहर निकल गया
वह रहता है मृत्यु के ढोल के भीतर।

[1996]

गुणानन्द पथिक

एक झलक में ही दिख जाता था गुणानन्द पथिक का पूरा जीवन
कितने ही लोगों ने देखा होगा उन्हें
खँडहर हो रहे टिहरी क़स्बे की मुख्य सड़क पर
बस अड्डे की भीड़ में स्वरों की लहर की तरह प्रवेश करते हुए
गले से लटकता था पुराना हारमोनियम
और कन्धे पर झोले में स्वरचित गीतों की पुस्तिकाएँ
पहले चार आने और फिर पंचास पैसे में एक
गुणानन्द पथिक गाते थे पहाड़ को बदलने का गीत
गाँव-गाँव की दीदियों-भुलियों से कहते जागो जल्दी जाओ
तुमसे ही जागेंगे निठल्ले पहाड़
यह बात लिख लो यह गीत सुन लो
क्यों ग़रीब के घर कँटीली घास की भी किल्लत है
कैसे अमीर के घर सजे हैं रात-दिन पकवान
गुणानन्द पथिक को सुनते लोग टॉफ़ी-लेमनजूस भूलकर
ख़रीद लेते गीतों की किताब
उसे पढ़ते हुए जाते बस में बैठ घर की ओर

स्त्रियाँ जो गाती थीं उन्हीं धुनों पर
गुणानन्द पथिक ने बनाए अपने नये गीत
जैसे पुरानी चीज़ को नया बनाकर लौटाने में हो रचना का आनन्द
कइयों ने सीखा उनसे संगीत का पहला पाठ
रामलीलाओं में अलग से सुनाई देती उनकी बहरे-तवील
लोग पहचान जाते बजा रहा है संगीत का वह कारीगर
जो सिर्फ़ सुनाता नहीं बदल भी देता है राग को
उनके गायन से ही शुरू होते थे कम्युनिस्ट पार्टी के जलसे तमाम

देहरादून टिहरी उत्तरकाशी पौड़ी तक
सफ़र में रहता था उनका छोटा-सा स्वप्न

गुणानन्द पथिक जान नहीं पाए उनके जीते-जी बदल रहा था कुछ
या बदलते-बदलते रह गया था कुछ
कई तरह के नये बाजे बजे पहाड़ में
पैसे की आवाज़ आने लगी जगह-जगह सुनाई दिया व्यवसाय का हॉर्न
गीतों की किताब से ज़्यादा बड़े हो गए पचास पैसे
कम्युनिस्ट पार्टी के पास आए इस बीच कई लाउडस्पीकर
टिहरी में भागीरथी पर शुरू हुआ एक बड़ा बाँध
गुणानन्द गाते रहे वही पुराना गीत
यही थी उनके जीवन की आख़िरी झलक
फिर बैठने लगी उनकी आवाज़
मन्द हो चला सुरीला वाद्य
भूलने लगे वे अपने रचे गीत
बचे-खुचे कम्युनिस्ट सोचते ही रहे
एक दिन हो पथिक जी का बड़ा-सा सार्वजनिक अभिनन्दन
तभी हारमोनियम छोड़कर गए गुणानन्द पथिक अज्ञात के पथ पर
पहाड़ का लोकगीत बनकर।

[1999]

ब्रेष्ट और निराला

सपने में देखा कोई घर था
घर क्या टूटा-फूटा-सा कमरा एक
कुर्सियाँ रखी हुई थीं बहुत पुरानी
बैठे थे उन पर बर्टोल्ट ब्रेष्ट और निराला
वैसे ही जैसे अपनी-अपनी तस्वीरों में दिखते थे
निराला अस्त-व्यस्त बालों में गहरी आँखें कहीं दूर देखतीं
ब्रेष्ट उसी गोल चश्मे में दो दिन की बढ़ी हुई दाढ़ी
और आँखें जैसे काफ़ी दुनिया देख चुकी हों
सुना रहे थे कविता एक-दूसरे को
अभी कुछ और सुनाओ कहते
दोनों बीच-बीच में दुनिया के रंग-ढंग पर अचरज करते
कहा ब्रेष्ट ने मैं एक अँधेरे युग में रहता हूँ
निराला बोले मैं इसी अँधेरे का ताला खोलने को कहता हूँ
फिर कहा निराला ने चारों ओर घना है दुख का जंगल
बोले ब्रेष्ट मैं रहा खोजता इस दुख का कारण
निराला बोले मैं लड़ा कुलीनों से ब्राह्मण के घर के व्यंजन छोड़े
जो असली जन हैं समाज के महँगू और झींगुर जैसे
या इलाहाबाद के पथ की वह मज़दूरिन
उन पर जब लिखा मैंने
आलोचक बरसे मुझ पर कइयों ने कहा मुझे पागल
मरा हूँ हज़ार मरण

कहा ब्रेष्ट ने पूँजी और ताक़त की निर्मम चालों पर
मैंने भी क़लम चलाई उनके व्यवहारों को बारीकी से देखा
समाज की तलछट में रहने वाले मुझे भी भले लगे
साधारण की हिम्मत और अच्छाई को दर्ज किया

अत्याचारी से बचने की तरक़ीबें खोजीं कई देश बदले
किसी तरह बच गया मृत्यु और यातना शिविरों से
जगह-जगह खोजता रहा शरण
कहा निराला ने जनता की ही तरह कविता की मुक्ति ज़रूरी है
बोले ब्रेष्ट जनता की मुक्ति में कविता बची हुई है
दो महाकवि गले मिले बोले फिर मिलते हैं
सपने में जाते दिखते थे दोनों ऐसे
जैसे जीवन में साथ रहा हो बरसों से।

[1999]

6 दिसम्बर

बिस्तर कुर्सी किताबें घड़ी
विचित्र मुखौटों की तरह पड़ी हुईं
चाय का प्याला एक अजनबी भाप छोड़ता है
भाप की ही तरह पड़ा एक निश्चेष्ट हाथ
दिमाग़ भी सुबह की धुन्ध की तरह
यह याद करना कठिन है
कि हम क्या कहना चाहते थे
शायद कोई बात जिसका कभी जवाब नहीं आता
शायद एक दुर्घटना
आँखों के सामने रात का एक खँडहर

रसोईघर में एक गिलास आवाज़ करता हुआ गिरता है
किसी बड़ी ख़ामोशी में डूबने के लिए
दीवार पर पुराना तस्वीरों वाला कैलेंडर
जिसे फाड़कर फेंक दिया गया
वहाँ एक कैलेंडर का ख़ालीपन है
उड़े हुए रंगों का एक शून्य
जैसे वह कैलेंडर वापस आया हो अपनी तस्वीरें और तारीख़ें गिराकर
जैसे चीज़ें लौटती हैं अपना छोटा-सा प्रतिशोध लेने
और कुछ देर टिकने के लिए।

[1996]

मरणोपरान्त कवि

बहुत ज़्यादा ख़ुशी को वह सन्देह से देखता था
इसलिए किसी क़िस्म के उल्लास की आवश्यकता नहीं है
वह ज़्यादा दुख के भी विरुद्ध था
इसलिए ग़मगीन दिखना चेहरे लटकाना व्यर्थ है
उसने कभी हुक्म नहीं दिये फ़ैसले नहीं किये
इसलिए हम भी ऐसा न करें
जैसा कि सब जानते हैं कि उसका घर ख़ाली है
ज़िन्दगी के हरे-भरे मैदान के पार चला गया है वह
यहाँ सिर्फ़ उसकी फ़ोटो बची है
जो हम सबको देखती हुई दिखती है
जैसा कि वह ख़ुद भी मानता था वह था एक सच्चा कवि
जो रंगों को सुन सकता था
संगीत को देख सकता था
शब्दों को जीवित वस्तुओं में बदल सकता था
और चाँद और दूसरी जिन चीज़ों का रहस्य जान लिया गया है
वहाँ नये सिरे से रहस्य छोड़ आता था
वही था हमारे समय का सच्चा एक विरोधी स्वर
व्यापक रूप से असहमत और अन्ततः असन्तुष्ट
सभी जानते हैं उसकी बातों को पचाना अक्सर कितना कठिन था
और उस आकस्मिक अन्त समय में भी लगता था
वह लिखना कभी नहीं करेगा बन्द
हमारी आपकी सबकी नब्ज़ जैसे रहती थी उसके हाथ में
दरअसल वह भी क्या समय था कि उसके
ज़रा-सा लिखने से फैल जाती थी एक बड़ी-सी बेचैनी
और बाद में हमारे संवेदनशून्य समाज ने
उस पर ग़ौर करना ही कर दिया बन्द

तब भी वह अन्त तक हिलाता रहा इनकार में अपना सर
अब ख़ेद है कि इतनी देर बाद छप सका
उसकी बची-खुची कविताओं का यह संग्रह
लेकिन जो इसका पुख़्ता प्रमाण है
कि वक़्त के साथ बढ़ती गई है मरणोपरान्त हमारे कवि की ज़रूरत
और अब देश का सांस्कृतिक प्रतिष्ठान भी नहीं रहा उसके प्रतिकूल
बल्कि वही करता है कवि की स्मृति में ऐसे भव्य आयोजन
ताकि वह समा न जाए विस्मृति के विशाल गर्भ में
जिसमें समाये कवि मनीषी अनेकानेक
ताकि याद रहे उसका चेहरा उसने जो कुछ झेला
कि हृदयहीन लोग किस तरह उसे कहते रहे पागल
और बीड़ी का धुआँ भरा रहा उसके चेहरे की झुर्रियों में
उसकी नौकरियाँ छूटती रहीं
और वह जाता रहा बार-बार सभा से बाहर
ग़ौर से देखो तो वह अब भी जाता हुआ दिखाई देता है।

[1996]

ज्योतिष

आने वाले समय में आएँगे अभी
अनेक दुर्भिक्ष महामारी बाढ़ महँगाई
पड़ोसी देशों से युद्ध भीतरी कलह
बतलाता है ज्योतिष
सम्पन्न लोगों के सितारे अब हैं और भी बुलंद
भाग्य में है वैभव पदोन्नति राजसुख सुन्दर चितवन
उनकी उँगलियों में माणिक्य पुखराज नीलम
आधुनिक वेशभूषा के भीतर बढ़ते तरह-तरह के तावीज़
उनके भीतर कई गुह्य मंत्र
और जो राज करते हैं करते ही चले जाएँगे राज
उनके दरबार में सधता रहेगा
असहाय ज्योतिष का पुण्य काज

बाक़ी लोग धटकते जेबों में रखे
छोटी फटी-पुरानी जन्मकुंडलियाँ अपनी बेटे-बेटियों की
जिस-तिस को ज्योतिषी जान
दिखलाते निकालकर जेब से मुड़े-तुड़े सौरमंडल
आय के घर में बैठे ख़र्च के ग्रह के
खिसकने का इन्तज़ार करते
लग्नेश को टेढ़ी निगाह से देखते भाग्येश की
कृपादृष्टि का मुँह ताक़ते
उच्च राशि में स्थित अपने निम्न ग्रह को कोसते
जीवन की टेढ़ी चाल को बतलाते शनि की चाल
एक क्रूर मंगल की छाया में सो जाते रोज़

नींद में उन्हीं को दिखता एक दुर्भिक्ष
महँगाई महामारी चारों ओर
नींद में कोई उन्हें गिरा देता बिस्तर से
दूर तक बहकर जाते उनके घर-असबाब
सुबह उठते वे
रात-भर किसी नक्षत्र के हाथों पिटे हुए।

[1996]

सात दिन का सफ़र

पहले एक साफ़ धुली हुई चादर की तरह सोमवार प्रकट होता है
और उम्मीद बँधती है कि इस लम्बे सफ़र में
कुछ नये सिरे से किया जा सकता है
हम रास्ते की दिक़्क़तों और उन्हें लाँघने की इच्छा का ख़ाका बनाते हैं
मंगलवार एक चट्टान की तरह है
एक दुविधापूर्ण स्थिति जहाँ यह पता नहीं चलता
कि आगे कौन-सा मोड़ या कैसी ढलान है
और उसके लिए कितना उत्साह या सावधानी हम में होनी चाहिए
बुधवार के पारदर्शी काँच से हम कुछ दूर तक देख सकते हैं
कि कुछ भी उस तरह आसान नहीं है जैसा हम सोचते थे
और असमंजस अनिश्चय धुँधलका पहले की ही तरह है
अगला दिन गुरुवार एक पड़ाव की तरह लगता है
क्योंकि हम आधे रास्ते तक आ गए हैं
और जान सकते हैं कि इन दुर्दिनों में हमारी ठीक-ठीक स्थिति क्या है
और शायद इसी में से कोई रास्ता निकलता है
इसी रास्ते पर शुक्रवार सान्त्वना देता हुआ आता है
लेकिन यह भय है कि हम अभी तक कुछ नहीं कर पाए हैं
और अब समय बहुत कम रह गया है
और हमने किसी को चिट्ठी तक नहीं लिखी
इसी घबराहट में हम शनिवार में प्रवेश करते हैं
जोकि दरअसल एक तहख़ाना है जहाँ यह कहना कठिन है
कि हम चल रहे हैं या रुके हुए हैं
और जब कोई पूछता है कि क्या हाल हैं
तो हम कहते हैं बतलाने के लिए कुछ ख़ास नहीं है
अगली सुबह इतवार आ जाता है
यह छुट्टी का दिन है चीज़ें अपनी प्रागैतिहासिक

निश्चेष्टता में पड़ी हैं किताबें औंधी रखी हैं
चाय ठंडी हो चुकी है सामने गन्दे कपड़ों का अम्बार लगा है
और बाहर दरवाज़े पर किसी की धीमी दस्तक है।

[1998]

क्रेमलिन कथा

मॉस्को का यह क़िला जो कभी टूटा कभी जला
बारहवीं से सत्रहवीं शताब्दी तक
हज़ारों-हज़ार शिल्पियों के हाथों फिर-फिर बना
रोमन और बारोक़ कला के वे शिखर
और गिरजाघरों के सुनहरे जटिल गुम्बद
जहाँ से धूप उतरती है और शहर की बर्फ़ में डूब जाती है
कहते हैं ज़ार के आदेश पर
इनके कलाकारों-कारीगरों के हाथ काट दिये गए थे
ताकि कहीं और अवतरित न हो सके ऐसी कला
हमारे ताजमहल के बारे में भी कहा जाता है यह सब
शासकों के क्रूर खेल किसी युग में नहीं बदलते
वे छीनते ही आए हैं कलाकारों से उनकी कला उनका जीवन

फिर बीसवीं सदी आई
जब कहते हैं लेनिन ने ज़ार से छीनकर लौटाये कारीगरों के हाथ
ताकि बन सकें सबके लिए चौड़ी सड़कें बाँध और मज़बूत घर
इस तरह निर्मित हुए ज़िन्दगी के लम्बे पुल
आलिंगनों की तरह घेरते हुए विशाल चौराहे
और कवियों और मज़दूरों की भव्य प्रतिमाएँ
जो हवाओं के कान में हमेशा कुछ कहती हुई लगती हैं

अब कहाँ क्या करते हैं वे हाथ
क्रेमलिन के चर्च में प्रार्थना में झुका बेरोज़गार कारीगर कहता है
वे फिर से छीन लिये गए
अब वे महँगी कारें चलाते हैं

राहगीरों को लूटते हैं जुआघरों में क़िस्मत आज़माते हैं
रात्रिक्लबों में नाचती औरतों की पोशाकें नोचते हैं
अपने लिए एक-एक क्रेमलिन बनाने का सपना देखते हैं।

[1998]

क्रेमलिन संग्रहालय

अथाह सम्पदा
राजाओं-रानियों की सारी चीज़ें यहाँ छूट गई हैं
उनके मुकुट कर्णफूल कवच शिरस्त्राण और जूते
कान खुजाने और दाँत कुरेदने की सोने-चाँदी की तीलियाँ
और रत्न-जड़ित पोशाकें जिन्हें वे प्रजा पर अत्याचार करते समय भी पहनते थे

अब वे ठंडे शीशों के भीतर सहमी हुई पड़ी हैं
ख़ौफ़नाक इवान का कवच एक निरीह इवान की तरह खड़ा है
कैथरिन का रेशमी बिस्तर
कैथरीन के बूढ़े शरीर की झुर्रियों की तरह है
रानियों के सोने के मुकुट उनके मृत चेहरों की तरह सिकुड़े हुए हैं
इतिहास का विशाल शव अँट नहीं रहा है सिमटी हुई घोड़ागाड़ियों पर

जीवित है सिर्फ़ मरियम
उसकी कोमल रंगीन तस्वीरें जगह-जगह
सोने-चाँदी के फ्रेम में जड़ी हीरे-मोती-माणिक्य से सजी वह
भारी गहनों के बोझ से कराहती
क्रेमलिन में क़ैद देहात की ग़रीब औरत।

[1998]

मत्र्योश्का

मत्र्योश्का* तुम सुन्दर और मासूम हो
बच्चों की प्यारी गुड़िया तुम्हारे भीतर परतें हैं
हर परत एक स्त्री है उसका ख़ामोश इतिहास
अलग-अलग कोठरियों में क़ैद तुम्हारे सातों जन्म
वह कोई कला है या खेल या कोई दुख
कि तुम अपने में ही रहने चली गईं
पाँच या सात प्रतिरूपों में
तुम्हारी काठ की काया में चमकते हैं किसी स्त्री के काढ़े हुए फूल

तुम्हें खोलने पर एक-एक कर प्रकट होती हैं स्त्रियाँ
उनका पूरा वंश कभी न मिटने वाला जीवन
पर्दादी दादी माँ बहन बेटी प्रेयसी
सबकी सब निहत्थी इस भीषण दुनिया से अनजान
जो सबसे बड़ी है उम्रदार
जिसके पास हैं सबसे अधिक फूल
जिसने सहे हैं सबसे अधिक दुख
वही दिखती है सामना करने को तैयार
और जो सबसे छोटी है नवजात
जिसे तुम सभी परतों में छिपाये रहती हो
जो चारों ओर अपनी पूर्वजों के कवच में लिपटी है
उसी के भीतर से आती हो तुम
और बन जाती हो बच्चों का खेल।

[1998]

---

* मत्र्योश्का रूस की एक लोकप्रिय गुड़िया है जिसमें लकड़ी की बनी क्रमशः बड़ी से छोटी होती एक जैसी गुड़िया समायी रहती हैं। मत्र्योश्का शब्द का आशय माँ या मातृमूलकता से है।

अन्तिम प्रारूप

इस कविता का अन्तिम प्रारूप वह नहीं है
जो इसका पहला प्रारूप था मौलिक पारदर्शी और अभी जन्मा हुआ
इस बीच इसे कई बार लिखा और काटा और फाड़ा गया
कई शब्द लोगों की तरह अपनी जगहें छोड़कर चले गए
अनेक पंक्तियाँ छूट गईं जैसे भागते हुओं की चीज़ें छूटती हैं
एक गहरी नदी यहाँ से निकलकर अपनी रेत में छिप गई
एक पहाड़ जिसके भीतर बहुत से पहाड़ रहते थे
अपने ही दरवाज़ों के पीछे बन्द हो गया

पहले और अन्तिम प्रारूप के बीच कई वर्षों की बर्फ़ है
कई बुझे हुए तारे हैं जो रात के आकाश में बच्चों की तरह एकत्र होते थे
कई रातें जो कटे-फटे पर्दों की तरह झूलती हैं
और बीच में ही छूट गईं वे स्त्रियाँ
जिनके सपने उनकी नींद से भी दूर तक जाते थे
और चुम्बन जो होंठों से सूखे पत्तों की तरह गिरते रहे
मुझसे एक सुन्दर रास्ता छूटा एक पेड़ एक विश्वास
एक बड़ी भावना खो गई कुछ क़लम और कुछ छाते खोये
अन्ततः एक दिन मैंने अपने पिता को खो दिया
पिछवाड़े जमा होता रहा जीवन का कबाड़
युवावस्था के चमकते आईने के टूटे हुए टुकड़े
पुरानी चिट्ठियों के मिटते हुए अक्षर

इस बीच मैं दूर-दूर गया बाज़ारों में भटकता रहा
जहाँ चीज़ें मनुष्य की विवशता पर खिलखिलाती थीं
प्रेम और रोटी की पीड़ा महसूस करने के लिए
कहीं लौटना सम्भव नहीं था

मैं किसी दूसरे की नींद सोया किसी दूसरे के जीवन में जागा
मेरे देखते ही देखते कुछ नायकों का अन्त हुआ
और कई खलनायकों ने प्रवेश किया मेरे घर में दिमाग़ में
मेरे परिचित कवियों के पते भी बदल गए
जो चेहरों पर अपनी कविता का प्रकाश लिये हुए चलते थे
और अब जो यह काँपती हुई-सी रोशनी है
कहना कठिन है कि अँधेरा शुरू होने के पहले की है
या उजाला ख़त्म होने के बाद की है

कविता के अन्तिम प्रारूप में बचा रहता है
अदृश्य कीड़ों का खाया हुआ एक कंकाल
कवि का छलनी हृदय
काग़ज़ों की समझ में न आने वाली फड़फड़ाहट
जगह-जगह नक़ली अध्यात्म में डूबी प्रतिमाएँ
घटिया अनुष्ठानों को देखने दूर-दूर से चले आते लोग
रात-भर सड़क पर जलता
अपने ही ख़ालीपन को प्रकाशित करता अकेला बल्ब
और सुबह सुनाई देती एक आवाज़
रद्दी अख़बार कबाड़ीवाला रद्दी अख़बार।

[1997]

फ़ोन पर हालचाल

[विष्णु खरे के लिए]

फ़ोन पर हालचाल क्या बताया जाए
ठीक ही चल रहा है
जो कुछ है अच्छा है या फिर कुछ भी अच्छा नहीं
बतलाने को ख़ास यही है कि समय
कहाँ चला जाता है कुछ पता नहीं चलता
दिन कब रात की विशाल ऐश-ट्रे में बुझ जाता है
यह सप्ताह भी ऐसे ही एक शिकार की तरह
महीने के जबड़े में चला गया
जैसे महीने जाकर समा जाते हैं साल के मुँह में
क्या कहा जाए एक मनुष्य के भीतर क्या-क्या
छिपा रहता है कैसे उसे दिखलाया जाए
सुख कितनी जल्दी दुख में बदल जाता है
जैसे हथेली पर रखा हुआ सिक्का पलट दिया हो अचानक
बाक़ी यही लगता है कि बात करते हुए भी क्या बात करें
स्मृति कोई बिजली का बटन नहीं है
कि घंटी बजते ही आने लगे आवाज़
फिर भी किसी तरह काम चलता रहता है
यह सुनकर कि कोई कुछ कह रहा है और उसके पास
कहने के लिए और भी कुछ है
आश्चर्य और ख़ुशी की एक आहट आती और चली जाती है
या कोई अपने साथ हुए हादसे की सूचना देता है
तो कुछ देर को वही लगता है हमारे दौर का नायक
लेकिन कितने कम होते जा रहे हैं ऐसे भी लोग
जो बताना चाहते हों मन की कोई बात
ज़िन्दगी चाहे कितनी ही कठिन होती जाती हो

और उसकी कहानियाँ और भी टेढ़ी उलझी हुईं
जिन्हें कभी मिलने पर ही बताया जाए, तो ठीक
हालाँकि अब ऐसी तरक़ीबें आने को हैं
कि बात करते हुए चेहरा दिखता रहे
ताकि आवाज़ चेहरे को जानने में भूल न करे
और न चेहरा आवाज़ पहचानने में
और अब शिकायतों के लिए भी मुलाक़ात की ज़रूरत नहीं रही
उन्हें इसी तरह दर्ज कराते रहें
तो शायद कभी सुनवाई हो
सम्भव है प्रेम के अभाव का रोना रोएँ
तो उधर से एक आवाज़ सुनाई दे हाँ या नहीं
और ख़ुद से भी किसलिए कहा जाए कि अपने जुनून पर क़ाबू करो
चुप रहो या इच्छाएँ व्यक्त ही न करो
जैसे जो पुरानी या बचपन की बातें हैं
उन्हें सुनाने में ही बहुत सारा समय बीत जाता है
इसीलिए लोग बात करते-करते चुपचाप फ़ोन रख देते हैं
क्योंकि बहुत कुछ इस पर निर्भर है
कि हम कितनी देर और कितनी दूर से बोल रहे हैं
और जो दूरी हमारे होने में पैदा हुई है
इसी देह और दिमाग़ में
उसकी क़ीमत क्या हम चुकाते रहेंगे इसी तरह से।

[1997]

दुख

मैं धारण करता हूँ वे शब्द
जो चेख़व की कहानी के साईस ने अपने घोड़े से कहे थे
मैं दुख हूँ
देर रात को धीरे-धीरे लौटता हूँ
मुझमें सुख की स्मृतियाँ हैं
मैं बना हूँ रसोईघरों में इकट्ठा हुए
आँसुओं के नमक से

लोग छोड़कर जाते हैं घर-द्वार
अनजान दुनिया में भटकते निरुद्देश्य
रोटी के बदले में बदल देते अपने नाम और विचार
मैं उनके पीछे-पीछे चलता हूँ
सर पर एक गठरी उठाये हुए
मैं थामता हूँ गिरते हुए कपड़ों को
बचाए रखता हूँ ख़ामोशी को

मैं एक विरोधपत्र हूँ
जिस पर उनके हस्ताक्षर हैं जो अब नहीं हैं
मैं सहेज कर रखता हूँ उनके नाम आने वाली चिट्ठियाँ
मैं दुख हूँ
मुझमें एक धीमी काँपती हुई रोशनी है

मुझमें से गुज़रती हैं छायाएँ और श्रद्धांजलियाँ
गुज़रते हैं फूलों के हार
और संवेदना के वाक्य

जिनमें मुश्किल वक़्तों का ज़िक्र होता है
और आने वाले दिनों के बारे में
एक उम्मीद जतलाई जाती है।

[1996]

एक दूसरे की छाया

बुख़ार की तरह तपते दिनों में
जब चारों ओर कठोर कर्कश आवाज़ें उठ रही थीं
और चीज़ें टूटी हुई दिखाई देती थीं
वे एक दूसरे की छाया में बैठ गए
बहुत-से छोटे-छोटे आईने उनके भीतर से बाहर आते थे
उन्हें वे देर तक जोड़ते रहे
जहाँ भी कुछ गन्दा दिखता था उसे उन्होंने साफ़ किया
इच्छाएँ इसी तरह व्यक्त होती थीं
दीवारघड़ी में अनन्त समय पिघल रहा था
एक मकड़ी चुपचाप कहीं जाला बुनती थी
एक यात्रा के पहिये आसपास पड़े हुए थे
मिलना और विदा होना एक साथ था
एक साँस पास लाती थी दूसरी साँस दूर ले जाती थी

उन्होंने एक पहाड़ और बर्फ़ और एक नदी की कल्पना की
एक बादल को खोजा और हवा को पुकारा
कहीं-कहीं उन्हें सफ़ेद या नीला रंग दिखाई दिया
वह किसी प्रेम की स्मृति थी
उसकी पुरानी चिट्ठियाँ चली आई थीं
एक बियाबान में उसके धूमिल शब्द
पुराने दरवाज़ों की तरह खुल गए थे
वे बार-बार लम्बी साँसें लेते रहे
एक दुनिया को कुछ देर तक बचाना इस तरह सम्भव था
जो नहीं था उसे बुलाया जो छूट चुका था उसे शामिल किया

कहानी पूरी हुई तो उन्होंने एक किताब बन्द की
हृदय ख़ाली होने लगे
फिर उपस्थित हुआ भूलने का वक़्त

[1998-99]

राग दुर्गा

[भीमसेन जोशी के गाये इस राग को सुनने की एक स्मृति]

एक रास्ता उस सभ्यता तक जाता था
जगह-जगह चमकते दिखते थे उसके पत्थर
जंगल में घास काटती स्त्रियों के गीत पानी की तरह
बहकर आ रहे थे
किसी चट्टान के नीचे बैठी चिड़िया
अचानक अपनी आवाज़ से चौंका जाती थी
दूर कोई लड़का बाँसुरी बजाता था वैसे ही स्वर
एक पेड़ कोने में सिहरता खड़ा था
कमरे में थे मेरे पिता
अपनी युवावस्था में गाते सखि मोरी रूम-झूम
कहते इसे गाने से जल्दी बढ़ती है घास

सरलता से व्यक्त होता रहा एक कठिन जीवन
वहाँ छोटे-छोटे आकार थे
बच्चों के बनाए हुए खेल-खिलौने घर-द्वार
आँखों जैसी खिड़कियाँ
मैंने उनके भीतर जाने की कोशिश की
देर तक उस संगीत में खोजता रहा कुछ
जैसे वह संगीत भी कुछ खोजता था अपने से बाहर
किसी को पुकारता किसी आलिंगन के लिए बढ़ता
बीच-बीच में घुमड़ता उठता था हारमोनियम
तबले के भीतर से आती थी पृथ्वी की आवाज़

वह राग दुर्गा था यह मुझे बाद में पता चला
जब सब कुछ कठोर था और सरलता नहीं थी

जब आख़िरी पेड़ भी ओझल होने को था
और मैं जगह-जगह भटकता था सोचता हुआ वह क्या था
जिसकी याद नहीं आई
जिसके न होने की पीड़ा नहीं हुई
तभी सुनाई दिया मुझे राग दुर्गा
सभ्यता के अवशेष की तरह तैरता हुआ
मैं बढ़ा उसकी ओर
उसका आरोह घास की तरह उठता जाता था
अवरोह बहता आता था पानी की तरह।

[1999]

सुबह की सड़क पर

एक जैसे कपड़ों में सजे सभी बच्चे
गहरे या कुछ कम गहरे आसमानी कुछ सलेटी कुछ कत्थई
उनके चेहरे सुबह या शाम या दोपहर के रंग के
कहीं ज़रा-सा लाल हरा या नीला बँधा हुआ
छोटे-छोटे बादलों जैसे बच्चे इस तरह उछलते हुए आए
जैसे उन्हीं के कारण हो रही हो यह आश्चर्यजनक सुबह
छोटी-छोटी लड़कियों के चेहरों पर एक अनश्वर हँसी थी
बड़ी होती लड़कियों की आँखों में
झलक जाती थी कोई बड़ी होती हुई उम्मीद
जगह-जगह यही दृश्य सुबह की उस सड़क पर

देर तक खड़ा रहा मैं वहाँ
समझ में नहीं आया क्या करूँ कि यह दृश्य बचा रहे
एक बार फिर मुड़कर
देखा मैंने उसे चमकती सड़क पर।

[1997]

जो बोलते हैं

जो बोलते हैं ज़ोरों से या ठंडी डपटती आवाज़ में
कहते हम फ़लाँ जगह से बोल रहे हैं
उनकी बातें याद रहती हैं दिमाग़ में बजती हुईं
हम ढोते रहते हैं उनका बोझ
जो बोलते हैं धीमे अपनी किसी दुर्बलता के साथ
काँपती हिचकती आवाज़ में कभी-कभी गुस्से में
उनकी बात कभी-कभी याद आती है
रोज़मर्रा के मामूली काम करते हुए
अचानक रुक जाता है हाथ या पैर या दिमाग़
एक अकेलापन उठता है भीतर से।

[1997]

बाज़ार

जो लोग सिर्फ़ सहमी-सी आँखों से देखते रहते हैं
वे भी जान्ते हैं कि यहाँ रखी चीज़ों का कोई विकल्प नहीं है
फ़र्क़ सिर्फ़ यह है कि जो कुछ आम तौर पर
जिस तरह दिखता है वह उस तरह नहीं होता
यह बाज़ार का एक ठोस आध्यात्मिक आधार है
इसीलिए चमत्कारों का उत्पादन सबसे बड़ा व्यापार है
मसलन शन्ति नाम का यह आरामदेह सोफ़ा लीजिए
जिसके बीच में रखने के लिए यह पारदर्शी मेज़ है
बैठने के कुछ ही बाद प्रकट होता है एक शान्त विचार
और सुख की नींद के लिए तो यह बिस्तर मशहूर ही है
जिसका विज्ञापन करते हुए कई सुन्दरियाँ बूढ़ी हो चली हैं

करुणा की सजी-धजी छोटी-बड़ी मूर्तियाँ कई हैं
चन्दन संगमरमर और दूसरे क़ीमती पत्थरों में ढली हुईं
जिनके भीतर भरा गया है अपार धैर्य
अपनी अभेद्द मुस्कान के साथ वे देखती रहती हैं
आपके पसन्दीदा टीवी सीरियल शानदार दावतें
सुनती हैं महँगे फ़ोन पर आपके आन्तरिक व्यापारिक वार्तालाप

और यह जो आप आपाधापी और कलह जैसी देखते हैं
वह मनुष्यों की दुनिया की ही तरह है
चीज़ें आपस में लगातार एक मैत्रीपूर्ण युद्ध में उलझी होती हैं
प्रकृति की तरह बाज़ार भी परिवर्तनशील है
उसका भूगर्भ भी कभी इधर कभी उधर करवटें बदलता है
भूकम्प के झटके रोज़ ही यहाँ आते हैं
लेकिन उन्हें महसूस नहीं किया जाता।

[1997]

गाता हुआ लड़का

[रघुवीर सहाय की स्मृति को सादर]

दिल्ली में वह एक उमस का दिन था
बारह-तेरह बरस का लड़का
भीड़ भरी बस में गाता था एक ख़ुशी का मीठा गाना
गले में नन्हा हरमोनियम लटकाये
उसकी चारेक बरस की बहन माँगती थी पैसा
मुसाफ़िरों से घूम-घूमकर
जैसे यह भी एक खेल हो उसके बचपन का

लड़का बीच-बीच में उसे डाँटता अपने पास बुलाता था
कहीं गिर न जाए वह नीचे चलती बस से
वह बार-बार ऊपर करता अपनी फटी पैंट को
जो नीचे को खिसक रही थी
फिर भरपूर गले से गाता था किसी विकल राग के कच्चे-पक्के सुर
जिनमें नदियाँ बहती थीं पहाड़ पिघलते थे
जो बस की गर्मी और ऊँघकर जगे मुसाफ़िरों के ऊपर
बादल की-सी छाया देते थे

उसके गाने से चुप हो गया वह फ़िल्मी गाना
जो दिल्ली की बस में कानफोड़ अश्लील ढंग से रोज़ बजा करता है
यात्री देख रहे थे अचरज से उस नन्हे दीन-हीन को
टूटे थे जिसकी कमीज़ के बटन किसी औलिया जैसे
और वह गाता था उस्ताद सरीखा
जैसे गाता हो अपनी ही ख़ातिर अपने ही भीतर
पर उसकी बहना अपना काम नहीं भूली थी

भाई के गाने के एवज़ में आख़िर मिल ही गए उसे कुछ पैसे
कुछ महिलाओं ने उस पर ख़ास दया दिखलाई

मैंने भी झेंप मिटाने को रखा एक रुपैया उसके
गूँज रहे हरमोनियम पर
मुझे पता था भीख ग़रीब को और गिरा देती है नीचे
और इसलिए ज़्यादा नीचे गिरने से पहले ही
लड़का बस से उतर गया बहन का हाथ खींच कर
शायद किसी और बस में उस गाने के कुछ गाहक मिल जाएँगे
जिसको गा-गाकर कितने ही सफ़र किए होंगे उसने
आए याद मुझे पंडित भीमसेन जोशी
आज के बड़े प्रतापी गायक जो भागे थे घर से
संगीत सीखने जब वे ग्यारह के थे
पर क्या यह लड़का भी निकला होगा इसी तरह

वह गया हुआ ओझल
रस्ते भर रही मेरे साथ वह मीठी धुन
जिसमें उम्मीदें थीं और ख़ुशी थी
इस तरह महज़ एक रुपैये में मिली मुझे कविता
घर आकर मैंने वह धुन गाई मन में और रो पड़ा।
कितना रहा अकारथ मेरा होना
कैसा विचित्र रात में यह रोना।

[1997]

घर की काया

एक आईने में चलते-चलते झलक जाता है
हरेक का अकेलापन
यहाँ एक पुराना दरवाज़ा है
जिसे खोलने पर मनुष्य की-सी एक आवाज़ आती है
पर्दे लम्बे समय से एक ही जगह
टँगे रहने की थकान में सोये हुए हैं
कुछ आगे बैठने के लिए कुर्सियाँ हैं
ताकि यहाँ लोगों को खड़े-खड़े जीवन न बिताना पड़े
मेज़ पर रखा है एक गिलास पानी
नमक और खाने के लिए कुछ

इस घर की काया में रहते आए हैं हम
बरसों से आत्मा की तरह
हम चुकाते आए किराया समय पर
सारे पैसे हमारे ख़र्च हुए इसी घर में
हमसे कहा गया दीवारें साफ़ रखें
इसमें अपना कुछ न जोड़ें कुछ न घटाएँ
तब भी यहाँ हर वक़्त कोई ठकठक होती रही
कुछ था शायद कोई चौखट कोई कील जैसा ठीक किया जाता रहा
कोई खिड़की जिसे खोलने की कोशिश होती रही
बिस्तर और तकियों के नीचे निवास करते हैं
इस घर के रोग-शोक जरा-मरण

किराये के घर में इकट्ठा हुए कितने ही रहस्य
कोई मेहमान यहाँ भूल गया अपना तौलिया या रूमाल
किसी का चशमा पड़ा है यहाँ

घिसी हुई पेंसिलें बिना ढक्कन की शीशियाँ
इस्तेमाल की जा चुकी चीज़ों के खोल दिख जाते हैं जब-तब
एक खिलौना गाड़ी से अलग हुआ पहिया
अचानक चलता हुआ दिख जाता है
एक ग़ौरैया यहाँ बुनने में लगी रहती है अपना नीड़

एक पुकार यहाँ हमेशा बनी रहती है
कोई हमेशा लौट आता है यह जानते हुए कि उसे चले जाना है
चन्द्रमा और तारे रोज़ लौटते हैं इसकी छत पर
किराये के घर में हम आत्मा को झाड़ते-पोंछते रहते हैं
ख़ुशी रात में एक फूल की तरह खिली होती है
प्रेम रात के गमले में एक पौधे की तरह उगता रहता है
जिसे रोज़ पानी देना होता है धूप में
रखना होता है
बेचैनी एक बिल्ली की तरह घूमती है
कभी-कभी दिखती है उसकी ओझल होती हुई पूँछ।

[1999]

पिता का हवाला

अक्सर जब कह नहीं पाता अपनी बात
तो बात-बात में देता हूँ पिता का हवाला
खोलता हूँ उनका काला जर्जर बक्सा
शायद उसमें रखा हो अब भी कोई सेब या बिस्किट-नमकीन
उनकी टॉर्च और घड़ी पर जब-जब पड़ जाती है नज़र
जिन्हें अब सुधारा नहीं जा सकता
और उनका चश्मा भी जिसे लगाते ही साफ़ दिखती हैं चीज़ें
कैसे आपस में घुल-मिल गई हैं
उनका छोटा-सा भोथरा चाक़ू मिला मुझे
जिसे सोते समय वे सिरहाने रखते थे
उसे रख दिया मैंने रसोईघर में
उनकी लाठी भी काम आती है कई बार
उसके मुड़े हुए हत्थे से उठाए मैंने गिरे हुए कपड़े टूटे हुए तार
और एक दिन मिले मुझे एक पुराने परिचित वृद्ध
जो मेरे पिता की दवा से ठीक हुए थे
वे जाते थे जगह-जगह बिना सहारे के आराम से
जीवन के पार गए पिता की पेंशन
माँ को हर महीने मिलती है
उसे वह सौंप देती है अपनी सन्तानों को।

[1999]

वापसी

बहुत बूढ़े होने पर भी आप अगर एक भूले-भटके बच्चे की तरह घर जाएँ तो वहाँ पिता-माँ या अन्य स्वजन होंगे जो ठीक बचपन में आपको पहचान लेंगे। वहीं कहीं आपकी कोई सच्ची प्रेमिका अजन्मी अपनी सन्तान के बाल काढ़ती वासना की रात को चादर की तरह बिछाती होगी। आप अगर जंगल की ओर जाएँ तो किसी शिकारी की तरह नहीं एक पेड़ की तरह जाना बेहतर होगा। एक बड़ा पेड़ आपको अपने भीतर छिपा लेगा। आपके चलने से हल्की-सी धूल उड़ेगी और धूप में देर तक चमकती रहेगी। आप अपने पत्तों को हिलाकर आवाज़ करेंगे तो वहाँ से हवा का बहना शुरू होगा। वहाँ कोई कहानी या उसका एक हिस्सा बचा हुआ होगा जिसके खँडहर में रहा जा सकता है। बारिश आपको खींच ले जाएगी और बर्फ़ वापस भेज देगी। कुछ दूर तक उन चीज़ों के पीछे चलता अच्छा होगा जिनके अर्थ समझ में नहीं आते। आप उन पुराने टूटे-फूटे आईनों में प्रवेश कर सकते हैं जो अब सिर्फ़ अपनी स्मृति में डूबे हुए हैं। शायद आप वहाँ कोई सपना देखें या आपके भीतर किसी धुँधली-सी चीज़ का जन्म हो और आप उस क्षण को फिर से पा लें जिसके पहले आप वह थे जो उसके बाद नहीं रहे।

[1998]

चुम्बन

चुम्बनों का इतिहास मनुष्य जाति की ही तरह प्राचीन है लेकिन वह मशहूर या सबसे लम्बे या सबसे संक्षिप्त चुम्बनों के नीरस वर्णनों या विज्ञापनों से ज़्यादा कुछ नहीं है। चुम्बन एक ऐसी घटना है जो इतिहास के बाहर होती है। एक बिलकुल अवास्तविक संसार में स्त्री-पुरुष के दीप्त होंठ परस्पर इतने पास आ जाते हैं कि उनकी सिहरन भी सुनी जा सकती है। शरीर का तमाम रक्त होंठों की ओर दौड़ रहा है। सारे विचार होंठों पर इकट्ठा हो चुके हैं। एक नम हृदय होंठों तक पहुँच गया है और आत्मा भी वहीं निवास करने लगी है। यह एक ऐसा क्षण है जब एक फूल खिलता है कोई छोटी-सी चिड़िया उड़ान भरती है कहीं तारे चमकते हैं पृथ्वी के नीचे से पानी बहने की आवाज़ आती हैं लेकिन प्रकृति की ये सहज चीज़ें अस्तित्व को कँपा देने वाले तरीक़े से घटित होती हैं। अन्तत: रक्त पीछे लौटता है और हृदय उसे पूरे शरीर में भेजने की अपनी पुरानी भूमिका निभाने लगता है। विचार दिमाग़ में पुन: प्रवेश करते हैं और आत्मा ज़िन्दगी के बियाबान में लौट जाती है। अब सब कुछ सामान्य है। हम एक आँधी या एक आग से बचकर आए हैं। हम जीवित हैं और इतिहास में लौट चुके हैं और राहत की एक गहरी साँस ले रहे हैं।

[1998]

ली पाइ

बारह सौ वर्ष से भी पहले चीन में थांग राजवंश के समय महाकवि ली पाइ ने अपने एक प्रेम की स्मृति में लिखा था कि उस रात लीयांग के उद्यान में बर्फ़ गिर रही थी और भीषण शीत था लेकिन तुम्हें इसका एहसास नहीं हुआ। ली पाइ युद्ध से घृणा करता था उसे राजाओं श्रीमन्तों महामहिमों की परवाह नहीं थी और वह प्याले में गिरते चन्द्रमा के प्रकाश में शराब पीता बैठा रहता। युद्धों और उत्सवों के उन्मादी राजाओं ने उसे निर्वासन में भेज दिया तो वह जगह-जगह भटकता सरकारी टोप पहने हुए भेड़ियों और सियारों की करतूतें और युद्ध में लड़ते ग़रीबों की औरतों के आँसू अपनी कविता में दर्ज करता रहा। आज के कवि जानते हैं कि अब न लीयांग का वह बाग़ीचा है न उसकी रात न वह बर्फ़ और न वह बेसुधपन कहीं बचा है। बल्कि अब चारों ओर महामहिम हैं उनके युद्ध हैं या युद्ध स्तर पर मनाए जाते उत्सव हैं। फिर भी वे एक हड़बड़ी में रोज़ घरों से निकलकर भटकते हैं क्योंकि शायद महामहिमों से बचना और भेड़ियों-सियारों की करतूतों और औरतों के आँसुओं को दर्ज करना अब भी सम्भव है। क्योंकि शायद कहीं कोई बाग़ीचा है कोई रात है और वह आत्म-विस्मृति है जिसकी स्मृति को ली पाइ हज़ार साल से बचाए हुए है।

[1998]

धूल

धरती और धरती से बाहर की भी बहुत-सी चीज़ें क्योंकि धूल की बनी हैं। बुद्धिमान लोगों ने ठीक ही कहा है कि एक दिन सब कुछ यानी तमाम अभेद्य और अनश्वर कहा जाने वाला साज़ोसामान भी धूल हो जाता है। धूल से मुक्त रहने के लिए बनाई गई बन्द सुरक्षित चमचमाती जगहों में भी वह सहज अदृश्य और आश्चर्यजनक तरीक़े से प्रवेश करती है। वह एक समय के आलीशान महलों, प्रतिमाओं और सिंहासनों को धूल के कंकालों में बदल देती है और इतिहास की भूली-बिसरी जगहों में चुपचाप नृत्य करती रहती है। दूसरी तरफ़ लोग अपना बहुत-सा समय घरों और अपनी क़ीमती चीज़ों की धूल साफ़ करने में ही बिता देते हैं। वह उन्हें हमेशा उड़ती हुई दिखाई देती है जबकि असल में वह हमेशा कहीं बैठ रही होती है। जब हम किसी ग़रीब को डाँटते हैं तो वह उठकर अपने कपड़ों की धूल झाड़ने लगता है जो फिर कहीं शायद हमारे ही कपड़ों पर बैठ जाती है। धूल चीज़ों जगहों और लोगों की कराह है। वह उनकी दबी-कुचली आत्मा है। कई चीज़ों से उठती हुई धूल आपस में मिलकर धूल की एक दीवार बनाती है और अन्याय की आँखों में घुसने की कोशिश करती रहती है।

[1996]

तारे के प्रकाश की तरह

स्त्री की देह उसके लिए भी वैसी ही एक कल्पना है
जैसी तुम कभी-कभी अपने एकान्त में करते हो
जो सहसा कौंधती उसकी स्मृति में आती है
दूर किसी तारे के प्रकाश सरीखी
यही वह क्षण है जब वह पहचानती है
अपना सुन्दर अद्वितीय अस्तित्व
वरना वह दूसरे तमाम शरीरों की ही तरह
किसी कवच में लिपटा हुआ एक जीवन है
जो नाउम्मीदियों से बचता अपने को समेटता चलता है

स्त्री की देह उसका घर है
वह बिखरी हुई चीज़ों को सहेजती है
तस्वीरों और दीवारों की धूल साफ़ करती है
कपड़े तहाकर रख देती है
वह अपने भीतर थामे हुए रहती है टूटते पहाड़ों
बिफरती नदियों और ढहते सौरमंडलों को
वह कुछ कहती है या सर झुकाए हँसती है
या उसके आँसू कुछ देर फ़र्श पर चमकते दिखते हैं
ये सब उदाहरण हैं कि वह किस तरह बचाने में जुटी है।

थके-हारे या अपमानित
तुम जब लौटते हो अँधेरे में
पीड़ाएँ महसूस करने के लिए एक शरण की ओर
यह हल्की रोशनी में तुम्हें पहचान लेती है
और प्रेम का वह क्षण जो उसके भीतर प्रवेश करता है

और उसकी पूरी देह में प्रकट हो जाता है
उसकी कल्पना
दूर किसी तारे के प्रकाश की तरह है।

[1997]

तुम्हारे भीतर

एक स्त्री के कारण तुम्हें मिल गया एक कोना
तुम्हारा भी हुआ इन्तज़ार

एक स्त्री के कारण तुम्हें दिखा आकाश
और उसमें उड़ता चिड़ियों का संसार

एक स्त्री के कारण तुम बार-बार चकित हुए
तुम्हारी देह नहीं गई बेकार

एक स्त्री के कारण तुम्हारा रास्ता अँधेरे में नहीं कटा
रोशनी दिखी इधर-उधर

एक स्त्री के कारण एक स्त्री
बची रही तुम्हारे भीतर।

[1997]

कहीं मुझे जाना था

कहीं मुझे जाना था नहीं गया
कुछ मुझे करना था नहीं किया
जिसका इन्तज़ार था मुझको वह यहाँ नहीं आया
ख़ुशी का एक गीत मुझे गाना था गाया नहीं गया
यह सब नहीं हुआ तो लम्बी तान मुझे सोना था सोया नहीं गया
यह सोच-सोचकर कितना सुख मिलता है
न वह जगह कहीं है न वह काम है
न इन्तज़ार है न वह गीत है और नींद भी कहीं नहीं है।

[1997]

अनुपस्थिति

यहाँ बचपन में गिरी थी बर्फ़
पहाड़ पेड़ आँगन सीढ़ियों पर
उन पर चलते हुए हम रोज़ एक रास्ता बनाते थे

बाद में जब मैं बड़ा हुआ
देखा बर्फ़ को पिघलते हुए
कुछ देर चमकता रहा पानी
अन्तत: उसे उड़ा दिया धूप ने।

[1996]

शानदार बाग़ीचा

फूल सबके लिए खिले हैं
हवा सबके लिए बहती है
सबको प्रिय है फूलों के बीच चलना-रुकना-दौड़ना
देर तक देखना फूलों के साथ हवा के खेल

मैं एक फूल तोड़कर सूँघता हूँ
और एक बादशाह की तस्वीर में बदल जाता हूँ
एक फूल मेरे पैर के नीचे आकर कुचल जाता है
तब मैं दिखता हूँ एक ग़रीब की सूरत
जिसे बादशाह के बाग़ीचे में टहलने की मनाही है
अनन्त काल से।

[1996]

फल

वे फल टूटते नहीं
बाज़ार में बिकने नहीं आते
चौराहे पर सड़ते नहीं
कुछ छिपे कुछ ढके
फूलों-पत्तियों और छाल के रंगों में
काली-सफ़ेद धारियों में
वे रहते हैं अपने में परिपूर्ण अन्तिम
फलों के आदि आकार
जिनसे तमाम फल लेते हैं अपना रूप
उनमें जीवित रहता है स्वाद और स्पर्श और प्रकाश
उन्हें छूने पर पूरा पेड़ काँपता है
उड़ती है एक आदिम महक एक सिहरन।

[1996]

परस्पर

अच्छा मनुष्य अच्छा मनुष्य
ज़रा उस मनुष्य को देखो जो अच्छा है इसलिए रोता है
और जो रोता है इसलिए अच्छा है
रोता हुआ मनुष्य अच्छा है
या अच्छा मनुष्य रोता हुआ है

एक सड़क पर मैंने देखे दो लोग
एक अच्छा था और रोता था
एक रोता था और अच्छा था
उन्हें इसका एहसास भी नहीं था
और अब तो दोनों के चेहरे एक-दूसरे में प्रवेश कर रहे थे
उलझते-झगड़ते गड्डमड्ड होते हुए।

[1998]

वह स्वप्न

वह एक स्वप्न है उस जीवन का
जो हमेशा कुछ दिखता है कुछ ओझल रहता है
जिसका एक हिस्सा प्रकाश है एक अन्धकार

यथार्थ होते ही नष्ट हो जाएगा
वह स्वप्न
और उसका वह यथार्थ।

[1999]

अपनी छायाएँ

1

कविता थी उन निरीह लोगों का कवच
कविता ने ही दीं उन्हें स्वर्णमुद्राएँ
आईनों के ऐश्वर्यलोक में एक चकाचौंध शयनकक्ष
सिहरते कुचों वाली सुन्दरियों के स्वप्न
और स्वयम्भू होने का सुख जिस पर उन्हें ख़ुद ही सन्देह था
कविता के कारण वे बचे रहे
प्रेम करने के एवज़ मिले मृत्युदंड से

उन्हें माफ़ कर दिया गया
उनकी प्रार्थनाएँ सुन ली गईं
उनके क़र्ज़े रफ़ा-दफ़ा हुए
उनसे कहा गया सम्राटों की स्तुति
करने का पश्चात्ताप तुम्हें नहीं करना चाहिए

इस तरह वे गिरे स्वर्ग से धरती पर
अपने जैसे लोगों के बीच
रोटी नमक आग
और उम्मीद के पीछे दौड़ने के लिए।

2

पीड़ा से टेढ़ा हुआ एक चेहरा
चाँद के मुँह सरीखा
जिसे मृत्यु के बाद भी सीधा नहीं किया जा सकता था
सर झुकाए चारों ओर खड़े लोग

पूछते कवि क्यों नहीं थी तुम्हारे यहाँ कोई उम्मीद
क्यों इतनी हताशा ऐसी आशंका
ज़िन्दगी तुम्हें क्यों दिखी एक अँधेरे बन्द कमरे की तरह

किसी को क्या पता
उस चेहरे की उम्मीद जागती थी
दूर सआदतपुर में
एक कोठरी के सँकरे दरवाज़े के भीतर
चमकती आँखों के एक कवि के चेहरे पर।

3

जिसे लिखने के लिए वह भटकता
ख़ाक छानता करवटें बदलता रहा
उसने लिख डालीं सैकड़ों-हज़ारों कविताएँ
सोचता हुआ शायद इन्हीं में हो वह एक
जिसके कारण हमेशा याद रखे जाते हैं कवि लोग

उस एक कविता की तमाम पंक्तियाँ
उसकी कविताओं में यहाँ-वहाँ बिखरी हुई हैं
और अब तो
'वो हाथ सो गया है सिरहाने धरे-धरे'*

4

उसकी कविताओं में उनकी आवाज़ें हैं
जिनकी कोई आवाज़ नहीं थी
उसकी कविताएँ मचाती रहीं एक महासंघर्ष का कोहराम
सर पर आसमान उठाए हुए वे चलती ही रहीं
अब वह सुन नहीं पाता बाहरी दुनिया की आवाज़
उसकी कविता के लोग थके-हारे आधे रास्ते में गिरे हुए
उसके भीतर पानी की तरह हलचल करते रहते हैं

---

* मीर तक़ी 'मीर' के एक शेर का मिसरा

कवि तुमसे किस तरह कहें कुछ
कितनी ऊँची आवाज़ में सुनाएँ कोई कविता
कि उसमें तुम्हें सुनाई न दे सफलता की कठोर आवाज़

5

एक डरावने स्वप्न और डरावने यथार्थ के बीच
कहीं बैठा वह देखता है
अग्निकांडों में घिरे झुलस चुके हैं उसके शब्द
उनमें नहीं बण्चा कोई प्रकाश
रंगों में बह रहा है मारे गए लोगों का रक्त

उससे बात मत करो
वह झल्लाया हुआ है शर्मिन्दा है
वह गाली दे सकता है सर पटक सकता है
उसका मस्तिष्क दब गया है अभी-अभी गिरे
गुम्बदों के मलबे में।

[1995-96]

लड़की और अन्धा आदमी

उधर नहीं इधर से चलो
उधर भीड़ है गाड़ियाँ हैं उनके मालिक हैं
उनकी शक्ल से मिलते-जुलते कुत्ते हैं
कुछ है जिस पर वे टूटे पड़ रहे हैं
वे तुम्हें रास्ता नहीं देंगे
नहीं बताएँगे आगे एक गड्ढा है
एक दीवार है एक फाटक है
जिस पर लोहे की नोकें लगी हैं
तुम लाठी ठकठकाते रहोगे

उधर नहीं इधर से चलो
तुम अक्सर भटक जाते हो
दीवारों को काटती दीवारों के इस व्यूह में
पर जिनके पास आँखें हैं वे और भी भटके हुए हैं
वह जो लोलुप आँखों से इस तरफ़ घूर रहा है
सबसे क़ीमती चश्मा लगाये हुए है
वह जो एक औरत को गालियाँ दे रहा है
सबसे अच्छे कपड़े पहने हुए है
जो सबसे सुन्दर दिखता है वह मूर्खता से भरा हुआ है
जो उत्साह से दौड़ा जाता है
किसी को बचाने के लिए नहीं दौड़ रहा है
तुम देख नहीं पाते उनकी करुणा
भीख़ में दिया गया एक सिक्का है और प्रेम है महज़ स्वार्थ
तुम जो अन्धकार देखते हो
वह इस भागती हुई आत्माहीन भीड़ से निकला है
तुम दोनों हाथ उठाकर कहोगे

क्यों भागते हो मूर्खों सुनो मेरी बात
पर वे तुम्हें नहीं सुनेंगे
सिर्फ़ मेरी युवावस्था पर एक ललचाई निगाह डालेंगे
तब उनकी आँखों में दिखेगी एक क्षणिक चमक।

[1995]

लौटा मैं इस बड़े शहर में

इस बड़े शहर में रहता मैं
एक आदमी अदना-सा था
उस छोटे क़स्बे में गया तो पाया
क़द मेरा बहुत बड़ा था

सभी देखते नज़र उठाकर
मुझको किसी बड़ी-सी आशा में
मैं भी पता नहीं क्या बोला उनसे
भीषण भरकम भाषा में

वाह-वाह कर सुनते थे मेरी कविता
कहते थोड़ी और पीजिए
बड़े शहर में जब हम आएँ
कृपया थोड़ा समय दीजिए

मार्ग दिखाते रहें कहा उन्होंने
नतमस्तक हो विदा समय
चला वहाँ से मैं शर्मिन्दा
लगा मुझे ख़ुद से ही भय

फिर गया गाँव अपने तो देखा
मुझसे लोग जरा सहम्ते थे
कैसा दुर्भाग्य मुझे वे
सबसे बड़ा मनुष्य समझते थे

तुम तो बड़े-बड़ों के संग
खाते-पीते ख़ूब मज़े से रहते होगे
इतनी अकल कमा ली तुमने
हमें याद क्यों करते होगे

बीस मिले बेरोज़गार कि छोटा-मोटा
काम कहीं दिलवाओ
दस वृद्धों ने कहा कि बेटा
ताक़त की बढ़िया दवा भिजवाओ

जल्दी ही कुछ करने अगली बार
दवा लाने का आश्वासन देकर
लौटा मैं इस बड़े शहर में
फिर से नीचा करने सर।

[1996]

दूसरे लोग

दूसरे लोग भी पेड़ों और बादलों से प्यार करते हैं
वे भी चाहते हैं कि रात में फूल न तोड़े जाएँ
उन्हें भी नहाना पसन्द है एक नदी उन्हें सुन्दर लगती है

दूसरे लोग भी मानवीय साँचों में ढले हैं
थके-माँदे वे शाम को घर लौटना चाहते हैं
जो तुम्हारी तरह नहीं रहते वे भी रहते हैं यहाँ अपनी तरह से

यह प्राचीन नगर जिसकी महिमा का तुम बखान करते हो
सिर्फ़ धूल और पत्थरों का पर्दा है
और भूरी पपड़ी की तरह दिखता यह सिंहासन
जिस पर बैठकर न्याय किये गए
उसी के नीचे यहाँ हुए अन्याय भी दबे हैं
सभ्यता का गुणगान करने वालो
तुम अगर सभ्य नहीं हो
तो तुम्हारी सभ्यता का क़द तुमसे बड़ा नहीं है
एक लम्बी शर्म से ज़्यादा कुछ नहीं है इतिहास

आग लगाने वालो
इससे दूसरों के घर मत जलाओ
आग मनुष्य की सबसे पुरानी अच्छाई है
यह आत्मा में निवास करती है और हमारा भोजन पकाती है
अत्याचारियो
तुम्हें अत्याचार करते हुए बहुत दिन हो गए
जगह-जगह पोस्टरों अख़बारों में छपे तुम्हारे चेहरे कितने विकृत हैं

तुम्हारे मुख से निकल रहा है झाग
और तुम जो कुछ कहते हो उससे लगता है
अभी नष्ट होने वाला है बचा-खुचा हमारा संसार।

[1992]

आयोजन

इन दिनों हर कोई जल्दी में है
लोग थोड़ी-थोड़ी देर के लिए झलकते हैं अकेले पीते हुए
धुँधले आकारों जैसे वे एक-दूसरे की तरफ़ आते हैं
उनके हाथ में होता है वही अकेलेपन का गिलास
अचानक मिलने की प्रसन्नता इतने दिन न मिलने का आश्चर्य
एक दिन दूर से जाते देखे किसी मित्र का ज़िक्र
संकट के इस दौर में बढ़ते जाते हैं खान-पान के आयोजन
धीमी रोशनी में छतों और दीवारों पर परछाइयाँ लम्बी होती जाती हैं
इससे पहले कि यह शानदार दावत
एक सस्ती-सी चिल्लाती हुई जगह में बदल जाए
इससे पहले कि ख़ुशी सिगरेट की तरह ख़त्म हो
हमें चल देना चाहिए वापस इसी भीड़ में

महान मित्रताएँ भी एक समय तक चलीं
अब ख़ाली कमरे में मेज़ पर एक गिलास रखा है
मित्रता के मार्मिक वर्णन से भरी एक किताब खुली पड़ी है
कि जब अन्ततः वे जुदा होने को हुए
तो देर तक काँपता रहा उनका अस्तित्व
उसके बाद वैसी मित्रता सम्भव नहीं हुई।

[1998]

ख़ुशी कैसा दुर्भाग्य

जिसने कुछ रचा नहीं समाज में
उसी का हो चला समाज
वही है नियन्ता जो कहता है तोड़ूँगा अभी और भी कुछ
जो है ख़ूँख़्वार हँसी है उसके पास
जो नष्ट कर सकता है उसी का है सम्मान
झूठ फ़िलहाल जाना जाता है सच की तरह
प्रेम की जगह सिंहासन पर विराजती घृणा
बुराई गले मिलती अच्छाई से
मूर्खता तुम सन्तुष्ट हो तुम्हारे चेहरे पर उत्साह है
धूर्तता तुम मज़े में हो अपने विशाल परिवार के साथ
प्रसन्न है पाखंड कि अभी और भी मुखौटे हैं उसके पास
चतुराई कितनी आसानी से खोज लिया तुमने एक चोर दरवाज़ा
क्रूरता तुम किस शान से टहलती हो अपनी ख़ूनी पोशाक में
मनोरोग तुम फैलते जाते हो सेहत के नाम पर
ख़ुशी कैसा दुर्भाग्य
तुम रहती हो इन सबके साथ।

[1998]

अधूरी कविता

जो कविताएँ लिख ली गईं
उन्हें लिखना आसान था
अधूरी कविताओं को पूरा करना था कठिन
वे एक आग में जल रही थीं जंगलों की तरह
वे निगल लेती थीं सब कुछ
उनकी चिनगारियों से भी डर लगता था

वे ग़ुस्सैल थीं टेढ़ी-तिरछी
उन्हें रास्ते पर लाना कठिन था
सर्द रात में पुलों के नीचे वे कोहरे की तरह इकट्ठा होती थीं
पुलों से गुज़र जाते थे लोग अपने तामझाम के साथ

वे जिन काग़ज़ों पर लिखी जाती थीं
उन्हें फाड़ देती थीं गला देती थीं
वे फैलती-बिखरती जाती थीं
कविगण फिर भी ढोते रहते थे उनकी धूल
वे माँगती रहती थीं
ज़्यादा प्रेम ज़्यादा कोमलता ज़्यादा जोखिम

उनके भीतर था बहुत-सा कबाड़ कई घरेलू रहस्य
एक आतशी शीशा
जो इकट्ठा करता था सूरज की रोशनी को
उनमें एक साथ जन्म और मृत्यु का वर्णन था
वे छिपाये रहती थीं अपना शोक
लाचारी को भी इस तरह बतलाती थीं
जैसे वही हो अकेली सामर्थ्य

वे विरोध करती थीं
दूर जाने लगती थीं वहीं से पुकारती थीं
दूर से फेंकती थीं अपनी चमक अपनी परछाईं
वे बार-बार ठुकराती थीं उपलब्ध जीवन को।

[1999]

प्रतिकार

जो कुछ भी था जहाँ-तहाँ हर तरफ़
शोर की तरह लिखा हुआ
उसे ही लिखता मैं
संगीत की तरह।

[1999]

माँगना

जब भी ख़ुद पर निगाह डालता हूँ
पलक झपकते ही माँ स्मृति में लौट जाती है
मैं याद करता हूँ कि उसने मुझे जन्म दिया था
कभी-कभी लगता है यह मुझे लगातार जनमती रही
पिता ने मुझ पर पैसे लुटाये और कहा
शहरों में भटकते हुए तुम कहीं घर की सुध लेना भूल न जाओ
दादा ने पिता को नसीहत दी
जैसा हुनरमन्द मैंने तुम्हें बनाया उसी तरह अपने बेटे को बनाओ

दोस्तों ने मेरी पीठ थपथपाई
मुझे उधार दिया और कहा उधार प्रेम की कैंची नहीं हुआ करती
जिससे मैंने प्रेम किया
उसने कहा मेरी छाया में तुम जितनी देर रह पाओ
उतना ही तुम मनुष्य बन सकोगे
किताबों ने कहा हमें पढ़ो
ताकि तुम्हारे भीतर चीज़ों को बदलने की बेचैनी पैदा हो सके

अजीबोग़रीब है जीवन का हाल
वह अब भी भटकता है और जगह-जगह दस्तक देता है
माँगता रहता है अपने लिए
कभी जन्म कभी पैसे कभी हुनर कभी उधार
कभी बेचैनी कभी प्रेम।

[2012]

घटती हुई ऑक्सीजन

अक्सर पढ़ने में आता है
दुनिया में ऑक्सीजन कम हो रही है
कभी ऐन सामने दिखाई दे जाता है कि वह कितनी तेज़ी से घट रही है
रास्तों पर चलता हूँ खाना खाता हूँ पढ़ता हूँ सोकर उठता हूँ
तो एक लम्बी जमुहाई आती है
जैसे ही किसी बन्द वातानुकूलित जगह में बैठता हूँ
उबासी क एक झोंका भीतर से बाहर आता है
एक ताक़तवर आदमी के पास जाता हूँ
तो तत्काल ऑक्सीजन की ज़रूरत महसूस होती है
बढ़ रहे हैं नाइट्रोजन सल्फ़र कार्बन के ऑक्साइड
और हवा में झूलते हुए चमकदार और ख़तरनाक कण
बढ़ रही है घृणा दमन प्रतिशोध और कुछ चालू क़िस्म की ख़ुशियाँ
चारों ओर गर्मी स्प्रे की बोतलें और ख़ुशबूदार फुहारें बढ़ रही हैं

अस्पतालों में दिखाई देते हैं ऑक्सीजन से भरे हुए सिलिंडर
नीमहोशी में डूबते-उतराते मरीज़ों के मुँह पर लगे हुए मास्क
और उनके पानी में बुलबुले बनाती हुई थोड़ी-सी प्राणवायु
ऐसी जगहों की तादाद बढ़ रही है
जहाँ साँस लेना मेहनत का काम लगता है
दूरियाँ कम हो रही हैं लेकिन उनके बीच निर्वात बढ़ते जा रहे हैं
हर चीज़ ने अपना एक दड़बा बना लिया है
हर आदमी अपने दड़बे में क़ैद हो गया है
स्वर्ग तक उठे हुए चार-पाँच-सात सितारा मकानात चौतरफ़ा
महाशक्तियाँ एक लात मारती हैं
और आसमान का एक टुकड़ा गिर पड़ता है
ग़रीबों ने भी बन्द कर लिये हैं अपनी झोंपड़ियों के द्वार

उनकी छतें गिरने-गिरने को हैं
उनके भीतर की ऑक्सीजन वहाँ दबने जा रही है

आबोहवा की फ़िक्र में आलीशान जहाज़ों में बैठे हुए लोग
जा रहे हैं एक देश से दूसरे देश
ऐसे में मुझे थोड़ी ऑक्सीजन चाहिए
वह कहाँ मिलेगी
पहाड़ तो मैं बहुत पहले छोड़ आया हूँ
और वहाँ भी वह सिर्फ़ कुछ ढलानों-घाटियों के आसपास घूम रही होगी
जगह-जगह प्राणवायु के माँगने वाले बढ़ रहे हैं
उन्हें बेचने वाले सौदागरों की तादाद बढ़ रही है
भाषा में ऑक्सीजन लगातार घट रही है
उखड़ रही है शब्दों की साँस।

[2012]

नये युग में शत्रु

अन्ततः हमारा शत्रु भी एक नये युग में प्रवेश करता है
अपने जूतों कपड़ों और मोबाइलों के साथ
वह एक सदी का दरवाज़ा खटखटाता है
और उसके तहख़ाने में चला जाता है
जो इस सदी और सहस्राब्दी की ही तरह अथाह और अज्ञात है
वह जीत कर आया है और जानता है कि उसकी लड़ाइयाँ बची हुई हैं
हमारा शत्रु किसी एक जगह नहीं रहता
लेकिन हम जहाँ भी जाते हैं पता चलता है वह और कहीं रह रहा है
अपनी पहचान को उसने हर जगह घुला-मिला दिया है
जो लोग ऊँची जगहों में भव्य कुर्सियों पर बैठे हुए दिखते हैं
वे शत्रु नहीं सिर्फ़ उनके कारिन्दे हैं
जिन्हें वह भर्ती करता रहता है
ताकि हम उसे खोजने की कोशिश न करें

वह अपने को कम्प्यूटरों टेजीविज़नों मोबाइलों
आइपैडों की जटिल आँतों के भीतर फैला देता है
अचानक किसी महँगी गाड़ी के भीतर उसकी छाया नज़र आती है
लेकिन वहाँ पहुँचने पर दिखता है वह वहाँ नहीं है
बल्कि किसी नई और ज़्यादा महँगी गाड़ी में बैठ कर चल दिया है
कभी लगता है वह किसी फ़ैशन परेड में शिरकत कर रहा है
लेकिन वहाँ सिर्फ़ बनियानों जाँघियों और प्रसाधनों का ढेर दिखाई देता है
हम सोचते हैं शायद वह किसी ग़रीब के घर हमला करने चला गया है
लेकिन वह वहाँ से भी जा चुका है
वहाँ एक परिवार अपनी ग़रीबी में से झाँकता हुआ टेलीविज़न देख रहा है
जिस पर एक रंगीन कार्यक्रम आ रहा है
हमारे शत्रु के पास बहुत से फ़ोन नम्बर हैं ढेरों मोबाइल

वह लोगों को सूचना देता है आप जीत गए हैं
एक विशाल प्रतियोगिता में आपका नाम निकल आया है
आप बहुत सारा क़र्ज़ ले सकते हैं बहुत-सा सामान ख़रीद सकते हैं
एक अकल्पनीय उपहार आपका इन्तज़ार कर रहा है
लेकिन पलटकर फ़ोन करने पर कुछ नहीं सुनाई देता

हमारा शत्रु कभी हमसे नहीं मिलता सामने नहीं आता
हमें ललकारता नहीं
हालाँकि उसके आने-जाने की आहट हमेशा बनी हुई रहती है
कभी-कभी उसका सन्देश आता है कि अब कहीं शत्रु नहीं हैं
हम सब एक दूसरे के मित्र हैं
आपसी मतभेद भुलाकर आइए हम एक ही प्याले से पिएँ
वसुधैव कुटुम्बकम् हमारा विश्वास है
धन्यवाद और शुभरात्रि।

[2012]

आदिवासी

इन्द्रावती गोदावरी शबरी स्वर्णरेखा तीस्ता बराक कोयल
सिर्फ़ नदियाँ नहीं उनके वाद्ययंत्र हैं
मुरिया बैगा संथाल मुंडा उराँव डोंगरिया कोंध पहाड़िया
महज़ नाम नहीं वे राग हैं जिन्हें वह प्राचीन समय से गाता आया है
और यह गहरा अरण्य उसका अध्यात्म नहीं उसका घर है

कुछ समय पहले तक वह अपनी तस्वीरों में
एक चौड़ी और उन्मुक्त हँसी हँसता था
उसकी देह नृत्य की भंगिमाओं के सहारे टिकी रहती थी
एक युवक एक युवती एक दूसरे की ओर इस तरह देखते थे
जैसे वे जीवन भर इसी तरह एक दूसरे की ओर देखते रहेंगे
युवती बालों में एक फूल खोंसे हुए
युवक के सर पर बँधी हुई एक बाँसुरी जो अपने आप बजती हुई लगती थी

अब क्षितिज पर बार-बार उसकी काली देह उभरती है
वह कभी उदास और कभी डरा हुआ दिखता है
उसके आसपास पेड़ बिना पत्तों के हैं और मिट्टी बिना घास की
यह साफ़ है कि उसने कुछ छीन लिया गया है
उसे अपने अरण्य से दूर ले जाया जा रहा है
उसने लोहे कोयले और अभ्रक से दूर
घास की ढलानों से तपती हुई चट्टानों की ओर
सात सौ साल पुराने हरसूद से एक नये और बियाबान हरसूद की ओर
पानी से भरी हुई टिहरी से नई टिहरी की ओर जहाँ पानी ख़त्म हो गया है
वह कैमरे की तरफ़ गुस्से से देखता है
और अपने अमर्ष का एक आदिम गीत गाता है
उसने किसी तरह एक बाँसुरी और एक तुरही बचा ली है

एक फूल एक मांदर एक धनुष बचा लिया है
अख़बारी रिपोर्टें बतलाती हैं कि जो लोग उस पर शासन करते हैं
देश के 636 में से 230 ज़िलों में
उनका उससे मनुष्यों जैसा कोई सरोकार नहीं रह गया है
उन्हें सिर्फ़ उसके पैरों तले की ज़मीन में दबी हुई
सोने की एक नई चिड़िया दिखाई देती है
एक दिन वह अपने वाद्ययंत्रों को पुकारता है
अपनी नदियों जगहों और नामों को
अपने लोहे कोयले और अभ्रक को बुला लाता है
अपने मांदर तुरही और बाँसुरी को ज़ोरों से बजाने लगता है
तब जो लोग उस पर शासन करते हैं
वे तुरन्त अपनी बन्दूक़ें निकालकर ले आते हैं।

[2012]

बची हुई जगहें

रोज़ कुछ भूलता कुछ खोता रहता हूँ
चश्मा कहाँ रख दिया है क़लम कहाँ खो गया है
अभी-अभी यहाँ नीला रंग देखा था वह पता नहीं कहाँ चला गया
चिट्ठियों के जवाब देना क़र्ज़ की क़िस्तें चुकाना भूल जाता हूँ
दोस्तों को सलाम और विदा कहना याद नहीं रहता
अफ़सोस प्रकट करता हूँ कि मेरे हाथ ऐसे कामों में उलझे रहे
जिनका मेरे दिमाग़ से कोई मेल नहीं था
कभी ऐसा भी हुआ जो कुछ भूला था उसका याद न रहना भूल गया

माँ कहती थी उस जगह जाओ
जहाँ आख़िरी बार तुमने उन्हें देखा उतारा या रखा था
अमूमन मुझे वे चीज़ें मिल जातीं और मैं ख़ुश हो उठता
माँ कहती थी चीज़ें जहाँ होती हैं
अपनी एक जगह बना लेती हैं और वह आसानी से मिटती नहीं
माँ अब नहीं है सिर्फ़ उसकी जगह बची हुई है

चीज़ें खो जाती हैं लेकिन जगहें बनी रहती हैं
हम कहीं और चले जाते हैं अपने घरों लोगों अपने पानी और पेड़ों से दूर
मैं जहाँ से एक पत्थर की तरह खिसक कर चला आया
उस पहाड़ में भी एक छोटी-सी जगह बची होगी
इस बीच मेरा शहर एक विशालकाय बाँध के पानी में डूब गया
उसके बदले वैसा ही एक और शहर उठा दिया गया
लेकिन मैंने कहा मेरा शहर एक ख़ाली जगह है
घटनाएँ विलीन हो जाती हैं

लेकिन वे जगहें बनी रहती हैं जहाँ वे घटित हुई थीं
जमा होती जाती हैं साथ चलती रहती हैं
याद दिलाती हुईं कि हम क्या भूल गए हैं और हमने क्या खो दिया है।

[2012]

यथार्थ इन दिनों

मैं जब भी यथार्थ का पीछा करता हूँ
देखता हूँ वह भी मेरा पीछा कर रहा है मुझसे तेज़ भाग रहा है
घर हो या बाज़ार हर जगह उसके दाँत चमकते हुए दिखते हैं
अँधेरे में रोशनी में
घबराया हुआ मैं नींद में जाता हूँ तो वह वहाँ मौजूद होता है
एक स्वप्न से निकलकर बाहर आता हूँ
तो वह वहाँ भी पहले से घात लगाये हुए रहता है

यथार्थ इन दिनों इतना चौंधियाता हुआ है
कि उससे आँखें मिलाना मुश्किल है
मैं उसे पकड़ने के लिए आगे बढ़ता हूँ
तो वह एक हिंस्र जानवर की तरह हमला करके निकल जाता है
सिर्फ़ कहीं-कहीं उसके निशान दिखाई देते हैं
किसी सड़क पर जंगल में पेड़ के नीचे
एक झोंपड़ी के भीतर एक उजड़ा हुआ चूल्हा एक ढही हुई छत
छोड़कर चले गए लोगों का एक सुनसान

एक मरा हुआ मनुष्य इस समय
जीवित मनुष्य की तुलना में कहीं ज़्यादा कह रहा है
उसके शरीर से बहता हुआ रक्त
शरीर के भीतर दौड़ते हुए रक्त से कहीं ज़्यादा आवाज़ कर रहा है
एक तेज़ हवा चल रही है
और विचारों स्वप्नों स्मृतियों को
फटे हुए काग़ज़ों की तरह उड़ा रही है
एक अँधेरी-सी काली-सी चीज़

हिंस्र पशुओं से भरी हुई रात[1] चारों ओर इकट्ठा हो रही है
एक लुटेरा एक हत्यारा एक दलाल
आसमानों पहाड़ों मैदानों को लाँघता हुआ जा रहा है
उसके हाथ धरती के मर्म को दबोचने के लिए बढ़ रहे हैं

एक आदिवासी को उसके जंगल से खदेड़ने का ख़ाका बन चुका है
विस्थापितों की एक भीड़
अपनी बची-खुची गृहस्थी को पोटलियों में बाँध रही है
उसे किसी अज्ञात भविष्य की ओर ढकेलने की योजना तैयार है
ऊपर आसमान में एक विकराल हवाई जहाज़ बम बरसाने के लिए तैयार है
नीचे घाटी में एक आत्मघाती दस्ता
अपने सुन्दर नौजवान शरीरों पर बम और मिसाइलें बाँधे हुए है
दुनिया के राष्ट्राध्यक्ष अंगरक्षक सुरक्षागार्ड सैनिक अद्धसैनिक बल
गोलियों बन्दूक़ों रॉकेटों से लैस हो रहे हैं
यथार्थ इन दिनों बहुत ज़्यादा यथार्थ है
उसके शरीर से ज़्यादा दिखाई दे रहा है उसका रक्त।

[2010]

---

1. निराला की कविता 'शिशिर की शर्वरी' का सन्दर्भ

नया बैंक

नया बैंक पुराने बैंक की तरह नहीं है
उसमें पुराने बैंक की कोई छाया नहीं है
उसका लोहे की सलाख़ों वाला दरवाज़ा और पुराना अँधेरा नहीं है
लॉकर और स्ट्रांगरूम नहीं है
जिसकी चाभियाँ वह ख़ुद से भी छिपाकर रखता था
वह एक सपाट और रोशन जगह है विशाल काँच की दीवार के पार
एअरकंडीशनर भी बहुत तेज़ है
जहाँ लोग हाँफते पसीना पोंछते आते हैं
और तुरन्त कुछ राहत महसूस करते हैं

नये बैंक में एक ठंडी पारदर्शिता है
नया बैंक अपने को हमेशा चमका कर रखता है
उसका फ़र्श लगातार साफ़ किया जाता है
वह अपने आसपास ठेलों पर सस्ती चीजें बेचने वालों को भगा देता है
और वहाँ कारों के लिए क़र्ज़ देने वाली गुमटियाँ खोल देता है
बैंक के भीतर मेज़ें-कुर्सियाँ और लोग इस तरह टिके हैं
जैसे वे अभी-अभी आए हों उनकी कोई जड़ें न हों सब कुछ अस्थायी हो
नया बैंक पुराने बैंक से कोई भाईचारा महसूस नहीं करता
वह उसे कहीं दूर ढकेल देना चाहता है

नये बैंक में वे ख़ज़ांची नहीं हैं जो महान गणितज्ञों की तरह बैठे होते थे
किसी अँधेरे से रहस्यमय पूँजी को निकालते थे
और एक प्रमेय की तरह हल कर देते थे
वे प्रबंधक नहीं हैं
जो बूढ़े लोगों की पेंशन का हिसाब सँभालकर रखते थे
नया बैंक सिर्फ़ दिये जाने वाले क़र्ज़

और लिये जाने वाले ब्याज का हिसाब रखता है
प्रोसेसिंग शुल्क मासिक क़िस्त चक्रवृद्धि ब्याज
लेट पेमेंट चार्जेज और पैनल्टी वसूलता है
और एक जासूस की तरह देखता रहता है कि कौन अमीर हो रहा है
किसका पैसा कम कम हो रहा है कौन दिवालियेपन के कगार पर है
और किसका खाता बन्द करने का समय आ गया है।

[2011]

हमारे शासक

हमारे शासक ग़रीबों के बारे में चुप रहते हैं
शोषण के बारे में कुछ नहीं बोलते
अन्याय को देखते ही वे मुँह फेर लेते हैं
हमारे शासक ख़ुश होते हैं जब कोई उनकी पीठ पर हाथ रखता है
वे नाराज़ हो जाते हैं जब कोई उनके पैरों में गिर पड़ता है
दुर्बल प्रजा उन्हें अच्छी नहीं लगती
हमारे शासक ग़रीबों के बारे में कहते हैं कि वे हमारी समस्या हैं
समस्या दूर करने के लिए हमारे शासक
अमीरों को गले लगाते रहते हैं
जो लखपति रातोरात करोड़पति जो करोड़पति रातोरात
अरबपति बन जाते हैं उनका वे और भी सम्मान करते हैं

हमारे शासक हर वक़्त देश की आय बढ़ाना चाहते हैं
और इसके लिए वे देश की भी परवाह नहीं करते हैं
जो लोग देश से बाहर जाकर विदेश में सम्पत्ति बनाते हैं
उन्हें हमारे शासक और भी चाहते हैं
हमारे शासक सोचते हैं अगर पूरा देश ही इस योग्य हो जाए
कि सम्पत्ति बनाने के लिए विदेश चला जाए
तो देश की आय काफ़ी बढ़ जाए

हमारे शासक अक्सर ताक़तवरों की अगवानी करने जाते हैं
वे अक्सर आधुनिक भगवानों के चरणों में झुके रहते हैं
हमारे शासक आदिवासियों की ज़मीनों पर निगाह गड़ाए रहते हैं
उनकी मुर्ग़ियों पर उनकी कलाकृतियों पर उनकी औरतों पर
उनकी मिट्टी के नीचे दबी हुई बहुत-सी चमकदार चीज़ों पर
हमारे शासक अक्सर जहाज़ों पर चढ़ते और उनसे उतरते हैं

हमारे शासक पगड़ी पहने रहते हैं
अक्सर कोट कभी-कभी टाई कभी लुंगी
अक्सर कुर्ता-पाजामा कभी बरमूडा टी-शर्ट अलग-अलग मौक़ों पर
हमारे शासक अक्सर कहते हैं हमें अपने देश पर गर्व है।

[2011]

ग़ुलामी

इन दिनों कोई किसी को अपना दुख नहीं बताता
हर कोई कुछ छिपाता हुआ दिखता है
दुख की छोटी-सी कोठरी में कोई रहना नहीं चाहता
कोई अपने अकेलेपन में नहीं मिलना चाहता
लोग हर वक़्त घिरे हुए रहते हैं लोगों से
अपनी सफलताओं से अपनी ताक़त से पैसे से अपने सुरक्षाबलों से
कुछ पूछने पर तुरन्त हँसते हैं
जिसे इन दिनों के आम चलन में प्रसन्नता माना जाता है
उदासी का पुराना कबाड़ कबका पिछवाड़े फेंक दिया गया है
उसका ज़माना ख़त्म हुआ
अब यह आसानी से याद नहीं आता कि आख़िरी शोकगीत कौन-सा था
आख़िरी उदास फ़िल्म कौन-सी थी जिसे देखकर हम लौटे थे

ज़्यादातर चीज़ें उलट-पुलट हो गई हैं
इन दिनों दिमाग़ पर पहले क़ब्ज़ा कर लिया जाता है
ज़मीनों पर क़ब्ज़ा करने के लिए लोग बाद में उतरते हैं
इस तरह नई ग़ुलामियाँ शुरू होती हैं
तरह-तरह की सस्ती और महँगी चमकदार रंग-बिरंगी
कई बार वे खाने-पीने की चीज़ों से ही शुरू हो जाती हैं
और हम सिर्फ़ एक स्वाद के बारे में बात करते रह जाते हैं
कोई चलते-चलते हाथ में एक आश्वासन थमा जाता है
जिस पर लिखा होता है 'मेड इन अमेरिका'

नये ग़ुलाम इतने मज़े में दिखते हैं
कि उन्हें किसी दुख के बारे में बताना कठिन लगता है
और वे संघर्ष जिनके बारे में सोचा गया था कि ख़त्म हो चुके हैं

फिर से वहीं चले आते हैं जहाँ से शुरू हुए थे
वह सब जिसे बेहतर हो चुका मान लिया गया था
पहले से ख़राब दिखता है
और यह भी तय है कि इस बार लड़ना ज़्यादा कठिन है
क्योंकि ज़्यादातर लोग अपने को जीता हुआ मानते हैं और हँसते हैं
हर बार कुछ छिपाते हुए लगते हैं
कोई हादसा जिसे बार-बार अनदेखा किया जाता है
उसकी एक बची हुई चीख़ जो हमेशा अनसुनी छोड़ दी जाती है।

[2011]

नुकीली चीज़ें

[हिन्दी कवि असद ज़ैदी और चेक कवि लुडविक कुंडेरा के प्रति आभार सहित]

तमाम नुकीली चीज़ों को छिपा देना चाहिए
काँटों-कीलों को वहीं दफ़्न कर देना चाहिए जहाँ वे हैं
जो कुछ चुभता हो या चुभने वाला हो
उसे तत्काल निकाल देना चाहिए
जो चीज़ें अपनी जगहों से बाहर निकली हुई हैं
उन्हें समेट कर अपनी जगह कर देना चाहिए
फूलों को काँटों के बीच नहीं खिलना चाहिए
धारदार चीज़ें सिर्फ़ सब्ज़ी और फल काटने के लिए होनी चाहिए
उन्हें उस स्त्री के हाथ में होना चाहिए
जो एक छोटी-सी जगह में धुएँ से घिरी कुछ बुनियादी कामों में उलझी है
या उस डॉक्टर के हाथ में होना चाहिए
जो ऑपरेशन की मेज़ पर तन्मयता से झुका हुआ है

तलवारों बन्दूक़ों और पिस्तौलों पर पाबन्दी लगा देनी चाहिए
खिलौना निर्माताओं से कह दिया जाना चाहिए
कि वे खिलौने को पिस्तौल में न बदलें
प्रतिशोध हिंसा हत्या और ऐसे ही समानार्थी शब्द
शब्दकोशों से हमेशा के लिए बाहर कर दिये जाने चाहिए
जैसा कि हिन्दी का एक कवि असद ज़ैदी कहता है
'पसलियों में छुरे घोंपने वालों को उन्हें वापस खींचना चाहिए
और मरते हुए लोगों को वापस लाकर उन्हें उनकी बैठकों
और काम की जगहों में बिठाना चाहिए'

हत्यारों से कहा जाना चाहिए
कि एक भी मनुष्य का मरना पूरी मनुष्यता की मृत्यु है

दुनिया को इस तरह होना चाहिए
जैसे एक चेक कवि लुडविक कुंडेरा
पहली बार माँ बनने जा रही स्त्री के पेट को देखकर कहता है
कि 'पृथ्वी आश्चर्यजनक ढंग से गोल है
और अपने तमाम काँटों को झाड़ चुकी है।'

[2012]

जापान : दो तस्वीरें

[सुनामी की तस्वीरें देखने के बाद]

1

भूकम्प सुनामी और विकिरण से घिरी हुई
एक छोटी-सी बच्ची अथाह मलबे में रास्ता बताती चली जा रही है
वह सत्रह अक्षरों से बने हुए एक हाइकू जैसी दिखती है
उजड़े हुए घरों के बीच एक अकेला आदमी साइकिल पर जा रहा है
एक शरणार्थी शिविर की सर्दी में बहुत-से वृद्ध चाय मिलने की उम्मीद में हैं
एक औरत अपने घर के खँडहर से बिस्तर खींच रही है
एक गुड़िया कीचड़ के समुद्र में पड़ी हुई है

हाइकू जैसी छोटी-सी बच्ची
अपने पीछे तस्वीरें छोड़ती हुई चली जाती है
तस्वीरें जमा होती रहती हैं
उसकी ख़ुद की तस्वीर एक घर के खँडहर में फ़र्श पर चमक रही है
एक क्षत-विक्षत समय अपनी विकराल छायाएँ फेंकता है
थर्राती हुई धरती की छाया प्रचंड पानी की छाया
ज़हरीली हवा की छाया

एक अवाक् हाइकू की तरह सत्रह नाज़ुक अक्षरों की बनी हुई वह
चलती जाती है उस तरफ़
जहाँ बिछुड़े हुए लोग एक दूसरे को फिर से मिलने की बधाई दे रहे हैं
और फिर आगे बहुत सारी मशीनें लगी हैं
जो हर आने वाले के शरीर में विकिरण नापती है।

2

शरणार्थी कैम्प के बच्चों की तस्वीरें धोई जा रही हैं
ताकि यह पहचाना जा सके कि वे कौन थे
उन्हें धोने वाले सावधानी से तस्वीरों का कीचड़ मिटा रहे हैं
उनका 8.9 रिएक्टर पैमाने का भूकम्प भगा रहे हैं
उनकी 20 मीटर ऊँची सुनामी लहरों को पोंछ रहे हैं
उनके 7 स्तर के विकिरण को मिटा रहे हैं
दीवार बेशुमार तस्वीरों से भर गई है
उन बच्चों की जो खो चुके हैं
उनकी याद को धो-पोंछकर दीवार पर टाँगा जा रहा है
नाज़ुक हाइकू जैसे शिशु जो अब कहीं नहीं हैं

हाइकू जैसा एक बूढ़ा एक पुराने तालाब पर
देर तक प्रार्थना करता हुआ-सा झुका रहता है
उस गहराई में जहाँ अब पानी नहीं बचा है।

[2012]

टॉर्च

मेरे बचपन के दिनों में
एक बार मेरे पिता एक सुन्दर-सी टॉर्च लाए
जिसके शीशे में खाँचे बने हुए थे
जैसे आजकल कारों की हेडलाइट में होते हैं
हमारे इलाक़े में रोशनी की वह पहली मशीन
जिसकी शहतीर एक चमत्कार की तरह रात को दो हिस्सों में बाँट देती थी

एक सुबह मेरी पड़ोस की एक दादी ने पिता से कहा
बेटा इस मशीन से चूल्हा जलाने के लिए थोड़ी-सी आग दे दो
पिता ने हँसकर कह, चाची इसमें आग नहीं होती सिर्फ़ उजाला होता है
इसे रात होने पर जलाते हैं
और इससे पहाड़ के ऊबड़-खाबड़ रास्ते साफ़ दिखाई देते हैं
दादी ने कहा, उजाले में थोड़ा आग भी होती तो कितना अच्छा था
मुझे रात से ही सुबह का चूल्हा जलाने की फ़िक्र रहती है
पिता को कोई जवाब नहीं सूझा वे ख़ामोश रहे देर तक

इतने वर्ष बाद वह घटना टॉर्च की वह रोशनी
आग माँगती दादी और पिता की ख़ामोशी चली आती है
हमारे वक़्त की विडम्बना में कविता की तरह।

[2012]

पंचम

किराना घराने के सबसे अज़ीम गायक
अब्दुल करीम ख़ाँ से एक दिन उनके एक मुरीद ने पूछा
उस्ताद आपने तो सातों सुर साध लिये हैं अब कुछ बचा नहीं
खरज से निखाद तक तीनों पर्दों के आर-पार जाती है आपकी मीठी आवाज़

करीम ख़ाँ बोले, कहाँ बेटा सिर्फ़ पंचम को मैं थोड़ा समझ पाया हूँ
और अब इस उम्र में क्या कर पाऊँगा
मुरीद भी उदास हो गए
उन्हें उम्मीद थी उस्ताद कुछ और रोशनी डालेंगे
अपनी आवाज़ पर अपने बेजोड़ रियाज़ पर

बहुत पहले किसी किताब में पढ़ा था यह वाक़या
उसे याद करते हुए सहसा हाथ रुक जाता है
जब भी लिखने बैठता हूँ कोई कविता।

[2012]

यह नम्बर मौजूद नहीं

दिस नम्बर डज़ नॉट एग्ज़िस्ट
जहाँ भी जाता हूँ जो भी फ़ोन मिलाता हूँ
अक्सर एक बेगानी-सी आवाज़ सुनाई देती है
दिस नम्बर डज़ नॉट एग्ज़िस्ट यह नम्बर मौजूद नहीं है
कुछ समय पहले इस पर मिला करते थे बहुत-से लोग
कहते आ जाओ हम तुम्हें पहचानते हैं
इस अन्तरिक्ष में तुम्हारे लिए भी बना दी गई है एक जगह

लेकिन अब वह नम्बर मौजूद नहीं है वह कोई पहले का नम्बर था
उन पुराने पतों पर बहुत कम लोग बचे हुए हैं
जहाँ आहट पाते ही दरवाज़े खुल जाते थे
अब घंटी बजाकर कुछ देर सहमे हुए बाहर खड़े रहना पड़ता है
और आख़िरकार जब कोई प्रकट होता है
तो मुमकिन है उसका हुलिया बदला हुआ हो
या वह कह दे मैं वह नहीं हूँ जिससे तुम बात करते थे
यह वह नम्बर नहीं है जिस पर तुम सुनाते थे अपनी तकलीफ़

जहाँ भी जाता हूँ देखता हूँ बदल गए हैं नम्बर नक़्शे चेहरे
नाबदानों में पड़ी हुई मिलती हैं पुरानी डायरियाँ
उनके नाम धीरे-धीरे पानी में घुलते हुए
अब दूसरे ही नम्बर मौजूद हैं पहले से कहीं ज़्यादा तार-बेतार
उन पर कुछ दूसरी तरह के वार्तालाप
महज़ व्यापार महज़ लेन-देन ख़रीद-फ़रोख़्त की आवाज़ें
लगातार अजनबी होती हुईं

जहाँ भी जाता हूँ हताशा में कोई नम्बर मिलाता हूँ
उस आवाज़ के बारे में पूछता हूँ जो कहती थी
दरवाज़े खुले हुए हैं तुम यहाँ रह सकते हो
चले आओ थोड़ी देर के लिए यों ही कभी भी इस अन्तरिक्ष में।

[2007]

ताक़त की दुनिया

ताक़त की दुनिया में जाकर मैं क्या करूँगा
मैं सैकड़ों हज़ारों जूते चप्पल लेकर क्या करूँगा
मेरे लिए एक जोड़ी जूते ही ठीक से रखना कठिन है
हज़ारों लाखों कपड़ों मोज़ों दस्तानों का मैं क्या करूँगा
मैं इतने सारे कमरों का क्या करूँगा
यह दुनिया घर है कोई होटल नहीं
और मेरी नींद का आकार हद से हद एक चिड़िया के बराबर है
मैं सिक्कों पर अपना नाम और चेहरा क्यों खुदवाऊँगा
मैं जानता हूँ बाज़ार से बाहर उनका कोई मोल नहीं है
मैं क्यों बनवाऊँगा कोई मन्दिर मस्जिद गिरजा या ऐसा ही कुछ
मुझे पता है वहाँ कोई ईश्वर नहीं रहता
मैं क्यों जमा करूँगा इतने टोप तमग़े छाते इतने घोड़े कुत्ते
हीरे मोती इतना हरबा हथियार ऐसे-ऐसे जहाज़
मैं क्यों रहने जाऊँगा चाँद पर
वह मुझे धरती से ही दिखाई देता है बहुत सुन्दर
तीन डग में ही मैं क्यों नाप लूँगा तीन लोक
सब कुछ छीनकर किसी को क्यों भेजूँगा पाताल
मैं क्यों क़ब्ज़ा करूँगा इस धरती पर
किसी को ज़रूरत हुई तो दे दूँगा उसे जो भी होंगे मेरे खेत-खलिहान
मैं कोई दरिंदा नहीं जो किसी धरती पर बम गिराने चला जाऊँगा
मैं मनुष्य हूँ
तेल पीते और ख़ून चूसते हुए मैं क्यों बिता दूँगा अपना जीवन।

[2006]

सोने से पहले

सोने से पहले मैं सुबह के अख़बार समेटता हूँ
दिन भर की सुर्ख़ियाँ परे खिसका देता हूँ
मैं अत्याचारी तारीख़ों और हत्यारे दिनों को याद नहीं रखना चाहता
मैं नहीं जानना चाहता कितना रक्त बहाकर बनाए जा रहे हैं राष्ट्र
मैं वे तमाम तस्वीरें औंधी कर देता हूँ
जिनमें एक पुल ढह रहा है कुछ सिसकियाँ उठ रही हैं
एक चेहरा जान बख़्श देने की भीख माँग रहा है
एक आदमी कुर्सी पर बैठा अट्टहास कर रहा है

क्या रात-भर मुझे एक तानाशाह घूरता रहेगा
रात-भर चलते हुए मुझे दिखेंगे घरों से बेदख़ल
एक अज्ञात उजाड़ की ओर जाते परिवार
क्या रात-भर मेरा दम घोटता रहेगा धरती का बढ़ता हुआ तापमान
दिमाग़ में दस्तक देता रहेगा बाज़ार
सोने से पहले मैं किताबें बन्द कर देता हूँ
जिनमें पेड़ पहाड़ मकान मनुष्य सब काले-सफ़ेद अवसाद में डूबे हैं
और प्रेम एक उजड़े हुए घोंसले की तरह दिखाई देता है

सोने से पहले मैं तमाम भयानक दृश्यों को बाहर खदेड़ता हूँ
और खिड़कियाँ बन्द कर देता हूँ
सिगरेट बुझाता हूँ चप्पलें पलंग के नीचे खिसका देता हूँ
सोने से पहले मैं एक गिलास पानी पीता हूँ
और कहता हूँ पानी तुम बचे रहना
एक गहरी साँस लेता हूँ
और कहता हूँ हवा तुम यहाँ रहो

मेरे फेफड़ों और दीवारों के बीच
सोने से पहले मैं कहता हूँ
नींद मुझे दो एक ठीक-ठाक स्वप्न।

[2006]

छुओ

उन चीज़ों को छुओ जो तुम्हारे सामने मेज़ पर रखी हैं
घड़ी क़लमदान एक पुरानी चिट्ठी
बुद्ध की प्रतिमा बर्टोल्ट ब्रेष्ट और चे ग्वारा की तस्वीरें
दराज़ खोलकर उसकी पुरानी उदासी को छुओ
शब्दों की उँगलियों से एक ख़ाली काग़ज़ को छुओ
वॅन गॉग की पेंटिंग के स्थिर जल को एक कंकड़ की तरह छुओ
जो उसमें जीवन की हलचल शुरू कर देता है[1]
अपने माथे को छुओ
और देर तक उसे थामे रहने में शर्म महसूस मत करो
छूने के लिए ज़रूरी नहीं कोई बिलकुल पास में बैठा हो
बहुत दूर से भी छूना सम्भव है
उस चिड़िया की तरह दूर से ही जो अपने अंडों को सेती रहती है

कृपया छुएँ नहीं या छूना मना है जैसे वाक्यों पर विश्वास मत करो
यह लम्बे समय से चला आ रहा एक षड्यंत्र है
तमाम धर्मगुरु ध्वजा-पताका-मुकुट-उत्तरीयधारी
बमबाज़ जंगख़ोर सबको एक दूसरे से दूर रखने के पक्ष में हैं
वे जितनी गन्दगी जितना मलबा उगलते हैं
उसे छूकर ही साफ़ किया जा सकता है
इसलिए भी छुओ भले ही इससे चीज़ें उलट-पुलट हो जाएँ
इस तरह मत छुओ जैसे भगवान महंत मठाधीश भक्त चेले
एक दूसरे के सिर और पैर छूते हैं
बल्कि ऐसे छुओ जैसे

---

1. जापानी फ़िल्मकार अकीरा कुरोसावा की फ़िल्म 'ड्रीम्स' का एक अंश

लम्बी घासें चाँद-तारों को छूने-छूने को होती हैं[1]
अपने भीतर जाओ और एक नमी को छुओ
देखो वह बची हुई है या नहीं इस निर्मम समय में।

[2006]

1. शमशेर बहादुर सिंह की एक कविता पंक्ति

भूमंडलीकरण

अचानक किसी चीज़ से टकराकर लड़खड़ाता हूँ
तो जैसे अपने ही भीतर से आवाज़ आती है हा हा हा
कुछ कहते हुए थोड़ी देर में हकलाने लगता हूँ
तो कोई कहता है तुम फिर पकड़ लिये गए
अपनी अयोग्यता को छिपाते आ रहे थे अभी तक
कोई है जो मेरी तलाशी ले रहा है
मेरे लिखे हुए शब्दों को उलटी तरफ़ से पढ़ रहा है
मेरी भाषा में उगे हुए पेड़ों पहाड़ों को समतल कर रहा है
उसकी नदियों का पानी सुखा रहा है

इन दिनों लोगों को परवाह नहीं उनके साथ क्या हो रहा है
कोई अन्याय को महसूस नहीं करता
लोग अत्याचार को धूल की तरह झाड़ देते हैं
सहसा चिल्ला उठते हैं नहीं नहीं
कहीं से तुरन्त कोई ख़ुशी खोजकर ले आते हैं
उसे जमा कर लेते हैं अपने पास जैसे वह सिर्फ़ उनके लिए बनी हो
बहुत सारे कपड़े और जूते पहन लेते हैं बहुत सारा खाना खा लेते हैं
एक महँगा मोबाइल निकालते हैं अपने अश्लील सन्देशों के साथ
दंगों में मारे गए लोगों के घरों से उठाकर ले आते हैं
एक टेलीविज़न ताकि जारी रह सके मनोरंजन

बड़ी तेज़ी से दुनिया बनती जा रही है एक बड़ा गाँव
लोभ क्रोध ईर्ष्या द्वेष के लिए अब कहीं नहीं जाना पड़ता
हर चीज़ समान रूप से मिलने लगी है हर जगह
मनुष्यों के सम्बन्ध बहुत पतले तारों से बाँध दिये गए हैं
जो बात-बात में टूट जाते हैं

उन्हें जोड़ने के लिए फिर से जाना होता है बाज़ार
जहाँ तमाम स्वादिष्ट चीज़ें एक बेस्वाद जीवन को घेरे हुए हैं
और इतनी आपाधापी है कि दाएँ हाथ को बायाँ हाथ नहीं सूझता
हालाँकि दोनों हाथ लगातार तालियाँ बजाते हैं

कोई है जो हमारे कपड़ों में छेदों को खोज रहा है
ताकि उनमें अपने हाथ कुहनियाँ और पैर डाले जा सकें
कोई है जो हमारे भीतर ख़ाली जगह देख रहा है
ताकि वहाँ ठूँसा जा सके बचा-खुचा खाना
कोई है जो हमारे जबड़ों को जाँच रहा है
ताकि वहाँ लालच के कुछ कौर रखे जा सकें
कोई हमसे तपाक से हाथ मिला रहा है
हमारी गर्दनों को फूलमालाओं से लाद रहा है
कोई हमें लगातार युद्ध के मैदान की तरफ़ ले जा रहा है
और कह रहा है धीरे-धीरे जब तुम बहुत कम मनुष्य रह जाओगे
तो इस खेल के अन्त में तुम्हें मिलेगा एक बड़ा-सा पुरस्कार।

[2008]

आधुनिक सभ्यता

हर चीज़ इन दिनों बहुत सुन्दर बहुत आकर्षक दिखती है
रंगीन चमकीली पन्नियों में लिपटी हुई
बहुत लज़ीज़ जैसे तुरन्त खाए जाने के लिए बनी हो
अपने अजर-अमर क़िस्म के डिब्बों में बन्द
जो उस चीज़ से अलग होने के बाद किसी अवसाद में
कई दिनों तक पड़े रहते हैं
पैकेजिंग का युग है यह हर चीज़ ऐसे दिखती है
जैसे वह चीज़ ख़ुद भी सिर्फ़ एक पैकेज हो
और उसके भीतर कोई और चीज़ रखी हुई हो
आधुनिक सभ्यता की एक सरप्राइज़ गिफ़्ट

बहुत दिन बाद पता चलती है उसकी सड़न
बहुत भीतर जाने पर मुँह खोले हुए दिखता है
एक सूखा हुआ पपड़ी जैसा या विगलित सत्त्व
तब तक वह चीज़ ख़त्म हो चुकी होती है
खाई-पचाई इस्तेमाल में लाई जा चुकी होती है
उसकी पैकेजिंग कूड़ेदान में जा चुकी होती है
उसकी निर्माता कम्पनी किसी और चीज़ के उत्पादन में लगी होती है
अन्ततः यह याद नहीं रहता कि वह चीज़ हमने
कब ख़रीदी खाई या इस्तेमाल की थी
या वह कभी हमारे पास थी या नहीं थी।

[2008]

कुशल प्रबन्धन

एक कुशल प्रबन्धन के तहत हमारी इमारतें लगातार ऊँची हो रही हैं
उनके अहाते पूरी दुनिया में फैले हुए हैं
हालाँकि उनका मुख्य द्वार एक ही है
एक कुशल प्रबन्धन के तहत
होटलों दुकानों अस्पतालों में तब्दील हो रहा है संसार
एक-सी ख़ूबी के साथ प्रबन्धित किये जा रहे हैं
मल्टीप्लैक्स और मेगामॉल गुआंतेनामो और अबू ग़रेब के यातना कक्ष
एक ही सिनर्जी के तहत प्रबन्धनीय हो चली है अमीरी और ग़रीबी
स्वर्गिक सुखों वाली रिहाइशें और उजड़ती हुई बस्तियाँ

युद्ध भी कुशल प्रबन्धन का एक प्रिय विषय है
जब सोच-समझकर शहरों पर बम गिराये जाते हैं
तो अनजाने ही वे हज़ारों लोगों को मार लाते हैं
कई बार हमारे खाद्य पदार्थ ही प्रक्षेपास्त्र बन जाते हैं
जिनकी मार बाहर से नज़र नहीं आती
शिकारी और शिकार कितनी ही दूर और छिपकर बैठे हों
एक परफ़ेक्ट मैनेजमेंट के हाथ
उन्हें खींचकर एक दूसरे के पास ले जाते हैं

अन्याय का पता न चलने देना अन्याय का कुशल प्रबन्धन है
लूट का न दिखना लूट की कला है
दुनिया में कुछ भी अच्छा या बुरा नहीं है
बल्कि सब कुछ अत्यन्त प्रबन्धनीय है
बशर्ते जो ठीक है ठीक से प्रबन्धनीय हो
बशर्ते एक व्यवस्था के बिगड़ते ही
हम तुरन्त दूसरी व्यवस्था का प्रबन्धन कर सकें

एक पृथ्वी के बुझने पर तुरन्त हाज़िर हो सके दूसरी पृथ्वी
और यह पृथ्वी भी जो बाहर से एक दिखती है
गोल और सुन्दर घूमती हुई
दरअसल भीतर से कई गोलार्धों में बँटी हुई है
और हमारे कुशल प्रबन्धन के तहत और भी ज़्यादा बँटती जा रही है।

[2008]

न्यू ऑर्लीन्स में जैज़

शराब की जो बोतलें अमेरिका में भरी हुई दिखी थीं
वे यहाँ ख़ाली और टूटी हुई हैं
सड़कों के किनारे बिखरे हुए नुकीले काँच और पत्थर
जैज़ जैज़ जैज़ एक लम्बी कठिन अछोर गली
दोनों तरफ़ गिलासों के जमघट उनमें शराब काँपती है
लोग उसमें अपनी तकलीफ़ को रोटी की तरह डुबोकर खाते हैं
गोरा होटल का मैनेजर कहता है उधर मत जाइए
वहाँ बहुत ज़्यादा अपराध हैं
यहाँ के टूरिस्ट निर्देशों को ग़ौर से पढ़िए
अमेरिका के पाँच सबसे हिंसक शहरों में है न्यू ऑर्लीन्स

चन्द्रमा अपने सारे काले बेटे यहाँ भेज देता है
रात अपनी तमाम काली बेटियाँ यहाँ भेज देती है
यहाँ तारे टूट कर गिरते हैं और मनुष्य बन जाते हैं
जैज़ जैज़ जैज़ नशे की एक नदी है मिसीसिपी
फ्रेंच क्वार्टर में तीन सौ साल पहले आए थे ग़ुलाम
अफ्रीकक्र से भैंसों की फ़ौज[1] की तरह लाये हुए
जैसे ही कोड़ों की मार कुछ कम होती
वे फिर से करने लगते गाने और नाचने का अपना प्रिय काम
उन्हें हुक्म दिया जाता मेज़ पर नहीं रसोईघरों में खाओ[2]
वे हँसते हुए जाते खाते और नाचते
एक चतुर क्रूर सभ्यता के लिए उन पर शासन करना कितना कठिन
उनके लिए बने सारे नियम और वे तोड़ते रहे सारे नियम

---

1. अश्वेत ब्लू गीत 'बफ़ैलो सोल्जर कॉट इन अफ्रीका'
2. प्रसिद्ध अमेरिकी अश्वेत कवि लैंग्स्टन ह्यूज़ की एक कविता पंक्ति

आते और जाते हैं कितने ही अत्याचारी
फ्रांसीसी स्पानी अमेरिकी इनसानों के ख़रीदार
समुद्र से उठते हुए कितने ही तूफ़ान
हरिकेन बेट्सी रीटा कैटरीना
तब भी प्रेम की तलाश ख़त्म नहीं होती इस दुनिया में
जहाँ हर चीज़ पर डॉलर में लिखी हुई है उसकी क़ीमत

जब क्लैरिनेट के रन्ध्रों से अँधेरा बह रहा था
ट्रंपेट के गले से रुँधी हुई कोई याद बाहर आ रही थी
जब सैक्सोफ़ोन के स्वर नदी के ऊपर घुमड़ रहे थे
एक ट्रोम्बोन इस शहर के दिल की तरह चमक रहा था
मुझे दिखा एक मनुष्य काला वह ब्रेड खा रहा था
वह हँस रहा था बढ़ रहा था मेरी तरफ़ हाथ मिलाने के लिए
उसके मुँह में हँसी तारों जैसी चमकती थी
उसे बुलाती हुई दूर से आई एक स्ट्रीटकार
उसका नाम था डिज़ायर[1]
दूर एक होटल में टूरिस्टों का इन्तज़ार कर रहा था
डरा हुआ गोरा मैनेजर।

[2005]

---

1. टेनेसी विलियम्स का प्रसिद्ध नाटक *अ स्ट्रीटकार नेस्ट डिज़ायर।* यह ट्राम अब भी न्यू ऑर्लींस में चलती है।

पुरानी तस्वीरें

पुरानी तस्वीरों में ऐसा क्या है
जो जब दिख जाती हैं तो मैं ग़ौर से देखने लगता हूँ
क्या वह सिर्फ़ एक चमकीली युवावस्था है
सिर पर घने बाल नाक-नक़्श कुछ कोमल
जिन पर माता-पिता से पैदा होने का आभास बचा हुआ है
आँखें जैसे दूर तक देखने की उत्सुकता से भरी हुईं
बिना प्रेस किये हुए कपड़े उस दौर के
जब ज़िन्दगी ऐसी ही सलवटों में लिपटी हुई थी

इस तस्वीर में मैं हूँ अपने वास्तविक रूप में
एक स्वप्न सरीखा चेहरे पर अपना हृदय लिये हुए
अपने ही जैसे बेफ़िक्र दोस्तों के साथ
एक हल्के बादल की मानिन्द जो कहीं से तैरता हुआ आया है
और क्षण भर के लिए एक कोने में टिक गया है
कहीं कोई कठोरता नहीं कोई चतुराई नहीं
आँखों में कोई लालच नहीं
यह तस्वीर सुबह एक ढाबे में चाय पीते समय की है
उसके आसपास की दुनिया भी सरल और मासूम है
चाय के कप ढाबे और सुबह की तरह
ऐसी कितनी ही तस्वीरें हैं जिन्हें कभी-कभी
घर आए मेहमानों को दिखलाता हूँ

और अब यह क्या है कि मैं अक्सर तस्वीरें खिंचवाने से कतराता हूँ
खींचने वाले से कहता हूँ रहने दो
मेरा फ़ोटो अच्छा नहीं आता मैं सतर्क हो जाता हूँ
जैसे एक आईना सामने रख दिया गया हो

सोचता हूँ क्या यह कोई डर है कि मैं पहले जैसा नहीं दिखूँगा
शायद मेरे चेहरे पर झलक उठेंगी इस दुनिया की कठोरताएँ
और चतुराइयाँ और लालच
इन दिनों हर तरफ़ इन्हीं चीज़ों की तस्वीरें ज़्यादा दिखाई देती हैं
और जिनसे लड़ने की कोशिश में
मैं कभी-कभी इन पुरानी तस्वीरों को ही
हथियार की तरह उठाने की सोचता हूँ।

[2007]

दो जीवन

दिन भर एक जीवन में दौड़ता भागता थका हुआ
मैं एक दूसरे जीवन में शरण लेता हूँ
बाज़ारों की चकाचौंध में भटकता अचानक चल देता हूँ
उनके पिछवाड़े के अँधेरे में
दिन भर के नुकीले पत्थरों और ऊबड़-खाबड़ रास्तों से परेशान
रात के पानी में तैरता हुआ चला जाता हूँ
टहलने लगता हूँ तारों के रास्तों पर

मेरा एक हाथ अक्सर किसी पहाड़ को ठेलता दिखता है
दूसरे हाथ से मैं आसमान का एक हिस्सा पकड़े रहता हूँ
कभी-कभी लगता है मेरी एक आँख में गहरी नींद भरी है
और दूसरी आँख में अन्तहीन इन्तज़ार है
और मेरा हृदय अक्सर विकल रहता है
क्योंकि वह बहुत अकेला और बहुत कम है
मेरे ही जैसे हज़ारों-लाखों लोगों के लिए

इसीलिए जब एक सपने में मेरा सामान खो जाता है
तो लगता है जैसे बहुत से लोगों का सामान खो गया है
जैसे मैं बहुत से लोगों की चीज़ों के साथ
बहुत सी जगहों में जाने के लिए निकला था
और वह ट्रेन जिससे मुझे जाना था
जब मेरे ठीक सामने से जा रही होती है
तो देखता हूँ मेरे आसपास कई चेहरे मौजूद हैं मेरी ही तरह लाचार

मेरा एक जीवन होता तो मैं तुरन्त पहुँच जाता
कहीं का कहीं निकल जाता सफलता के साथ

फिर नाक की सीध में लौट आता
अपना सामान नहीं खोता अपनी ट्रेन पकड़ चुका होता
लेकिन मैं दो जीवन में एक साथ हूँ
हर चीज़ के दोनों रुख़ देख लेता हूँ
एक जीवन को दिन-भर पहनता-ओढ़ता हुआ जागता रहता हूँ
दूसरे को रात में चादर की तरह ओढ़कर सो जाता हूँ
और इसमें कोई आश्चर्य नहीं कि
कई बार सुबह उठने पर मुझे अपने इर्द-गिर्द
आँसुओं की तरह कुछ चमकता हुआ दिखाई देता है।

[2008]

गुजरात के मृतक का बयान

पहले भी शायद मैं थोड़ा-थोड़ा मरता था
बचपन से ही धीरे-धीरे जीता और मरता था
जीवित रहने की अन्तहीन खोज ही था जीवन
जब मुझे जलाकर पूरा मार दिया गया
तब तक मुझे आग के ऐसे इस्तेमाल के बारे में पता नहीं था
मैं रँगता था कपड़े ताने-बाने रेशे
टूटी-फूटी चीज़ों की मरम्मत करता था
गढ़ता था लकड़ी के हिंडोले और गरबा के रंगीन डांडिये
अल्युमिनियम के तारों से बच्चों के लिए छोटी-छोटी साइकिलें बनाता
इसके बदले में मुझे मिल जाती थी एक जोड़ी चप्पल एक तहमद
अपनी ग़रीबी में दिन भर उसे पहनता रात को ओढ़ लेता
आधा अपनी औरत को देता हुआ

मेरी औरत मुझसे पहले ही जला दी गई
वह मुझे बचाने के लिए मेरे आगे खड़ी हो गई थी
और मेरे बच्चों को मारा जाना तो पता ही नहीं चला
वे इतने छोटे थे उनकी कोई चीख़ भी सुनाई नहीं दी
मेरे हाथों में जो हुनर था पता नहीं उसका क्या हुआ
मेरे हाथों का ही पता नहीं क्या हुआ
वे अब सिर्फ़ जले हुए ढाँचे हैं एक जली हुई देह पर चिपके हुए
उनमें जो हरकत थी वही थी उनकी कला
और मुझे इस तरह मारा गया
जैसे एक साथ बहुत से दूसरे लोग मारे जा रहे हों
मेरे जीवित होने का कोई बड़ा मक़सद नहीं था
लेकिन मुझे इस तरह मारा गया
जैसे मुझे मारना कोई बड़ा मक़सद हो

और जब मुझसे पूछा गया तुम कौन हो
क्या छिपाये हो अपने भीतर एक दुश्मन का नाम
कोई मज़हब कोई तावीज़
मैं कुछ कह नहीं पाया मेरे भीतर कुछ नहीं था
सिर्फ़ एक रँगरेज़ एक मिस्त्री एक कारीगर एक कलाकार
जब मैं अपने भीतर मरम्मत कर रहा था किसी टूटी हुई चीज़ की
जब मेरे भीतर दौड़ रहे थे
अल्युमिनियम के तारों की साइकिल के नन्हे पहिये
तभी मुझ पर गिरी एक आग बरसे पत्थर
और जब मैंने आख़िरी इबादत में अपने हाथ फैलाए
तब तक मुझे पता नहीं था बन्दगी का कोई जवाब नहीं आता

अब जब कि मैं मारा जा चुका हूँ मिल चुका हूँ
मृतकों की उस मनुष्यता में
जो जीवित मनुष्यों से भी ज़्यादा सच्ची ज़्यादा स्पन्दित है
तुम्हारी जीवित बर्बर दुनिया में न लौटने के लिए
मुझे और मत मारो और मत जलाओ न कहने के लिए
अब जबकि मैं महज़ एक मनुष्याकार हूँ एक मिटा हुआ चेहरा
एक मरा हुआ नाम
तुम जो कुछ हैरत और कुछ ख़ौफ़ से मेरी ओर देखते हो
क्या पहचानने की कोशिश करते हो
क्या तुम मुझमें अपने किसी स्वजन को खोजते हो
किसी मित्र-परिचित को या ख़ुद अपने को
अपने चेहरे में लौटते देखते हो किसी चेहरे को।

[2002]

अंजार

[सन् 2001 के भूकम्प में तबाह अंजार और सन् 2002 की गुजरात हिंसा की स्मृति]

अंजार में पिछले साल सर पर थे चार सौ बच्चों के इम्तहान
पिछले साल प्रभातफेरी में वे गाते थे सारे जहाँ से अच्छा हिन्दोस्तान
पिछले साल तैयार किये जा रहे थे प्रश्नपत्र
भरने के लिए छोड़े जा रहे थे बहुत से रिक्त स्थान
पिछले साल अंजार उड़ती हुई ग़ुस्सैल पृथ्वी था
चार सौ सुरीले स्वरों पर गिरा हुआ आसमान
एक मलबे की तरह उठकर आया हुआ भूगर्भ का अन्धकार
अंजार मलबे में दबी हुई मासूम चीत्कारों का मज़ार

एक बार फिर से आए इम्तहान
बच्चों को उठाया गया नींद से फिर से किया गया तैयार
गिनती हुई चार सौ पिछले बरस के चार सौ
इस बार कई-कई जगह फैला था अंजार
इस बार उड़ती हुई धरनी नहीं लपकती-लीलती हुई आग थी
रक्त और मृत्यु ही थे मुख्य प्रश्नपत्र
अंजार से निकलकर दूर-दूर तक फैले हुए अंजार के रिक्त स्थान

स्कूल की घंटियाँ सुनाई देती हैं अंजार में
बच्चे बैठते हैं आग और क्रूरता के इम्तहान में
पिछले बरस की टूटी हुई दीवार से गिरता है रक्त
आँसुओं से भरी आँखों के सामने डाँवाँडोल प्रश्नपत्र
सवाल तमाम आपस में गड्डमड्ड
अंजार भूगर्भ में दबी हुई एक चीत्कार
जगह-जगह अंजार हमारे भविष्य का मज़ार।

[2002]

भूलने के विरुद्ध

[सन्दर्भ गुजरात]

पहला नहीं हमेशा दूसरा
हमेशा दूसरा जीवन दूसरा प्रकाश दूसरा अन्धकार
क्योंकि मैं दूसरा हूँ पहला नहीं दूसरा
पहला हमेशा अनुपस्थित है हमेशा भुलाया हुआ
पहला हमेशा खोया हुआ हमेशा लापता जगहें बदलता

मैं दूसरा हूँ हर वक़्त पहले की स्मृति में पहले की जगह पर
पहला हमेशा ढहाया हुआ है नष्ट किया हुआ
मैं उसके मलबे की तरह बचा हुआ दूसरा हूँ उसके अन्त का गवाह
पहला जला हुआ है मरा हुआ हमेशा एक मृतक
मैं पहले की राख में से उठता हुआ दूसरा हूँ
पहले के एवज़ में हाज़िरी लगाता हुआ
मैं हूँ मैं हूँ कहता हुआ

मैं दूसरा हूँ पहले का एक धुँधला आकार पहले का एक आभास
मैं पहले की चीख़ हूँ पहले का शोक पहले का प्रेम
पहले को याद करता हुआ एक अन्तहीन दूसरा।

[2002]

पशु पक्षी कीट पतंग

[फिर से गुजरात की शर्म के नाम]

उन दिनों जब लगातार मनुष्यों के मारे जाने की ख़बर थी
कोई ख़ता नहीं की हमने तब भी बख़्श दो बख़्श दो[1]
ऐसा ही कुछ कहते लोग दिखते थे
मार दो मार दो कहते हुए लोगों के सामने
और मैं अकेला था रात में
सहसा दिखे मुझे भूले-बिसरे पशु पक्षी कीट और पतंग
दिखाई दीं बचपन के घर की पुरानी तीन बिल्लियाँ
जो सिर्फ़ खाने के वक़्त साथ-साथ दिखती थीं
एकटक मेरी दादी का हाथ देखती हुईं
उसकी मृत्यु के बाद एक-एक कर पता नहीं कहाँ हुईं वे लोप

दिखा एक मेढक सड़क पार करता हुआ
वह धीरे-धीरे छलाँगें भरता था
ट्रैफ़िक के शोर और रफ़्तार से बचने की कोशिश करता
कुछ सरीसृप ज़मीन के नीचे सरकते दिखे
बस स्टॉप पर इन्तज़ार करते लोगों के सर पर
मँडराते थे मच्छरों के झुंड
घर के बारजे पर बैठा था एक जोड़ा कबूतर
उड़ाने पर भी नहीं उड़ता था जैसे वही हो उसका घर
और एक भारी-सी छलाँग थी हवा में
जैसे आग लगने पर जंगल से कूदता हो कोई भालू बाघ हिरन
बेशुमार झींगुरों की आवाज़ थी पूरी रात

1. मिर्ज़ा ग़ालिब की एक पंक्ति : 'बख़्श दो गर ख़ता करे कोई'

जैसे वे रहने आ गए हों मेरे कानों के भीतर
छोटे-छोटे कीड़े जो पता नहीं कहाँ से चले आए थे
और कहाँ जा रहे थे हरा नीला लाल उनका रंग दमकता हुआ
और उनके साथ गतिशील छोटे-छोटे पेड़-वनस्पति
उन पर निश्चिन्त सोई हुईं चिड़ियाँ
उनके सामने मैं लाचार था
मनुष्य होने की शर्म में डूबा हुआ
मनुष्य होने से बचने की कोशिश करता हुआ
मैं होना चाहता था पशु पक्षी कीट पतंग या ऐसा ही कुछ।

[2004]

राक्षसो क्या तुम

राक्षसो क्या तुम अब भी वैसे ही हो
किसी दन्तकथा किसी श्लोक से बाहर आए हुए
रात में तुम अपने सींग और दाँत कहाँ रख देते हो
या सो जाते हो खुले हुए जबड़ों ख़ूनी आँखों
और नाख़ूनों के साथ
जैसे बचपन की एक किताब में
देखा था तुम्हें नींद में भी जगे हुए

राक्षसो क्या तुमने नया रूप धर लिया है
सर के भीतर छिपा लिये हैं अपने सींग उँगलियों के भीतर नाख़ून
तुम्हारे पेट में चले गए तुम्हारे नुकीले दाँत
क्या तुमने घर ख़रीद लिये हैं कारें जुटा ली हैं
हासिल कर ली है उजली मुस्कराहट पहन लिये हैं नरम हाथ
और क्या तुम्हारी आँखों में अब एक नमी भी रहती है

राक्षसो क्या दूसरों की तरह तुम्हें भी चुभते हैं
तुम्हारे सींग नाख़ून दाँत
क्या तुम्हें सचमुच नींद आती है
क्या दिन भर के तुम्हारे करतब सारी रात तुम्हारा पीछा करते हैं
दिन भर के हत्यारे तुम्हारे शब्द क्या तुम्हारे कान में चिल्लाते हैं
और तुम्हारा विष फिर से घुलने लगता है तुम्हारे रक्त में
या फिर यह समय ही पूरा तुम्हारा है
जहाँ तुम ही सोते हो सबसे गहरी नींद।

[2004]

इन सर्दियों में

पिछली सर्दियाँ बहुत कठिन थीं
उन्हें याद करने पर मैं इन सर्दियों में भी सिहरता हूँ
हालाँकि इस बार दिन उतने कठोर नहीं

पिछली सर्दियों में मेरी माँ चली गई थी
मुझसे एक प्रेमपत्र खो गया था एक नौकरी छूट गई थी
रातों को पता नहीं कहाँ कहाँ भटकता रहा
कहाँ कहाँ करता रहा टेलीफ़ोन
पिछली सर्दियों में
मेरी ही चीज़ें गिरती थीं मुझ पर

इन सर्दियों में पिछली सर्दियों के कपड़े निकालता हूँ
कम्बल टोपी मोज़े मफ़लर
उन्हें ग़ौर से देखता हूँ
सोचता हुआ पिछला समय बीत गया है
ये सर्दियाँ क्यों होंगी मेरे लिए पहले जैसी कठोर।

[2007]

सपने में रुपये

एक रात भूल से मैंने कुछ रुपये तकिये के नीचे रख दिये
और सो गया
सपने में उठकर वे चारों ओर उड़ने लगे
नींद के आसमान में उनका अनोखा नृत्य चलता रहा
एक बड़ा सा हॉल दिखा
जहाँ किसी बाज़ार का जन्मदिन मनाया जा रहा था
चमकते हुए सिक्के जलता-बुझता प्रकाश बेतहाशा खान-पान
पुरुष डॉलर पाउंड येन यूरो के कोट पहने हुए थे
स्त्रियाँ जैसे सिर्फ़ त्वचा पहने हुए हों

मैंने चुपके से एक सिक्का उठाया और यह सोचकर निगल लिया
कि वह कोई स्वादिष्ट चीज़ है
तभी से वह मेरे हलक़ में फँसा है
मैं जागता हूँ सपने से कराहता हुआ।

[2007]

यह सब

अन्त तक लोग यही कहते रहे रुक जाओ
यहाँ इतनी सारी ख़ाली जगह है चारों ओर बहुत-सी तस्वीरें हैं
दिन की धूप में धीरे-धीरे हिलते हुए पौधे हैं
रात के तारों से छनकर निकलती हुई बारीक हवा है
दूर एक खिड़की से आने वाला धुँधला प्रकाश
उँगलियों की तरह इस अँधेरे को छूता रहता है
बहुत-से छोटे-छोटे पत्थर हैं
जिन्हें तुम यादगार की तरह अपने पास रख सकते हो
यही सब तो है प्रेम
यह नहीं होगा तो कितना उजाड़ हो जाएगा यह सब

वह देर तक सुने हुए को अनसुना करता रहा
या कठोर शब्दों में जवाब देता रहा
कई बार उसने मुँह भी फेर लिया
लोग ताज्जुब से कहते रहे
तुम कैसे आदमी हो इस तरह आँखें तरेर कर देखते हो
प्रेम की भी तुम्हें कोई परवाह नहीं
बस लगातार कहते हो बँध चुका है मेरा सामान

तुम जो भी हो मेरे भाई
कुछ तो है जो तुम जाते-जाते भी यहीं अटक जाते हो
बार-बार यह सुनते जाते हो कि यही सब तो है प्रेम
यह नहीं होगा तो कितना उजाड़ हो जाएगा यह सब।

[2008]

शहर के एकालाप

1

धोखों से भरे इस नगर के चौराहों पर
बिना बात हॉर्न बजाती हुईं लम्बी-चौड़ी कारें गुज़रती हैं
उनके भीतर बैठे सवार तिरस्कार के साथ देखते हैं बाहर का संसार
मोटरसाइकिलों पर प्रेमिकाओं को बिठाए हुए नौजवान
कलाबाज़ियाँ दिखाते भागते हैं
आसमान में भीमकाय हवाई जहाज़ आते-जाते हैं
अन्तरराष्ट्रीय दैत्यों देवताओं और मनुष्यों को ढोते हुए

नाबदानों और सड़ते हुए नालों पर पुल बनाती हुई
तेज़ी से नई मेट्रो रेल चली आती है
बस स्टॉप तमाम आधुनिक बना दिये गए हैं
उनके ऊपर एक निर्माणाधीन स्वर्ग के विज्ञापन चमकते हैं
जिसे अप्रत्याशित तेज़ी के साथ बनाया जा रहा है
उनके नीचे बैठे हुए दिखते हैं लोग पहले से कहीं अधिक बेज़ार
टूटी-फूटी ठसाठस भरी बसों के लिए
पहले से कहीं लम्बा इन्तज़ार करते हुए

आधी रात के बाद कभी-कभी
जो अक्सर चौराहों पर चक्कर खाते हुए दिख जाते हैं
जो अपने किसी ठिकाने पर नहीं पहुँच पाते
लम्बे समय से यहाँ रहते हुए भी वे पहली बार आए हुए लगते हैं
और रोज़ अजनबियों की तरह प्रकट होते हैं
रात में उन्हीं का है यह चमचमाता शहर।

2

आधा शहर नाक पर रूमाल रखकर पार करना पड़ता है
आधा शहर कम-से-कम कपड़ों में आपका स्वागत करता है
आधा शहर त्वचा और देह है आधा रेत और राख है
आधा शहर रात में दिन है आधा शहर दिन में रात है
आधा शहर खान-पान है आधा शहर गहरा नाबदान है
आधा शहर धमनियों में दौड़ती हुई शराब है
आधा शहर थूक बलग़म और पेशाब है
आधा शहर रोशनी का पुल है आधे शहर की बत्ती गुल है
आधा शहर अमेरिका को सलाम ठोकता है
आधा शहर बीमार कुत्ते की तरह रिरियाता भौंकता है

आधा शहर अपने स्वर्ग से कचरा गिराता है
आधा शहर उसे थामता छानता बीनता धोता पोंछता चमकाता
फिर से उसे स्वर्ग पहुँचाता है।

3

वीरेन डंगवाल के अन्दाज़ में
जिन्होंने सालो-साल बनाया तुमको मिहनत से
उन अंधी झोंपड़ियों को भी दे दो अपने कुछ बिजली के लट्टू
तुम जो रात-भर रोशनी में नहा रहे हो
अरे अक्षरधाम के अड़ियल टट्टू।

[2006]

रोने की जगह

[राहुल ढोलकिया की फ़िल्म 'परज़ानिया' और संजय काक की वृत्तफ़िल्म 'जश्ने आजादी' को समर्पित]

पहले रोने की जगहें कुछ सीमित थीं
जहाँ-तहाँ दिखलाने से आँसुओं का महत्त्व कम हो जाता था
कोई अकेले घर में या घर के पिछवाड़े रोता था
किसी पेड़ के नीचे एक सुनसान पगडंडी पर
अकस्मात् किसी का मिलना कुछ देर को आँखों को नम कर जाता था
सपने में कभी कोई पूर्वज आँसू पोंछता हुआ आता था
जब भी भीतर से रोना जैसा उमड़ता था
तो उसके कारणों को अलग से जानना नहीं पड़ता था

इन दिनों रुदन कहीं से भी उठने लगता है
आँसू किसी भी जगह दिख जाते हैं
चमचमाते बाज़ार अपना अन्धकार अपने पिछवाड़े में भेजते रहते हैं
उसे पार करते हुए लगता है एक नदी बह रही है
जहाँ भिखारी पागल अनाथ बच्चे बेसहारा पशु लहरों की तरह हैं
साथ-साथ एक परिवार की तरह जीवन बिताते
दंगाइयों के हाथ मारे गए अपने बच्चों की खोज में
उनके माता-पिता कहीं चलते जाते हैं
रोना उनके लिए एक लम्बे रास्ते की तरह है
दिन महीने वर्ष एक फ़िल्म के कुछ दृश्य
बेस्ट बेकरी गुलबर्गा नरोदा पाटिया
यवतमाल में एक किसान आख़िरी बार दिखाई देता है
अपने खेत की मिट्टी को हथेलियों में लिये हुए
दूर कुपवाड़ा में जर्जर औरत-मर्द
अपने बेटे की शिनाख़्त के लिए जाते हैं

फ़ौजी बन्दूक़ों से बनाए गए एक सँकरे रास्ते पर
एक निर्दोष मृतक की जगह कोई दूसरा निर्दोष मृतक चला आता है
जिसे किसी तीसरे मृतक के नाम से जाना जाता है

अन्याय ही खाता रहता है इस देश की देह कहते थे रघुवीर सहाय
लोर्का का गिटार जैसा हृदय अब भी पाँच तारों में बिंधा हुआ है
जिसे चुप कराना असम्भव
कबीर का जागना और रोना जारी रहता है
ग़ालिब का साज़ दर्द से भरा है जिसे छेड़ते ही बहने लगता है रुदन
आँसुओं से भीगे हुए लोगों को कविता ले जाती है अपने भीतर
अपने घर में घर के पिछवाड़े पेड़ के नीचे किसी पगडंडी पर
खुले हुए अपने दरवाज़े के भीतर।

[2007]

क़िले के भीतर

[बीकानेर में एक क़िले को देखकर, जिसकी नींव में एक दलित की बलि की गई थी]

तलवारें ढालें बन्दूक़ें बर्छियाँ सब शीशों के भीतर चली गई हैं
पालकियाँ पालने बिस्तर जैसे किसी विशाल क़ब्र के ऊपर रखे हुए हैं
दर्शक चुपचाप धीरे-धीरे गुज़र रहे हैं
वे किसी चीज़ को छेड़ते छूते उठाते नहीं
धारदार भाषा में बोलते हुए गाइड से कोई सवाल नहीं पूछते
वरना राजा तो राजा है वह कभी भी तलवार उठा सकता है
अपने ही भाइयों के ख़िलाफ़ युद्ध छेड़ सकता है
दर्शकों को क़िले की दीवारें ऊँची करने का हुक्म दे सकता है
या पालकी पर जोत सकता है
लेकिन अब वह अपनी पगड़ी और मूँछों समेत तस्वीरों में बैठा हुआ है
दर्शक इसीलिए निश्चिन्त हैं
तलवारें बुझ चुकी हैं बन्दूक़ें ख़ामोश हैं

औरतों के चारों तरफ़ लगे हुए आईने अब भी साबुत हैं
इनमें वे अपने को दुगुना-तिगुना-अनगिनत होते हुए देखती थीं
ख़ुद पर ही हँसती गिरती पड़ती रहती थीं
यह उनका सौभाग्य है कि वे स्वाभाविक तरीक़े से मरीं
और अब तस्वीरों में बैठी हुई हैं
वरना वे कभी भी विधवा हो सकती थीं
उन्हें राजसी चिताओं में राजा के साथ जलाया जा सकता था
अब उनकी आँखें लगातार दर्शकों का पीछा करती हैं
जैसे चाहती हों वे उनके पास आकर कुछ देर खड़े रहें उन्हें निहारें
और यह भरोसा दिलाएँ कि युद्ध बन्द हो चुका है
और उनके पति लौट रहे हैं
लेकिन शासकों का इतिहास इस तरह बनता है

कि युद्ध चलता रहता है
कंगूरे परकोटे हथियारख़ाने अस्तबल बनते रहते हैं
अनाज के नमक के पानी के अकाल आते रहते हैं
भूखे प्रजाजन गिरते-पड़ते घिसटते हाज़िर होते हैं
और राजा का क़िला बनाने में जुट जाते हैं
नींव में एक मासूम का रक्त बहता है और दीवारें उठती हैं
और एक दिन चारों ओर ख़ूब रोशनी होती है
इतिहास के भूगोल पर बहुत से बल्ब चमकने लगते हैं
एक विशाल क़ब्र एक भव्य संग्रहालय बना दी जाती है
अँधेरा लेकिन नहीं भागता
और राख के रंग के वे गिद्ध भी उड़ कर कहीं नहीं जाते
जो क़िले के जन्म से कंगूरों के साथ एकाकार बैठे हुए हैं।

[2006]

मोहन थपलियाल

[जाने-माने कथाकार-पत्रकार-अनुवादक मित्र मोहन थपलियाल की स्मृति में]

अपने इंजीनियर दादा की दुमंज़िला हवेली में तुम रहे नहीं
तुम्हें सिर्फ़ उसका जर्जर होना याद रहा
बहुत पहले ही तुम विस्थापित हो गए थे
जंगलों पहाड़ों के बीच भारत तिब्बत बॉर्डर पुलिस की बैरकों में
वायरलेस सेट के सामने अकेले बैठे
हवा में भेजते कूट-सन्देश डा डिड् डा डाडिड् डाडिड्डा डा...
जिनका अर्थ सिर्फ़ यही था कि हम सुरक्षित हैं
दुश्मन आसपास कहीं नहीं है फिर भी सावधान...स्टॉप

तुम्हारा सफ़र जंगलों घाटियों जैसा ऊबड़-खाबड़ था
उसके निशान तुम्हारे भीतर दर्ज होते रहे
जैसे एक पेड़ में दर्ज होते रहते हैं उसके वर्ष
और जब तुम उन एकरस ध्वनि-संकेतों के जंगल से बाहर आए
ठोस तीखे शब्दों की दुनिया में तो वह एक और विस्थापन था
वहाँ भीषण कोहराम था और कुछ भी सुरक्षित नहीं था
अपना हाल बताने के लिए वायरलेस के बटन नहीं थे
और 'हक़ीक़त जानने के लिए झींगुरों के शोर और जुगनुओं की
रोशनी के बीच से जोखिम भरा रास्ता टटोलते हुए
काफ़ी दूर जाना होता था'[1]

इस यात्रा में तुम्हें बहुत देर से बर्टोल्ट ब्रेष्ट मिला
जर्मनी का वह कविता-नाटकवाला मृत्यु के अठारह वर्ष बाद

---

1. मोहन थपलियाल की कहानी 'त्रिकोण' का एक वाक्य

अकल्पनीय अत्याचारों का गवाह दुनिया का सबसे ज़िद्दी विस्थापित
जो 'जूतों से ज़्यादा देश बदलता हुआ'[1] यातना शिविरों से बचता फिरा
क्योंकि उसे जानना था अपने लोगों के दुख का कारण
बतलाने थे वर्ग व्यवहार करना था दुनिया को बदलने का
पुराना अनिवार्य और असम्भव काम
उसी के शब्दों में तुम्हें अपने विस्थापन का अर्थ मिला
उसका हाथ थामे हुए तुमने देखा
जगह-जगह अब भी बने हुए हैं छोटे-छोटे यातना शिविर
जो जितना ताक़तवर उसके भीतर बैठा हुआ उसी के आकार का एक हिटलर
और आज भी अँधेरे का वही युग
जहाँ हँसते रहना है जीवन गुज़ारने की सबसे बड़ी कला[2]

विकट था पूँजी के तंत्र के बीच टिके रहने का संघर्ष
बाबूगीरी मास्टरी वायरलेस ऑपरेटरी बेकारी जेएनयू में जर्मनी
एक अदद अख़बारी नौकरी फिर बेरोज़गारी डा डिड डा...स्टॉप
तब भी तुमने खोई नहीं बच्चों जैसी अपनी हँसी
पहाड़ी बूढ़ों जैसी अपनी समझ खोये नहीं अपने जंगल और पहाड़
एक साधारण जीवन में एक असाधारण आग जलती रहती है
वह कभी सुलगता कभी झुलसता है अपने भीतर
जिसकी कहानी कहने के लिए
एक नई भाषा की दरकार है
इस बीच ताक़तवर चला देता है बाज़ार में नई मुद्रा नये नियम
एक सामर्थ्यवान हर ख़ाली जगह पर क़ब्ज़ा कर लेता है

अस्पताल से लौटते हुए अपने कलेजे का रक्त थामे हुए
तुम देखते हो बच्चे कुछ और बड़े हो गए हैं
और घर की मद्धिम रोशनी में अपना पाठ पढ़ रहे हैं
रसोईघर में खड़ी पत्नी बीच-बीच में देखती है
मुश्किल से जुटाया हुआ अपना छोटा-सा संसार

---

1. बर्टोल्ट ब्रेष्ट की कविता 'बाद में जन्म लेने वालों के लिए' का कुछ अंश
2. जर्मन भाषा में 'लेबेनकुंस्ट' जिसे ब्रेष्ट अक्सर इस्तेमाल करते थे

और तुम अपने कॉमरेड ब्रेष्ट की कविता पर झुके हुए
पूछते हो शायद जीवन का आख़िरी सवाल
अब अगला विस्थापन कौन-सा है
कहाँ है कूट-भाषा के संकेतों का गन्तव्य।

[2003]

शहर फिर से

इतने समय से तुम क्या खोजते हो इस शहर में
जहाँ एक धुँधली युवावस्था में
तुम पत्थर की तरह लुढ़कते हुए आए थे
तुम्हें मिली एक ख़ाली जगह एक रात और रात के लिए बिस्तर
यहीं तुम्हें दिखी अपनी स्पष्ट ग़रीबी यहीं मिला अपना अहंकार
यह कौन-सी सभ्यता थी कौन-सा समय
वे किसकी रोशनियाँ थीं जो तुम्हारे आगे-पीछे चमकती रहती थीं
तुम शहर के भीतर प्रवेश करना चाहते थे उसके रक्त में
उसकी रातों में जिसकी सड़कें कई-कई हाथों से तुम्हें छूती थीं

और अब सुबह उठकर तुम देखते हो
जैसे यह कोई दूसरी जगह दूसरा शहर हो
तुम्हारी सड़कें धुँधली-सी हवा में झूलती हुईं दिखती हैं
तुम्हारे चौराहे अदृश्य हो चुके
वे घर ज़मींदोज़ हो गए जहाँ तुम चले आते थे
वे लोग भी उन पतों पर नहीं रहते जो तुम्हारी डायरी में दर्ज हैं

अब जहाँ तुम एक शाश्वत आपाधापी में चलते हो
चमकती हुई चीज़ों के बीच से
हाँफते सीढ़ियाँ चढ़ते-उतरते कभी-कभी हँसते दिखते हो
किताबें और दवाएँ ख़रीदते हुए
पैसे खोजने के लिए बार-बार अपनी जेबें टटोलते
जैसे देर हो गई हो और समय निकला जा रहा हो
वह कोई और ही शहर है जहाँ तुम होना नहीं चाहते
फिर भी तुम्हें होना होता है तकलीफ़देह सड़कों चौराहों के बीच

तमाम चीज़ों के पिछवाड़े
आज और अभी इस तरह जैसे यह कोई पुरानी बात हो

और जब तुम एक दिन झोला-बिस्तर उठाकर यहाँ से छूटने के लिए
निकलते हो तो पाते हो तुम्हारे और शहर के बीच कोई नहीं है
लोग जा चुके हैं सड़कें चौराहे सब कुछ एक स्थिर बिम्ब में ठहरा हुआ है
हवा का एक झोंका आता है आसमान का एक हिस्सा
तुम्हारे चेहरे का स्पर्श करता है दूर एक तारा चमकता है
और इतने पास आ जाता है जैसे वह इस शहर का प्रकाश हो
और तुम्हारा कोई पुराना स्वप्न इस तरह जीवित हो उठता है
कि तुम उसे छू सकते हो
तब तुम सड़क के किनारे एक पत्थर पर बैठ जाते हो
और सोचते हो उस शहर में अब भी पहुँचा जा सकता है
जिसकी खोज में तुम यहाँ आए थे
एक पत्थर की तरह कहीं से लुढ़कते हुए।

[2003]

माँ की स्मृति

तरह-तरह से होने वाली औरतों की मृत्यु के बावजूद
मैं अन्त तक सोचता था माँ कहीं नहीं जाती
हद से हद पड़ोस में गई रहती है
या खेत और जंगल की ओर
जैसे शाम होते ही चिड़ियाँ लौटती हैं वह लौट आती है
माँओं का शाम का आसमान हर जगह घर-वापसी से भरा होता है

कुछ साल बाद वह बीमार पड़ी और शहर आई
जहाँ उसे बार-बार अस्पताल जाना पड़ा
तब भी वह जल्दी घर लौटने की बात कहती थी
शायद कभी वह अपने बचपन में जाती होगी
जो अब एक दूसरा ही लोक था
पता नहीं कब की विदा हो चुकीं अपनी माँ और दादी के पास

वह अक्सर कहती थी औरतों के दो घर दो जन्म होते हैं
दोनों में साथ-साथ रहना होता है इन अभागियों को मृत्यु तक
और सबका सुख चाहने के लिए अगले जन्मों में भी
ईश्वर उन्हें बना देता है औरत

जब उसकी तकलीफ़ ज़्यादा बढ़ जाती
जब उसे लगता जिस पृथ्वी पर वह हवा की तरह थी
वहाँ उसका बोझ बढ़ता जा रहा है
तो वह हर किसी से क्षमा याचना करती दिखती

जब आख़िरकार वह इस संसार से जाने को हुई
वह अपने बादलों खेतों पेड़ों और हवाओं को बुलाना चाहती थी

पाँचों उसकी बेटियाँ दौड़ी आईं
कुछ देर वह उनके चेहरों पर पता नहीं क्या देखती रही
फिर उसने कुछ कहा जो किसी को ठीक से सुनाई नहीं पड़ा
कुछ कहो बताओ हमारे लिए कुछ कहो सब यही पूछते थे

उसके जाने पर मैंने उसके तमाम कपड़े बाँट दिये
उसका बिस्तर तकिया शॉल चश्मा उसकी चप्पलें
उसकी दवाएँ फेंक दीं दाग़-धब्बों से भरी चादरें बाहर कर दीं
कमरे में उसका कोई सामान नहीं बचा
अगर कुछ बचा तो वह मैं था
जिसने एक कर्मकांड में एक बदबूदार नदी के तट पर ले जाकर
उसे जलाया और बहा दिया

कितनी जल्दी उसे एक स्मृति में बदल जाना था
एक पूर्वज की तरह एक कर्मकांड में याद आना था।

[2002]

करुणानिधान

[प्रतिबद्ध चित्रकार-मित्र की स्मृति में]

सबसे मीठी मुलायम ब्रेड कहाँ मिलती है
कम मीठे की मिठाई कम नमक की नमकीन कहाँ मिलती है
सबसे मज़बूत काग़ज़ कहाँ बिकते हैं सुन्दर सस्ते झोले कहाँ टँगे रहते हैं
किस जगह से दिखता है सबसे ज़्यादा आसमान
शहर के बारे में सब कुछ जानते थे करुणानिधान
झोले से निकालते ब्रेड और घर का बना पनीर
कुछ खाता हुआ मनुष्य दुनिया का कितना सुन्दर दृश्य है
ऐसे दृश्यों को वे रख लेते अपने थैले में

मन-ही-मन बनारस अपने घर चले जाते करुणानिधान
भूखे उनींदे पैदल नापते शहर
चलते-चलते हो जाते भूमिगत अपने रंगों और कैनवस के साथ
सोचते तमाम रंग तहख़ाने से उठेंगे कभी करेंगे एक विस्फ़ोट
वसन्त गर्जना[1] जो अभी कैनवस पर है उसकी सुबह हम देखेंगे एक रोज़
बनारस कोलकाता दिल्ली सादतपुर अल्मोड़े के पहाड़
कैनवस न हों तो न सही काग़ज़ों पर ऐंठी हुई आकृतियाँ
रेखाएँ तोड़कर बाहर निकलती उन चेहरों की चीख़
कभी कोई देह अपनी ही साँसों से उठती-गिरती हुई
अमीर ख़ाँ और ओंकारनाथ ठाकुर की जुगलबन्दी
झोले में ताज़ा स्याही की ख़ुशबू फैलाता मुक्ति[2] का नया अंक
शहीद भगत सिंह के नास्तिक बनने की कहानी

---

1. पश्चिम बंगाल का नक्सलबाड़ी विद्रोह
2. करुणानिधान द्वारा सम्पादित पत्रिका

और आइरिश रिपब्लिकन आर्मी के धुँधले पुराने दस्तावेज़
जो अभी-अभी लिखे हुए लगते हैं जैसे अभी हो उनकी ज़रूरत

और दिल को उछलने-डूबने से रोकने के लिए एक पेसमेकर
जो देह के भीतर लगा है किसी छोटे-से वाद्ययंत्र की तरह
भेजता ऊर्जा के संकेत रंगों के तहख़ाने की आवाज़
काग़ज़ रंग कूँचियाँ सब रणभूमि में उतरने को तैयार हैं
गिरधर राठी के समकालीन भारतीय साहित्य[1] का मुखपृष्ठ बन गया है
अख़बारों के लिए भाग्यरेखाओं जैसे रेखांकन पूरे हो चुके हैं
केदारनाथ सिंह के बाघ[2] के कई मांसल रूप
झाँकते हैं झोले से बाहर निकलने के लिए

लेकिन कहाँ लोप हो गए वे हक़ीर और फ़क़ीर
जो सब कुछ छोड़कर चले जाते थे और फिर ख़ाली हाथ लौट आते
ग़रीबी और दीवानगी किस रसातल में गई
जो कभी घर नहीं बनाती थी फटे हुए कपड़ों में छिप जाती थी
वे तहख़ाने क्या हुए जहाँ एक विस्फ़ोट में इकट्ठा होते रहते थे रंग

एक स्वप्न के बिखरने पर तुरन्त नहीं आ जाता दूसरा स्वप्न
एक ख़ुशी को विदा करने नहीं आती एक और ख़ुशी
एक विराग की जगह सफ़र पर नहीं चल पड़ता दूसरा विराग
जो जगह ख़ाली होती है वह हमेशा ख़ाली रहती है
जीवन के आख़िरी हासिल में
एक बड़ा-सा काग़ज़ बचा हुआ रहता है
कैनवस पर पिघले हुए रंग सिकुड़ते जाते हैं
किसी दुकान में एक मीठी मुलायम ब्रेड अनबिकी रहती है
मुक्ति का एक दस्तावेज़ झोले के भीतर फड़फड़ाता रहता है।

[2003]

---

1. गिरधर राठी द्वारा सम्पादित अकादमी की पत्रिका
2. केदारनाथ सिंह के कविता-संग्रह के रेखांकन

दो कवियों की कथा

[शमशेर और मुक्तिबोध की स्मृति में]

प्रेम के सबसे सघन कवि को प्रेम नहीं मिला
उसके सामने दूध रोटी दवा का हिसाब था
जिसे वह कभी समझ नहीं पाया
दुनिया आईनों से भरी हुई थी जिन्हें वह स्याही की तरह
अपने अन्तर्जल में घोलता रहा
मनुष्य की भाषाएँ तमाम बोली कबूतरों की
उसकी तड़प को उठाने में असमर्थ थीं
वह बहता रहा प्यास के पहाड़ों पर सुन्दरता का प्रपात

यातना के सबसे बीहड़ कवि को यातना ही मिली
कड़ी मारें और एक से एक दु:स्वप्न
वही था प्रेम के कवि का एक सच्चा दोस्त
वह एक जंगल की तरह था बार-बार अपने पत्ते गिराता हुआ
अपने शब्दों को काटता
उसे चौराहे ही मिले जीवन में भागता रहा दम छोड़
जिन्होंने संसार में प्रेम नष्ट किया यातना पैदा की
उसने देखे रात में उनके जगमग जुलूस
इन दिनों वे दिन में भी जगह-जगह निकलते दिखते हैं

यातना का कवि जल्दी ही इस संसार से चला गया
तब प्रेम के कवि ने सोचा मुझे रहना चाहिए यहाँ कुछ दिन और
अन्तत: प्रेम ही है यातना का प्रतिकार
अन्याय का प्रतिशोध
फिर वह अकेला झेलता रहा सारी यातना रह सका जितनी देर।

[2003]

कॉलगर्ल

वे अकेले नहीं हमेशा समूह में पकड़ी जाती हैं
किसी बँगले या शानदार फ़्लैट से सामान की तरह निकाली जाती हुईं
टीवी या अख़बारों में एक झलक दिखने के बाद वे लापता हो जाती हैं
शायद उनकी कुछ सहेलियाँ अब भी घूमती होंगी
राजधानी के व्यस्त बस स्टॉपों पर पहचान छिपाने के लिए
घर लौटती आम औरतों के बीच
बताते हैं शहर में ऐसे कुछ एकान्त कोने हैं
जहाँ शाम होते ही वे प्रकट होती हैं
और प्रतीक्षा से भरी हुई प्रेमिकाओं सरीखी दिखती हैं

मैं एक बार उनमें से किसी एक का चेहरा देखना चाहता था
जो विवश होकर हमेशा अपने को अपनी चुन्नियों में छिपा लेती हैं
लेकिन इतने वर्षों में कोई साक्षात् कॉलगर्ल दिखी नहीं
कभी-कभी अपने में डूबी खिलखिलाती युवतियों के समूह ज़रूर दिखे
वे अपनी तरफ़ घूरते पुरुषों को आँख उठाकर भी नहीं देखती थीं
एक शाम अँधेरे में एक युवती का अँधेरे जैसा चेहरा दिखा
किसी आकस्मिक आक्रमण से बचाव की मुद्रा में
उसने अपने दोनों हाथ वक्ष पर बाँध लिये
पता नहीं उसकी आँखों में क्या था संशय या इन्तज़ार या धिक्कार

उन लड़कियों की कहानी भी किसे मालूम है
जो रोज़ दिखती हैं सड़कों नुक्कड़ों पर अपनी घबराहट छिपाती हुईं
या काम से लौटकर बसों में ऊँघती या आँखें मूँदे ध्यानस्थ
जिन्हें कभी कई भद्रजन घूरते या कुछ शोहदे छेड़ते हैं
पल भर वे क्रोध से उनकी तरफ़ देखती हैं
फिर अन्यमनस्क आँखों को शून्य में कहीं दूर ले जाती हैं

या पक्षियों की तरह कोई आसन्न संकट भाँप कर
कुछ पहले ही उतर जाती हैं
तब उन पुरुषों की आँखों में देखो तो एक चमकदार बिम्ब दिखता है
जैसे उन्हें फ़िर से कोई कॉलगर्ल दिख गई हो

और जो पकड़ में आती हैं क्या वे सचमुच कॉलगर्ल होती हैं
यह उनके अलावा और कोई नहीं जान सकता
ऐसी साहस की पुतलियाँ अभी दिखती नहीं जो यह बेहिचक कह सकें
और वे विज्ञापनी मॉडलें भूतपूर्व देहें जो अब मुजरिम बनी हुई हैं
जिन्हें ढलती उम्र के कारण काम मिलना बन्द हो गया है
अपनी बेरोज़गारी की वजहें भी प्रकट नहीं करती हैं
हमारी अश्लीलता उनके फ़ोटो में ही अपनी ख़ुराक पा लेती है

फिर भी इस विराट शहर में होती होंगी कॉलगर्ल
शायद उनका एक पूरा तंत्र हो किसी तहख़ाने में उनका एक बहनापा हो
स्त्रियों का शत्रु एक समाज अपने लिए एक कॉलगर्ल ढूँढ़ता फिरता है
अक्सर लम्बी-चौड़ी कारों में सम्पन्न शोहदे घूमते दिखते हैं
लड़कियों में कॉलगर्ल होने की सम्भावना खोजते हुए
उनके अभियान शायद सफल होते होंगे
उनका उपभोग करने के बाद उन्हें अपने लिए बेकार जानकर
वे उन्हें पुलिस के हाथों सौंप देते होंगे
और ख़ुद सुर्ख़ियों में आने से पहले
अपनी गाड़ियों में चंपत हो जाते होंगे नई शिकारगाहों की ओर।

[2004]

जीवन का पाठ

एक मीठे फल की तरह जो भीतर से कड़वा होता है
या एक कड़वे फल की तरह जो भीतर से मीठा होता है
या कोहरे की तरह जिसमें तुम्हारा बचपन घुला हुआ है
या एक तेज़ शराब की तरह
जिसे पीकर तुम कुछ अजनबी छायाओं के पीछे दूर तक जाते रहे

तुम्हारे भीतर जितने लोग हैं
वे अचानक कभी किसी चौराहे पर किसी भीड़ में झलक उठते हैं
तुम जब कुछ बोलते हो
तो उसमें किसी पुराने दोस्त की आवाज़ होती है
तुम्हारे चलने में बहुत से परिचितों के क़दम दिखाई दे जाते हैं
कभी अपने दादा की तरह हकलाते हो
पिता की तरह किसी बात पर सहसा ख़ामोश हो जाते हो
संसार में अकेले भेज दिये बच्चे की तरह रोते हो
या किसी स्त्री की तरह मुस्कराते हो
जिसे प्रेम ने छूकर एक फूल की तरह खिला दिया हो
कभी घायल की तरह एक ऐसे युद्ध में पड़े रहते हो
जिसे शुरू करने वाले बहुत पहले अपने घरों को लौट चुके हैं
कई बार तुमसे अछूत की तरह बचने की कोशिश की गई
पलटकर तुम मर्मभेदी निगाह से देखते रहे
जैसे शिकार अपने शिकारी को देखता है

तुम रात-भर जागते हो
और सुबह रोटी की शक्ल में तुम्हारे हाथों में पहुँच जाती है
तुम बाज़ारों में जाते हो
और सिक्के के दोनों रुख़ देख लेते हो

तुम्हारे पास कई फ़ालतू चीज़ें जमा हैं
घिसी हुई पेंसिलें अपने रफ़्तार से दूर गिरे हुए नन्हे पहिये
समय से अलग हो चुके घड़ी के काँटे
या पुराने तार जो पता नहीं कहाँ-कहाँ रोशनी पहुँचाते रहे
यह सिर्फ़ इसलिए है कि अभी उनमें जीवन बचा हुआ है।

[2006]

दुख का पाठ

उसे पकड़ पाना आसान नहीं है
वह अक्सर छिप जाता है जहाँ भी जगह मिलती है
ज़रा-से अँधेरे में धूल की पतली परत में
कभी सुख के चमकते घर में ही पलंग पर अदृश्य लेटा रहता है
हम जो भी शब्द लिखते हैं वह उसे ही अपनी ओट बना लेता है
और हम समझ नहीं पाते कि दो शानदार पंक्तियों के बीच
अचानक यह कौन-सा अँधेरा है
उसे इमारतों और शहरों के पिछवाड़े पसन्द हैं
वह सुख की तुलना में कहीं ज़्यादा तेज़ और उलटी दिशा में चलता है
जगह-जगह अपने रूमाल छोड़ देता है
जो भीगे हुए और भूल से छूटे हुए से लगते हैं

तोल्स्तोय बहुत पहले लिख चुके हैं
कि तमाम सुखी परिवार एक ही ढंग से सुखी होते हैं
और हर दुखी परिवार अपने ढंग से दुखी होता है
और उसे पहचानने के लिए भी कितना लम्बा जीवन जीना पड़ता है
कितनी त्रासदियाँ अंजाम देनी होती हैं
तब भी जब वह नहीं दिखता तो उसे ईजाद करना होता है
जो लोग दुख को ईजाद नहीं कर पाते वे उसे देख भी नहीं पाते
क्योंकि सोचना ही देखने की पहली अनिवार्य शर्त है

तुम दुख में हो यह बात सिर्फ़ तुम जानते हो
तुम कोई एकान्त खोजते हो कोशिश करते हो
कि तुम्हारी आँखों से दो बूँद आँसू गिरें
गालों से होते हुए तुम्हारे होंठों और जीभ तक आएँ
और इस तरह एक विकट मानवीय स्थिति

काल के भीतर कहीं दर्ज हो सके
लेकिन जब सचमुच ऐसा क्षण आता है तो तुम आँखें पोंछ देते हो
बिना यह जाने हुए कि यह दुनिया के तमाम लालची सतही सुखों पर
दुख की विजय हो सकती थी
एक नये संसार की सम्भावना।

[2006]

ख़ुशी का पाठ

वह इन दिनों पहले से कहीं ज़्यादा साफ़ और सुन्दर दिखाई देती है
उसके दाँत जगह-जगह चमकते हैं
लोग बार-बार बाज़ार जाते हैं कुछ ख़रीदते रहते हैं
एक बड़े-से हॉल में सजी हुई मेज़ों के इर्द-गिर्द इन्तज़ार करते हैं
कि कब सनसनाते हुए व्यंजन आएँ कब तालियाँ बजें और
तस्वीरें खिंचें कब लतीफ़े शुरू हों
और शराब के समुद्र में रक्त का द्वीप तैरता हुआ दिखे[1]
वह दृश्य जिसमें एक हाथ गिलास और दूसरा हाथ कबाब थामे हुए है
इन दिनों बार-बार दुहराया जाता है
दो ताक़तवर शत्रु आपस में हाथ मिलाते
कभी-कभी गलबहियाँ डाले हुए कहते हैं
आपसे मिलकर बहुत ख़ुशी हुई

ख़ुशी मनुष्य की ताक़त बढ़ाती है उम्र बढ़ाती है व्यवसाय बढ़ाती है
अपनी देह को एक पार्टी से दूसरी पार्टी में ले जाती है
उसका मुँह मिठास से भरा हुआ है
इतना शहद कि वह कहीं भी चिपक जाता है
उसके नीचे दब गए हैं दूसरे तमाम स्वाद
निराशा का नमक कहीं गहरे डूबा हुआ है
क्रोध की कड़वाहट भीतर घुट रही है ऊब का बासीपन पड़े-पड़े सड़ रहा है
नफ़रत की खटास तैर रही है
अन्त में जब बहुत रात हो जाती है
दरवाज़े खुलते हैं तमाम स्वाद बाहर आते हैं

1. श्रीलंका के गृहयुद्ध पर एक किताब 'आइलैंड ऑफ़ ब्लड' का पाँच-सितारा होटल में विमोचन

तो ख़ुशी बौखला उठती है
वमन करने लगती है संसार को कोसने लगती है

ख़ुशी के सौदागरो अब और मत पछताओ
कुछ खट्टा चरपरा तीखा कड़वा कसैला
कुछ बासी कुछ बेस्वाद खाकर आओ।

[2006]

प्रेम का पाठ

वह कई सभ्यताओं को लाँघती हुई आई है
और तुम्हारे बिलकुल पास बैठी हुई है
उसकी घनी छाया में तुम एक छोटे-से बच्चे की तरह हो
वह अपनी आँखों के भीतर की आँखों से तुम्हें देखती है
अपने होंठों के भीतर के होंठों से तुम्हें छूती है
किसी ऐतिहासिक रात की तरह फैले हुए उसके केश
तुम्हें अपनी शान्त छाय में ले लेते हैं
उसके आँसुओं का नमक तुम्हारे भीतर बहने लगता है
वह तुम्हें अपने शब्द सौंपती है ताकि तुम उनसे पूरे वाक्य बना सको
अपनी साँस को तुम्हारी साँस में घुला देती है
तुम्हारी आवाज़ में बोलने तुम्हें अपनी शक्ल में ढालने लगती है
इसलिए कि मनुष्य को जन्म देने का यही एक तरीक़ा है

लेकिन अब बहुत देर हो गई है
दुनिया की बहुत सारी सख़्ती तुम्हारे भीतर आ चुकी है
बहुत-से तेज़ औज़ार तुन्हारी आत्मा को घिसकर गोल बना चुके हैं
बाहर निकलते ही तुम एक कवच पहन लेते हो एक छाता तान लेते हो
और एक किनारे पर खड़े हो जाते हो
तुम्हें हर आवाज़ किसी दूसरे किनारे से आती हुई लगती है
हर उपस्थिति किसी अजनबी आहट की तरह महसूस होती है
और अगर तुम अब भी एक घायल की तरह धूप में भटकते हो
तो इसका अर्थ यही है कि तुम कोई छाया खोज रहे थे
पानी का कोई स्रोत खोज रहे थे कोई रात खोज रहे थे।

[2006]

अच्छाई का पाठ

अच्छाई से अच्छा कुछ भी नहीं
सो तुम हर वक़्त अच्छाई की कोशिश करते रहे
कुछ इस तरह कि एक दिन इतिहास में दाख़िल हो गए
तुम किसी ख़्वाब के लिए ज़िन्दा रहे
जो हक़ीक़त की चोटों से घायल होता रहा
इसलिए चलता चला आ रहा है अभी तक
तुमने थोड़ी मदद की और न कर पाए तो परीशां हुए
कहीं कोई हादसा हुआ तो वो तुम्हें ख़ुद पे गुज़रा हुआ लगा
और जब तुमने रुखाई से कुछ कहा तो कितना पछतावा हुआ

प्यार में तुम किसी करिश्मे का इन्तज़ार करते रहे
सितमगरों का साथ नहीं दिया पैसे की ख़ातिर ख़याल बदले नहीं
कभी ताक़त की दहलीज़ तक गए तो अपने को बददुआ दी
आदमख़ोरों को भी तुम हैरत से देखा किये
सोचा किये कि आख़िर हमीं से कुछ हुआ है कि वे इस तरह हो गए
अक्सर अपने भीतर झाँका किये कहीं कोई गड़बड़ तो नहीं
तुम्हारा अदना ज़मीर कहता रहा ग़लत ग़लत सही सही

मगर इसमें क्या ये तो है इनसानियत का सामान्य वर्णन
सामान्य बातें भी मगर इन दिनों हो चली हैं
कितनी कठिन।

[2006]

राग मारवा

[अमीर ख़ाँ और पन्नालाल घोष के संगीत की स्मृति]

बहुत दूर किसी जीवन में से निकलकर आती है
राग मारवा की आवाज़
उसे अमीर ख़ाँ गाते हैं अपने अकेलेपन में
या पन्नालाल घोष बजाते हैं
किसी चरवाहे की-सी अपनी लम्बी पुरानी बाँसुरी पर
वह तुम्हारे आसपास एक-एक चीज़ को छूता हुआ बढ़ता है
उसके भीतर जाता है उसी का रूप ले लेता है
देर तक उठता एक अलाप धीरे-धीरे एकालाप बन जाता है
एक भाषा अपने शब्द खोजने के लिए फड़फड़ाती है
एक बाँसुरी के छेद गिरते पिघलते बहते जाते हैं
उसमें मिठास है या अवसाद
यह इस पर निर्भर है कि तुम जब उसे सुनते हो तो क्या खोजते हो

मारवा संधि-प्रकाश का राग है
जब दिन जाता हुआ होता है और रात आती हुई होती है
जब दोनों मिलते हैं कुछ देर के लिए
वह अन्त और आरम्भ के बीच का धुँधलका है
जन्म और मृत्यु के मिलने की जगह
प्रकाश और अन्धकार के गड्डमड्ड चेहरे
देर तक काँपता एक विकल हाथ ओझल हो चुका है
एक आँसू गिरते-गिरते हमेशा के लिए रुक गया है
कहते हैं मारवा को किसी आकार में समेटना कठिन है
वह पिघलता रहता है दूसरे रागों में घुल जाता है
उसमें उपज और विस्तार पैदा करना भी आसान नहीं
उसके लिए भीतर वैसी ही कोई बेचैनी वैसा ही कोई विराग चाहिए

तुम उसे पार्श्व-संगीत की तरह नहीं सुन सकते
क्योंकि तब वह सुस्त और बेस्वाद हो जाता है
गायक-वादक सब जानते हैं
लोगों को अब यह राग ज़्यादा रास नहीं आता
कोई व्यर्थ की झंझट में नहीं पड़ना चाहता
इन दिनों लोग अपने ही सुख से लदे हुए मिलते हैं

फिर भी भूले-भटके सुनाई दे जाता है
रेडियो या किसी घिसे हुए रेकॉर्ड से फूटता शाम के रंग का मारवा
अमीर ख़ाँ की आवाज़ में फैलता हुआ
या पन्नालाल घोष की बाँसुरी पर उड़ता हुआ
आकार पाने के लिए तड़पता हुआ एक अमूर्तन
एक अलौकिकता जो मामूली चीज़ों में निवास करना चाहती है
पीछे छूटे हुए लोगों का एक गीत
जो हमेशा पीछे से आता सुनाई देता है
और जब कोई उसे सुनता न हो और कोई उसे
गाता-बजाता न हो तब भी वह गूँजता रहता है
अपने ही धीमे प्रकाश में काँपता हुआ मारवा।

[2001]

राग शुद्ध कल्याण

[भीमसेन जोशी को सुनने के बाद]

वह मिठास जो जीवन से कम होती जाती है
अक्सर शुद्ध कल्याण में मिलती है
उसका साफ़ मीठा पानी चमकता रहता है
उसकी छोटी-बड़ी नदियाँ जगह-जगह फैली हैं
उसका ज्वार चन्द्रमा को गोद में ले लेता है
उतरती हुई उसकी लहरें बहुत नीचे पृथ्वी के गर्भजल तक चली जाती हैं
और तुम जब इस पृथ्वी की सतह पर निरर्थक डोलते हो
लकड़ी पत्थर घास-फूस या कुछ टूटी-फूटी चीज़ों की तरह
तो वह तुम्हें हल्का और तरल बनाता हुआ अपने साथ ले जाता है

अपनी कल्पना के यथार्थ में हर संगीतकार
इस राग को कई तरह से रचता आया है
जैसे बार-बार अपनी ही सुन्दरता को प्रकाशित करता हो
बारीकी से उसे तराशता हुआ
जब तक एक-एक स्वर की कला समूचे राग की कला न हो जाए
स्वरों के स्थापत्य में चमक उठता है एक-एक स्थापत्य स्वर
और तब बहुत प्राचीन होते हुए भी वह इतना नया लगता है
जैसे उसका जन्म पहली बार हो रहा हो
लेकिन हर संगीतकार उसकी पूर्णता तक पहुँचने से पहले ही लौट आता है
दूसरी आवाज़ों के लिए उसे छोड़ता हुआ

शुद्ध कल्याण सुनते हुए तुम उसके आर-पार देख सकते हो
तुम्हारे अपने ही स्वर उसमें गूँजते हैं
भले ही तुमने उन्हें पहले कभी न सुना हो
और तुम उन्हें अकेले भी नहीं सुन रहे हो कोई तुम्हारे साथ है

तुम्हारे भीतर तुम्हारा कोई अंश
जो तुम्हें सहसा पहली बार दिखाई दिया है
स्वरों की एक बौछार बार-बार तुम्हें भिगो देती है
वह तुम्हारा सारा कलुष धो रही है
ऐसे ही किसी क्षण में तुम उसे गा उठते हो
क्योंकि उसमें इतनी कोमलता है
क्योंकि तुम ख़ुद उस कोमलता के बहुत पास पहुँच चुके हो
कि उसे गाये बिना रह नहीं सकते
अपनी किसी व्यथा अपनी किसी वासना में
चन्द्रमा तक अपनी आवाज़ उठाने की कोशिश करते हुए
आधी-अधूरी जैसी भी हो वही है जीवन की बची हुई मिठास।

[2001]

शरीर

जिनसे हम प्रेम करना छोड़ देते हैं
वे चीज़ें हमें छोड़कर चली जाती हैं
या अपनी ही जगह ओझल होने लगती हैं
हमारे शरीर भी इसी तरह धीरे-धीरे हमसे दूर हो गए
एक समय के सुन्दर हमारे हाथ-पैर अब कितने बेगाने हैं
यह चेहरा किसी दूसरे शरीर का लगता है
यह दिमाग जो दुनिया में अकेला जगमग करता था
अब एक छोटी भुरभुरी चट्टान जैसा है
और हड्डियाँ जो मृत्यु के बाद भी चमकती रहती हैं
एक खटखट में बदल गई हैं
और भीतर से दरवाज़ा खोलने की कोशिश करती हैं

हम अपने शरीरों से मनमाना व्यवहार करते रहे
जैसे वे हमें कुछ ही समय के लिए मिले हों
मुफ़्त में मिले माल की तरह लुटाते हुए
हमने कभी उनके स्पन्दन नहीं सुने उनके दर्द को नहीं छुआ
कभी उन्हें उनकी निबिड़ एकांकी सुन्दरता में देखा नहीं
कभी सोचा नहीं इनके भीतर भी एक आत्मा रहती है
शरीर के उपभोक्ता हम जान नहीं पाए कैसे करें उससे प्रेम

अब हर तरफ़ एक विराट स्थूल शरीर पसरा हुआ है
जिसके विस्तार के लिए रात-दिन खुली हुई व्यायामशालाएँ हैं
फुलाए हुए सीनों और बाज़ुओं की मोटी मछलियों का प्रदर्शन
टाँगों और बाँहों के फ़ालतू बाल उड़ाने की करामातें
उनका मैल छुड़ाते हुए नित नये साबुन
शरीर के दुख को दबाती हुई ख़ुशबुओं की फुहारें

शरीर का इतना शोर इतना प्रचार
शरीर की मृत्यु छिपाने के लिए
लगातार बढ़ते जाते उसके जन्म के उत्सव।

[2006]

चेहरा

विचार और चेहरे के बीच एक घनिष्ठ सम्बन्ध है
वे एक दूसरे को गढ़ते ढालते बनाते बिगाड़ते रहते हैं
एक इच्छा चिड़िया की तरह भीतर जन्म लेती है
और एकाएक चेहरे पर उड़ान की तरह प्रकट हो उठती है
एक अच्छा विचार माथे की शिकन मिटा देता है
कुटिल चेहरे तत्काल अपने विचारों को कलुषित बना देते हैं
किसी नफ़रत में ढले हुए वे एक समान दिखते हैं
एक दूसरे की नक़ल करते हुए
एक जैसे अंडाकार सिर एक-सी मूँछें एक-सी मन्द मुस्कान
जैसे किसी एक गिरोह के राष्ट्रीय अन्तरराष्ट्रीय सदस्य

ग़ौर से देखें तानाशाह चेहरे तमाम एक सरीखे हैं
भले ही वे अलग-अलग देशकाल के अत्याचारों के निशान हों
सिर्फ़ अन्याय की विजय यात्रा ने बढ़ा दिये हैं उनके तमग़े सितारे
उनकी तस्वीरें इतनी धुली-पुँछी हैं जैसे वे अब भी करते हों राज
एक अमानुष की भंगिमा से एक अमानुष झाँकता है
वह उसे छिपाता नहीं बाँटता चलता है जगह-जगह
चेहरा और चरित्र जैसे ही एक होते हैं बदल देते हैं आदमी की चाल

महँगे ताक़तवर चेहरे हर तरफ़ बढ़ते जा रहे हैं
उनकी एक जैसी हँसी आँखों में एक जैसी चमक
आरामदेह चेहरों पर सजे-धजे बैठे हुए उनके विचार
वे एक ग़रीब देश में जीने के शानदार तरीक़े बेचते रहते हैं
हाथ में शक्तिवर्धक दवा लिये हुए
एक महानायक समाज को आँख मारता है
इन्हीं चेहरों से बना है हमारे वक़्त का प्रमुख आततायी विचार

उन चेहरों में भी काफ़ी मेलजोल है
जो अक्सर निर्बल डरे हुए हैरान मूक एकटक देखते रहते हैं
उन पर मर्म भेदने वाली कहानियाँ लिखी हैं
एक चेहरा स्याही के धब्बे जैसा एक चेहरा नंगी नुकीली
चट्टान जैसा एक चेहरा आँसू की बूँद जैसा गिरने-गिरने को
एक चेहरा जो मार खाकर रोया नहीं[1]
कभी-कभी अचानक कौंध जाता है विचार की तरह।

[2006]

1. निराला की पंक्ति 'देखा मुझे उस दृष्टि से जो मार खा रोयी नहीं' से प्रेरित।

त्वचा

त्वचा ही इन दिनों चारों ओर दिखती है
त्वचामय बदन त्वचामय सामान
त्वचा का बना हुआ कुल जहान
टीवी रात-दिन दिखलाता है जिसके चलते-फिरते दृश्य
त्वचा पर न्योछावर सब कुछ
कई तरह से लेप उबटन झाग तौलिये आसमान से गिरते हुए
कमनीय त्वचाओं का आदान-प्रदान करते दिखते हैं स्त्री-पुरुष
प्रेम की एक परत का नाम है प्रेम
अध्यात्म की ख़ाल जैसा अध्यात्म
सतह ही सतह फैली हैं हर जगह उन पर नये-नये चमत्कार
एक सुन्दर सतह के नीचे आसानी से छिप जाता है एक कुरूप विचार
एक दिव्य त्वचा पहनकर प्रकट होता है मुकुटधारी भगवान

यह कोई और ही त्वचा है
जो जीती-जागती धड़कती देह में से
उसकी सुन्दरता बनकर नहीं उपजती
जो साँस नहीं लेती
जिसके रोयें नहीं सिहरते जिसे पीड़ा नहीं महसूस होती
यह कबीर की मुई ख़ाल नहीं है
जिसकी साँस लोहे को भस्म कर देती है
यह कोई और ही त्वचा है जो कोई पुकार नहीं सुनती
जिसे छूने पर रक्त नहीं उछलता हृदय नहीं पसीजता

झुर्रियों के समुद्र में विलीन होती मोटी ख़ाल की एक नदी
अपने साथ बहाकर ले जाती है

सुगन्धमय प्रसाधन तौलिये उबटन
इसी पर नाचते हैं हमारे विचार
देखो एक रोग-शोक-जरा-मरणविहीन कविता की दशा
वह यहाँ त्वचा की तरह सूखती हुई पड़ी है।

[2004]

आँखें

आँखें संसार का सबसे सुन्दर दृश्य हैं
उनमें जो दृश्य दिखते हैं वे और भी सुन्दर हो उठते हैं
एक पेड़ सिहरता है एक बादल उड़ता है नीला रंग प्रकट होता है
सहसा अतीत की कोई चमक लौटती है
उनमें कुछ ऐसी चीज़ें भी झलकती हैं जो दुनिया में अभी आने को हैं
वे दो पृथ्वियों की तरह हैं
प्रेम से भरी हुईं जब वे दूसरी आँखों को देखती हैं
तो आँखों ही आँखों में लम्बे और बुरे दिन कट जाते हैं

यह एक पुरानी कहानी है
कौन जानता है इस बीच उन्हें क्या-क्या देखना पड़ा
और सुन्दर चीज़ें किस तरह धुँधली होती चली गईं
अब उनमें दिखता है एक ढहा हुआ घर कुछ हिलती-डुलती छायाएँ
एक पुरानी लालटेन जिसका काँच काला पड़ गया है
वे कुछ नहीं कहतीं सिर्फ़ प्रकाश सोखती रहती हैं
सतत आश्चर्य में खुली रहती हैं
चेहरे पर महज़ शोभा की वस्तुएँ किसी विज्ञापन में सजी हुईं।

[2006]

बाल

बाल ही बाल चेहरे के आसपास उसके ऊपर पीठ के नीचे तक
प्रेम के निवास करने की सबसे सघन जगह
वे उगे लम्बे हुए सँवारे काटे गए फिर से छा गए जीवन में
वे पृथ्वी पर बादलों की तरह झुके हैं
उनमें हवा और बारिश है सूर्य और चन्द्रमा उनके भीतर से उदित होते हैं
उनके नीचे कई कल्पनाओं से भरा एक मस्तिष्क है
जो इच्छाएँ पैदा करता रहता है

एक दिन अचानक एक बाल निकलकर आता है
और फिर गुच्छे ही गुच्छे चारों ओर नहानघरों में सड़कों पर नाबदानों में
जीवन की चादर पर छितरे हुए धब्बे
एक दुघर्टना जो समझ में नहीं आती
जो इसी मस्तिष्क में घटित होती है
कौन कह सकता है वे कैसे कब क्यों गिरते हैं
वे सिर्फ़ बाल हैं या वह प्रेम है रेशे-रेशे गिरता हुआ।

[2006]

यही एक तस्वीर

यथार्थ के नाम पर यही एक तस्वीर है
इसी की तरफ़ मैं बार-बार लौटता हूँ अकेले में देखने के लिए
अँधेरे और उजाले के एक खेल
जिसमें वास्तविकता अपनी मूल जगह से हटी हुई है
यहाँ जो कुछ है वह किसी संयोग से एकत्र हुआ है
जिसमें अब किसी और का प्रवेश सम्भव नहीं है
और यह सब कितना अपूर्ण है और इसका भी समय बीत चुका है

इस तस्वीर में किसी यथार्थ की कल्पना है जो इसमें दिख रहा है
उस कल्पना का यथार्थ है जो इसमें छिपी हुई है
इसका वर्णन करना कठिन है
क्योंकि उसके लिए तस्वीर से उठकर बाहर जाना पड़ता है
उस जगह उस समय उस क्षण जहाँ यह घटित हुआ
लेकिन इससे बाहर जाना भी आसान नहीं है
ऐसा करते ही समूचा दृश्य ढहने लगता है
सब कुछ परछाईं में बदल जाता है
जीवन अन्धकार की तरह घुमड़ता हुआ आता है
और क्योंकि कुछ भी दुबारा घटित नहीं होता
इस तस्वीर को इसके यथार्थ में लाना इसे नष्ट कर देने की तरह है

फ़िलहाल इसमें कुछ मेज़ें-कुर्सियाँ बिछा दी गई हैं
दो-चार पेड़ों की छाया हरियाली और धुन्ध से घिरे पहाड़ के साथ
कुछ लोग हैं स्त्री-पुरुष और वे ख़ुश हैं
वे कुछ खाते हुए या कुछ कहते हुए दिखते हैं
एक की आँखें दूसरे को एकटक देखती हैं

और वे निश्चिन्त हैं जैसे यहीं थे और यहीं रहेंगे
पेड़ पहाड़ और घास की तरह

इस तस्वीर में अब नया कुछ नहीं हो सकता
सिवा इसके कि यह पुरानी और धुँधली होती रहेगी
और वह क्षण इसमें कभी नहीं आएगा
जब लोग अप्रत्याशित ढंग से उठ खड़े होते हैं
और अलग-अलग अपने कठिन रास्तों की तरफ़ चलने लगते हैं।

[2001]

पार्क में सुबह

औरतें ज़्यादा जिएँगी
वे तल्लीन होकर हवा को चीरती हुई चल रही हैं
सुबह के छोटे-छोटे फूल चुन रही हैं
घूमते हुए वे अपने दुखों का चिट्ठा नहीं खोलतीं
धीमे-से झाड़ियों की ओर जाती हैं उनकी ओस आँखों पर मलती हैं
ताकि चीज़ें ज़्यादा अच्छी तरह दिख सकें
और फिर बेंचों पर बैठ जाती हैं
झाड़ियों फूलों पत्तियों हवाओं की तरह

मर्द जिएँगे कम उम्र
पार्क में उनके आकर्षण की कोई ख़ास चीज़ नहीं है
इतना सारा हरा रंग लेकर वे क्या करेंगे
वे चक्कर काटते जाते हैं अपने पैरों की धमक सुनते हुए
तेज़ बोलते हैं कसरत करते हैं
अक्सर सम्पत्ति लेन-देन क़र्ज़ ब्याज़ के बारे में बात करते हैं
और जब वे हड़बड़ी में
ज़ोरों से फाटक खोलते हुए बाहर आते हैं
तो इस तरह जैसे पेड़ ही उखड़कर चले आ रहे हों पार्क से।

[2005]

कवि और चिड़िया

क्या वह गली मोहल्ले क़स्बे का एक छोटा-मोटा बन्दूक़बाज़ है
जो शाम होते ही
झाड़ियों के पीछे छिपे किसी तीतर-बटेर की टोह में रहता है
दबे क़दम कुछ दूर जाकर निशाना साधता है
हवा में बन्दूक़ के छर्रे उड़ते हैं
वह जानता है उसकी एक शाम का जुगाड़ हो चुका है
दबोचकर उसे हाथ में झुलाता सीधे चला आता है घर

या वह कोई पुराना पक्षीप्रेमी है
बाज़ार से ख़रीद लाता है छोटी रंगीन सुन्दर चिड़ियाँ और उनका कलरव
उन्हें सजाता अपनी बैठक में बालकनी पर
दूर से फुदकती दिखती हैं रंग-बिरंगी चिड़ियाँ
वह उन्हें पालता रहता है उनसे वार्तालाप की कोशिश करता
वे उसके पिंजड़े में आकर चुप हो जाती हैं
उनकी नीरवता को वह बना देता कविता

या फिर वह न चिड़ीमार है न चिड़ियों का पालनहार
उनकी फ़िराक़ में नहीं रहता देखता है जब वे दिख जाती हैं
उनके पास जाने की कोशिश नहीं करता
बल्कि उस झाड़ी से कुछ दूर चला जाता है नि:शब्द
जहाँ चिड़िया अपना दाना-पानी जुटाती या आराम कर रही होती है
और जब वह अचानक उड़ती है तो वह ग्लानि से भर उठता है
जैसे वही हो इसका ज़िम्मेदार।

[2003]

धुआँ

यह उसे पता चल पाता है जो बाहर से आता है
मैं ज़्यादातर भीतर रहता हूँ
उड़ाता पीता उगलता हुआ धुआँ
धुएँ से घिरा काग़ज़ पर झुका हुआ
धुआँ तम्बाकू का ख़यालात और उधेड़बुनों का
और वह ज्वालामुखी जो मेरा दिल था
उसका भी धुआँ कुछ बचा हुआ

जो बाहर से भीतर आता है वही डपटता है मुझको
कहता, अरे तुम कैसे रह लेते हो
इतनी तीखी गन्ध तुम्हारे भीतर ऐसा घना धुआँ।

[2005]

बस में वृद्ध

मदर डेयरी के पाँच रुपये दो कंडक्टर बोला उस बूढ़े से
मैं जिसकी बग़ल में आकर बैठा ही था
मेरे पास नहीं है पैसा कुछ इस तरह कहा वृद्ध ने
जैसे यह बात बहुत गर्व करने की हो
उसके स्वर में एक अभेद-सा स्वाभिमान था
जो बड़े-बड़े पैसेवालों के पास नहीं होता है
जिनको साहस का पुतला समझा जाता है

दिल्ली के उस बदज़ुबान बसवाले के मुँह से भी बोल न फूटे
वह झेंपता हुआ-सा चला गया आगे
शायद बूढ़े ने उसके भीतर कोई बात नई पैदा कर दी थी
शायद यह दो बदहालों के मिलने का क्षण हो
मैंने सोचा मेरे पास बचा है पैसा अच्छा हो मैं उसका टिकट ख़रीदूँ
जो अब भी निस्पृह बैठा था सबसे

सहसा मैं सहम गया
मेरी क्षुद्र मनुष्यता ने कितना अपमान किया होता उम्रदराज़ उस महापुरुष का
जिसने कितने बरस बिताये होंगे इसी शहर में
जहाँ पूरा जीवन ही पैसे का खेल बना है
लोग यही कहते दिखते हैं उनके पास बहुत है पैसा

उतर गया मैं बस से अपनी जगह अँधेरे में
एक झलक देखा उस बूढ़े को जो कहीं और देखता था अब
मन-ही-मन कुछ देर झुका मैं अपने भीतर।

[2001]

निर्जन दरवाज़ा

मैं रोज़ एक निर्जन में जाता था
जाकर उस निर्जन के दरवाज़े पर दस्तक देता था
नहीं था कोई भीतर बस ताला था बाहर पड़ा हुआ
वह एक विचित्र रूप अँधेरे का
मेरी आवाज़ उस बन्द बियाबानी के भीतर जाती थी
उसकी चीज़ों को छूती-सहलाती थी
हर जगह दर्ज आवाज़ की उँगलियाँ-हथेलियाँ
आवाज़ की देह सब कुछ को आलिंगन में लेती

मैंने छुआ उस दरवाज़े को कहा, खुलो-खुलो
फिर सहसा घबरा कर वापस आया
गोया यह कोई ग़लती थी
यों ही किसी वर्जित प्रदेश में चला गया था मैं
या निर्जन दरवाज़ों के पीछे कोई रहता भी है यह मेरा भ्रम था

एक दिन कोई लौटेगा इस घर में
खोलेगा दरवाज़ा देखेगा भीतर तक कोई आया था
चीज़ें नई-नई दिखती हैं धूल भी उनकी पुँछी हुई है
जैसे कुछ देर रहा हो वह इस घर में।

[2001]

पैसा

बचपन में वह छोटे-से सिक्के की शक्ल में दिखता था
वह चमकता था मैं उसे उछालता हुआ चलता था
सोचता था वह हमारे पहाड़ पर पैदा होता है पत्थरों के आसपास
उसके बदले मिल जाती थी मूँगफली
या इलायचीदाना या लेमनचूस
यह जीवन में एक नई आवाज़ थी एक नया स्वाद
एक दिन मैंने एक सिक्का निगल लिया
और वह गले में अटक गया
मैं आह-आह-ओह-ओह करता छटपटाया
घर के लोगों ने मेरी पीठ पर धौल जमाये
तब जाकर वह बाहर आया
यह पैसे से मेरे डर का पहला पड़ाव था
जब बड़ा हुआ तो दिखे सिक्कों के जमा होने और खनखनाने के दृश्य
पैसों के गिने जाने या दुगुने-तिगुने होने के रहस्यमय दौर

इन दिनों लोग पैसे का शिकार करते दिखते हैं
यह हमारे युग का प्रमुख व्यवसाय है
बड़ी-बड़ी कारों के क़ाफ़िले दूर-दूर तक जाते हैं
नई शिकारगाहों की टोह में विमान उड़ानें भरते हैं
झिलमिल करतीं सोने की सभ्यताएँ तैरतीं नौकाएँ रात के समुद्र में
पैसे पर सवार धर्माधीशों की शोभायात्रा निकलती है
ज़्यादा पैसे की खोज में
दिन-भर लूटकर झपटकर जो लौटता है
वही खिलखिलाता है सुनाता चुटकुले
पैसों के ढेर पर बैठकर खिंचाता अपनी सबसे अच्छी तस्वीर

एक बार मैंने निकट से देखी दरिद्रता
निकालकर देखे अलमारी से मेज़ की दराज़ से जेबों से
ढेर सारे मुड़े-तुड़े पुर्ज़े ख़ाली लिफ़ाफ़े पुरानी डायरियाँ
सब जगह दर्ज थीं संख्याएँ गुणनफल जोड़-घटाव
चिट्ठियों के धुँधले पड़ते अक्षरों पर बैठा था हिसाब
कविता पंक्तियों के अगल-बग़ल बीच में घुसे हुए थे अनेक शून्य
शब्दों को काट कर लिखी हुई संख्याएँ चक्रवृद्धि करती हुईं
मैं जितना क़र्ज़ चुकाता उतना घटाता घूम-फिरकर उतना ही जोड़ आता
एक सीढ़ी से ऊपर चढ़ता एक साँप के मुँह से नीचे गिरता
मैंने देखा जो मेरा सबसे प्रिय था मेरा आत्मीय
उससे मैं माँगता था पैसा।

[2002]

एक शिशु जन्म

जन्म का पहला धुँधला प्रकाश उसकी पहली पीली किरण
पहली अनछुई त्वचा उसके थोड़े से कोमल बाल
उसके पहले रोयें उसकी मुट्ठी भर नग्नता
उसका हृदय तेज़ धड़कता हुआ
दूर से ही दिखता हुआ उसके रक्त-संचार का रंग
संसार में फैलती हुई उसकी पहली गहरी साँस पहली चिड़िया
हाथ-पैर हिलाती उसकी पहली उड़ान

तुम अगर कोई जन्म ले सको तो तुम्हारे साथ भी होगा यह सब।

[2004]

समारोह

समारोह संवाद है संवाद समारोह
वह जो वहाँ हुआ नित्य प्रति ही जो होता है
वह जो होने को है कुछ अन्धकार कुछ प्रकाश में

आते थे इसमें लोग सजे-धजे-सँवरे अपनी अच्छी पोशाकों में
कुछ ऊपर और नीचे कुछ सबसे आगे बैठे
मंच पर जब प्रकाश होता दर्शकदीर्घा में अन्धकार छा जाता
सब अलग-अलग कुछ कहते थे सुन पड़ता एक सरीखा कुछ
वह कभी शोक था कभी ख़ुशी का अवसर
जन्मदिवस या मौन सभा या अभिनन्दन
मृत्यु भी है किसी दूसरी दुनिया में एक विमोचन

संकट के इस समय क्या नया कहें
सो उन्हीं पुरानी बातों और यादों से काम चलाते हैं
एक अनुष्ठान में परिक्रमा करने सब आते हैं सब जाते हैं
तामझाम ज़्यादा है कुछ तो वह दुख कम करने की ही ख़ातिर है
एक शोक में हुए इकट्ठे एक ख़ुशी में तितर-बितर
सभी सोचते इसी तरह फिर
जब मौक़ा आएगा अवश्य मिलेंगे
और मौक़े आते ही रहते हैं कभी-कभी तो प्रतिदिन
'ऐसा अमर अपार्थिव पूजन'।

[आख़िरी पंक्ति सुमित्रानंदन पंत की एक प्रसिद्ध कविता से साभार; 2002]

लोकगीत

जाना वहाँ जहाँ कुछ ढहता-धँसता आता हो
रहना वहाँ जहाँ बहुत दिनों से कोई रहा न हो
जब मजबूरी में घर-दुआर छोड़कर लोग चले गए हों
रहे हुओं की कुछ चीज़ें हों इधर-उधर

मत जाना किसी अन्यायी धूर्त चतुर के घर
सजे-धजे कपड़ोंवाले लालच के प्रेतों के पीछे
रस्ता एक दूसरा कर लेना
जब मेहनत-मज़दूरी का भी मोल न रह जाए
डेरा-डंडा जो बचा-खुचा हो उसे बाँध चल देना

कुछ देर बैठना वहाँ जहाँ
पथरी रस्ते पर एक तुम्हारा परिचित पत्थर होगा
वहाँ छिपी हुई हवा आएगी
तुम्हें देख कर कोई पत्ता हिलता-डुलता होगा
इतना ही काफ़ी है
सो रहना वहाँ जहाँ
किसी दीवार की छाया पड़ती होगी जीवन पर।

[2002]

शान्तिनिकेतन रिपोर्ताज

[एक यात्रा के बिम्ब]

जलरंग

उस छोटे-से विस्तार में एक अनंतकाल था
और भी कई तरह के काल थे गगनेंद्रनाथ रामकिंकर बैज
मास्टर मोशाय बिनोद बिहारी मुखर्जी
सभी से झरती थी कम या ज़्यादा उनके काल की धूल
सिर्फ़ रवीन्द्रनाथ किसी तरह जीवित रखे गए थे
वे अब भी दिख जाते थे शान्तिनिकेतन बसाने के लिए
किसी से माँगते पृथ्वी का एक टुकड़ा एक अदद दीवार
एक पौधा एक झोंका हवा थोड़ा-सा आकाश

यहाँ आकर मनुष्यों के व्यवहार बदल जाते थे
वे हो जाते गँवई गँवार संथाल बाउल
दुनिया को पागल बतलाते ख़ुद को लालन फ़क़ीर कहते
घर जाते-जाते एकाएक जंगल की ओर चल देते
एक घूँट चाय पीकर बोलपुर को निकल देते
जहाँ ट्रेन की आवाज़ सर्दी की धुंध को हटाती आती है

दूर एक मेले से आती थी एक बाउल बच्चे की पुकार
अरे उठाकर ले जाओ अपना यह संसार
तुमने हिंसा ही पैदा की नफ़रत ही फैलाई
हम यहाँ बड़े होने से करते हैं इनकार

सड़क पर मैदान में मिट्टी के अश्वमेध घोड़ों के बीच बैठे
चाय पिलाते झाल-मूड़ी खिलाते

सर्दी में काँपती एक स्त्री को रिक्शे पर बिठाकर
घर पहुँचाते लोगों का भी एक काल है
कुछ आगे चलो तो रामकिंकर के भुरभुराते शिल्पों में
तुम देख सकते हो काफ़ी समय से खड़ा है इन्हीं लोगों का परिवार
कला भवन सोमनाथ होर की दीवार तक पहुँचते हो जाती है रात
और फिर दिन भर के जलरंगों पर गिरने लगती है तेज़ बरसात

हर चीज़ जो ढहती है
उसके नीचे उसके होने की कथा छिपी हुई होती है
एक धूल जो यहीं जमी है
और घूमती हुई हवा जो इसे छोड़कर कहीं नहीं जाती
दीमकें कई विशाल पेड़ों को धराशायी कर चुकी हैं
फिर भी एक पेड़ एक जंगल दिखता रहता है
उसकी ओर इशारा करते हुए लोग फिर से कहते हैं रवीन्द्रनाथ।

दिन में वन

दिन में देखो तो एक जंगल एक बीहड़ पार करना कठिन
रात में वह सिर्फ़ एक पेड़ है
उसके भीतर एक रास्ता है जहाँ दूर तक जाना सरल है
यह सप्तपर्णी है
दिन में एक वन रात में एक वृक्ष।

पेड़

एक पेड़ था शिरीष का नील का या छातिम का
इस घर में पहले वही रहता था
जैसे वही हो इसका मूल निवासी गृहस्वामी
कई बार वह सूखा फिर हरा हुआ
बीमार पड़ा तो अपने पत्तों में अपने घाव छिपाता रहा
जब मरने को हुआ तो गया घर से बाहर

अभी तुम जिस ठूँठ पर बैठे हुए सुस्ताते हो
वह यही पेड़ है जो कभी ठाठ से रहता था घर के भीतर
देखो एक और पेड़ अपने बीज गिराता है उसके ऊपर।

पश्चिमपल्ली

पूर्वपल्ली में पूर्वपल्ली रहती है
उत्तरपल्ली में उत्तरपल्ली दक्षिणपल्ली में दक्षिणपल्ली
पश्चिमपल्ली में कोई नहीं रहता
सूर्योदय के इस आकाश में सूर्यास्त के लिए कोई जगह नहीं बनी
सिर्फ़ रात जब एक काले उत्तरीय की तरह गिरती है
तुम पूरे शान्तिनिकेतन को कह सकते हो पश्चिमपल्ली।

इकतारा

रात के बीचोबीच तना हुआ एक तार है
ऊपर एक खूँटी जो अक्सर अदृश्य रहती है
और नीचे काठ का एक खोल जिस पर पूड़ लगी है
बूढ़ा बाउल इसी खोल में रखता है अपना संगीत
भिक्षा में मिले हुए रुपये-पैसे
इसी में वह खाना रखता है इसी में खा लेता है
इस तार के चारों ओर सभी बिरादर सो रहे हैं
बेचैनी के बिस्तर पर हँसी की रज़ाई ओढ़े
काटते सर्द रात।

बाउल

ओ भाई बेला कुबेला सब चली गई
सूर्य अस्त हो गया और चन्द्रमा गिर पड़ा
अब तुम्हारी नाव में रात का पानी हहराता आता है
उसे उलीचने-उलीचते ही कैसे बीत रहा तुम्हारा जीवन

ओ भाई देखो यह गोलमाल दुनियादारी
इस प्रीत के भीतर क्या है भय ग़ुलामी झकमारी
कोई नहीं जानता प्रेम किसी को मिला नहीं मोनेर मानुष
देखो सब किस तरह मरण की शरण में हैं जीवित

तुम भूल गए अपना जन्म कहाँ गया तुम्हारा बचपन
अकेले में भी तुम्हारे रोओं में नहीं होती सिहरन
लालच के हाथ स्वार्थ के होंठ अनिद्रा सरदर्द
तुम्हारा मुँह चिढ़ा रहा तुम्हारा ही जीवन
रात एक नदी एक मैदान एक छाया एक दीवाल
एक काली चिट्ठी एक बुझा हुआ तारा अटका है पेड़ पर
कोई पूछने नहीं आता तुम्हारा हाल

ओ माँ, कच्ची हाँड़ी जैसा सुलगता है मेरा मन
आँसुओं का बिस्तर बना हुआ है यह तन।

तस्वीर

तस्वीर जितना खींचो
उतना ही धुँधला दूर होता जाता है शान्तिनिकेतन
दिन की तमाम तस्वीरें रात में खींची हुई लगती हैं
एक पुरानी इमारत एक बूढ़ा दरवाज़ा कुछ स्याह झाड़ियाँ
और एक शिल्प जो हमेशा अँधेरे का आलिंगन किये रहता है
तानपूरे को सहेजकर
घर जाती हुई एक स्त्री का चेहरा केशों में छिपा हुआ है
उसकी काली आँखें एक बीते हुए समय में झाँकती हैं

तुम्हें बहुत पहले यहाँ आना चाहिए था
या फिर पिछले ही दोलोत्सव में तुम आए होते
जब यह जगह एक विशाल खुले हुए दरवाज़े की तरह थी
तब तुम एक फ़ालतू चीज़ की तरह नहीं भटकते
अपने स्वार्थ और लालच को छिपाये हुए
तब बीत सकता था तुम्हारा समय

एक बड़ी-सी तस्वीर में प्रवेश करने के बारे में सोचते हुए
लेकिन अब लौटते हुए तुम पिक्चर पोस्टकार्ड ख़रीदते हो
जो दुकानों में खिंचे हुए रखे हैं पता नहीं कब से।

नष्टनीड़

यह दिसम्बर है छुट्टियों के दिन
बन्द है रबींद्रनाथ का घर और पाठ और प्रार्थना भवन
हारमोनियम पर अपने बेटे के साथ अजय राय गाते हैं पुराने स्वप्न
मंजुरानी सिंह दिखलाती हैं
नंदलाल बसु के भित्तिचित्रों से झरता पीलापन
रामकिंकर के विशाल शिल्प से गिरा हुआ एक टुकड़ा
सूखे पत्तों के बिस्तर पर सो रहा है
ग़रीबी एक पुरानी पीली साड़ी लाल मिट्टी पर उड़ती हुई

लोग कहते हैं शान्तिनिकेतन टूट रहा है
जगह-जगह कँटीले तार लग रहे हैं
चहारदीवारियाँ उठती हैं पलस्तर गिरता है
जब पहली कारें आईं
जब नई काट के जूते आए जब घास रौंदी गई जब धूल उड़ी
तो टूटना शुरू हुई यह जगह

शाम होते ही दिन भर के फूल मुरझाते हैं
शाम होते ही हो जाते हैं दिन भर के दरवाज़े बन्द
और जहाँ-जहाँ ताले लगे हुए दिखते हैं
वहाँ तो समझिए इसे लगभग नष्ट।

[2004]

पहाड़ से मैदान

मैं पहाड़ में पैदा हुआ और मैदान में चला आया
यह कुछ इस तरह हुआ जैसे मेरा दिमाग़ पहाड़ में छूट गया
और शरीर मैदान में चला आया
या इस तरह जैसे पहाड़ सिर्फ़ मेरे दिमाग में रह गया
और मैदान मेरे शरीर में बस गया

पहाड़ पर बारिश होती है बर्फ़ पड़ती है
धूप में चोटियाँ अपनी वीरानगी को चमकाती रहती हैं
नदियाँ निकलती हैं और छतों से धुआँ उठता है
मैदान में तब धूल उड़ रही होती है
कोई चीज़ ढहाई जा रही होती है
कोई ठोकपीट चलती है
और हवा की जगह शोर दौड़ता रहता है

मेरा शरीर मैदान है सिर्फ़ एक समतल
जो अपने को घसीटता हुआ चलता है
शहरों में सड़कों पर
हाथों को चलाता और पैरों को बढ़ाता रहता है
एक मछुआरे के जाल की तरह वह अपने को फेंकता
और खींचता है किसी अशान्त डाँवाँडोल समुद्र से
मेरे शरीर में पहाड़ कहीं नहीं है
और पहाड़ और मैदान के बीच

हमेशा की तरह एक खाई है
कभी-कभी मेरा शरीर अपने दोनों हाथ ऊपर उठाता है
और अपने दिमाग़ को टटोलने लगता है।

स्मृति : एक

खिड़की की सलाख़ों से बाहर आती हुई
लालटेन की रोशनी
पीले फूलों जैसी
हवा में हारमोनियम से उठते प्राचीन स्वर
छोटे-छोटे बारीक बादलों की तरह चमकते हुए
शाम एक गुमसुम बच्ची की तरह
छज्जे पर आकर बैठ गई है
जंगल से घास-लकड़ी लेकर आती औरतें
आँगन से गुज़रती हुईं
अपने नंगे पैरों की थाप छोड़ कर जाती हैं

इस बीच बहुत सा समय बीत गया
कई बारिशें हुईं और सूख गईं
बार-बार बर्फ़ गिरी और पिघल गई
पत्थर अपनी जगह से खिसक कर कहीं और चले गए
वे पेड़ जो आँगन में फल देते थे
और ज़्यादा ऊँचाइयों पर पहुँच गए
लोग भी कूच कर गए नई शरणगाहों की ओर
अपने घरों के किवाड़ बन्द करते हुए

एक मिटे हुए दृश्य के भीतर से तब भी आती रहती है
पीले फूलों जैसी लालटेन की रोशनी

एक हारमोनियम के बादलों जैसे उठते हुए स्वर
और आँगन में जंगल से घास-लकड़ी लाती
स्त्रियों के पैरों की थाप।

[2015]

स्मृति : दो

वह एक दृश्य था जिसमें एक पुराना घर था
बहुत से मनुष्यों के साँस लेने से बना था
उस दृश्य में फूल खिलते तारे चमकते पानी बहता
और समय किसी पहाड़ी चोटी से धूप की तरह
एक-एक क़दम उतरता हुआ दिखाई देता
अब वहाँ वह दृश्य नहीं है बल्कि उसका एक खँडहर है
तुम लम्बे समय से वहाँ लौटना चाहते रहे हो
जहाँ उस दृश्य का खँडहर न हो
लेकिन अच्छी तरह जानते हो कि यह सम्भव नहीं है
और हर लौटना सिर्फ़ एक उजड़ी हुई जगह में जाना है
एक अवशेष एक अतीत और एक इतिहास में
एक दृश्य के अनस्तित्व में

इसलिए तुम पीछे नहीं बल्कि आगे जाते हो
अँधेरे में किसी कल्पित उजाले के सहारे रास्ता टटोलते हुए
किसी दूसरी जगह और किसी दूसरे समय की ओर
स्मृति दूसरा समय है
जहाँ सहसा तुम्हें दिख जाता है
वह दृश्य उसका घर
जहाँ लोगों की साँसें भरी हुई हैं
जहाँ फूल खिलते हैं तारे चमकते हैं पानी बहता है
और धूप एक चोटी से उतरती हुई दिखती है।

[2015]

दिन

वह एक सुन्दर दिन था
दूर तक एक हरापन पीलापन दूर तक लाल
एक नीलापन डगमगाता चलता हुआ जगह-जगह
एक सरल दिन
जब धूप में रहस्य जैसा कुछ चमकता था
कुछ काँपता था हवा की गति के साथ-साथ
देह के जोड़ों और उँगलियों के पोरों में सरसराता वह दिन
जब कहीं दूर तक जाना सम्भव था
किसी असम्भव को खोजने
और समझ में न आने वाली चीज़ों को समझने के लिए

मैंने सोचा यह मेरा दिन
जिसमें कोई पहाड़ नहीं था चढ़ने के लिए
कोई नदी कोई तरंग नहीं थी पार करने के लिए
खाइयाँ और गड्ढे नहीं थे
पत्थर नहीं थे जिनसे मैं ठोकर खा सकता
काँटे नहीं थे जिनसे मैं घायल हो सकता
भटक जाने के लिए जंगल नहीं थे अँधेरा नहीं था
यह दिन था
आसानी से मेरे भीतर से बह कर जाता हुआ
यह दिन जो शायद एक पहाड़ एक नदी एक जंगल
गड्ढों पत्थरों और काँटों को पार करके आया था

मैं चाहता था इस दिन को सँभाल कर रख लूँ
और सभी लोग जिन्हें मैं जानता था
और जिन्हें जानना बाक़ी था
इसे सँभाल कर रख लें।

[2019]

दो प्रारूप

सुबह और शाम रात और दिन
दो प्रारूप बनाता हूँ
दिन के नाम रात की स्याही में घुल जाते हैं
रात की इबारत दिन के पानी में बह जाती है
एक बारीक़ संवेदना जो भीतर जन्म ले रही होती है
बाहर आते ही खो जाती है
मैं अचानक़ उठ कर कहता हूँ बहुत देर हो गई है
बाहर निकलते ही मैं फिर ऐसी चीज़ों से घिर जाऊँगा
जिन्हें मैं क़भी समझ नहीं पाया

राह चलते एक मनुष्य से कहता हूँ
तुम बिलकुल नहीं बदले
हालाँकि इस बीच दुनिया में कुछ भी
पहले जैसा नहीं रह गया है
हमने कुछ शब्दों को पत्थरों की तरह हाथ में लिया था
और उनसे चिनगारियाँ पैदा करने की कोशिश करते रहे
नक़्शे पर वसन्त की गर्जना[1] सुनाई दे रही थी
और उम्मीद नमक की तरह थी
जिसके साथ हम अपनी रोटियाँ खाते रहे
दूर की उन लड़ाइयों के निशान बिना लड़े हुए भी
हमारे शरीरों पर पड़ते रहे
हम भी मैदान में पड़े रहे कुछ देर
घायल योद्धाओं की तरह

1. वसन्त गर्जना सन् 1967 में पश्चिम बंगाल के नक्सलबाड़ी आन्दोलन के लिए प्रयुक्त होने वाला पद था।

एक स्त्री ठिठक कर मुझे पहचानती है
मैं उससे कहता हूँ कैसे भूल सकता हूँ वह दिन
जो हल्के अँधेरे के कपड़ों में लिपटा हुआ था
बारिश थी लोग हड़बड़ी में
अपने घरों को जाते थे
पेड़ों से उड़ते हुए पत्ते
लगातार हमारे चेहरों के बीच आ-जा रहे थे
हमने बारिश की दो बूँदों की तरह
हवा में रहने की कोशिश की
हम किसी खुरदरी सतह पर गिरे
जिसके बाद उलझे हुए पथरीले रास्ते
और तीखे मोड़ प्रकट होते थे

भीतर के समय में कुछ सोचता हूँ
जिसे बाहर के समय में आते हुए भूल जाता हूँ
बाहर बहुत अधिक समय है
चमकते हुए धोखों का
तेज़ी से खिसकती घड़ी की पैनी सुइयों का समय
समय का एक स्थूल शरीर दूर तक फैला हुआ
लोग किसी चमत्कार की उम्मीद में
घरों से बाज़ारों की ओर जाते हैं
बिना स्मृति के बिना प्रेम के
जहाँ सुन्दर कपड़ों में लिपटे हुए निष्प्राण मानव-पुतले
उनकी राह देखते एक क़तार में खड़े रहते हैं।

[2015]

वर्णमाला

एक भाषा में अ लिखना चाहता हूँ
अ से अनार अ से अमरूद
लेकिन लिखने लगता हूँ अ से अनर्थ अ से अत्याचार
कोशिश करता हूँ कि क से क़लम या करुणा लिखूँ
लेकिन में लिखने लगता हूँ क से क्रूरता क से कुटिलता
अभी तक ख से खरग़ोश लिखता आया हूँ
लेकिन ख से अब किसी ख़तरे की आहट आती है

मैं सोचता था फ से फूल ही लिखा जाता होगा
बहुत सारे फूल
घरों के बाहर घरों के भीतर मनुष्यों के भीतर
उनकी आत्मा में
लेकिन मैंने देखा तमाम फूल जा रहे थे
हत्यारों के गले में माला बन कर डाले जाने के लिए

कोई मेरा हाथ जकड़ता है और कहता है
भ से लिखो भय जो अब हर जगह मौजूद है
द दमन का और प पतन का प्रतीक है
आततायी छीन लेते हैं हमारी पूरी वर्णमाला
वे भाषा की हिंसा को बना देते हैं
एक समाज की हिंसा
ह को हत्या के लिए सुरक्षित कर दिया गया है
हम कितना ही हल और हिरन लिखते रहें
वे ह से हत्या लिखते रहते हैं हर समय।

[2019]

भूलने का युग

याद रखने पर हमला है और भूल जाने की छूट है
मैं अक्सर भूल जाता हूँ नाम
अक्सर भूल जाता हूँ चेहरे
एक आदमी मिलता है बिना चेहरे का एक नाम
एक स्त्री मिलती है बिना नाम का एक चेहरा
कोई पूछता है आपका नाम क्या है
उसे यक़ीन नहीं होता
जब मैं भूला हुआ कुछ याद करने की कोशिश करता हूँ
कुछ देर किसी के साथ बैठता हूँ
तो याद नहीं आता उसका नाम
जो कभी परचम की तरह फहराता था उस पर
उसका चेहरा लगता है
जैसे किसी अनजान जगह की निशानदेही हो

यह भूलने का युग है जैसा कि कहा जाता है
नौजवान भूलते हैं अपने माताओं-पिताओं को
चले जाते हैं बड़ी-बड़ी गाड़ियों में बैठ कर
याद रखते हैं सिर्फ़ वह पता वह नाम
जहाँ ज़्यादा तनख़्वाहें हैं
ज़्यादा कारें ज़्यादा जूते और ज़्यादा कपड़े हैं
बाज़ार कहता है याद मत करो
अपनी पिछली चीज़ों को पिछले घर को
पीछे मुड़ कर देखना भूल जाओ
जगह-जगह खोले जा रहे हैं नये दफ़्तर

याद रखने पर हमले की योजना बनाने के लिए
हमारे समय का एक दरिंदा कहता है
मेरा दरिंदा होना भूल जाओ।

[2019]

एक लोकगीत सुन कर

वह बहुत मीठी धुन थी
दूर से एक स्त्री का स्वर गूँजता हुआ आता था
सुरीला सुखद और मार्मिक
ज़रूर वह लम्बे समय तक संगीत सीखती रही होगी
या जन्म के साथ ही आए उसके स्वर
मर्म पर छपते उन स्वरों के शब्द
आर्तनाद से भरे हुए थे
हे दीनानाथ मेरा यह अर्घ्य स्वीकार करो
हे पाँच नामों वाले देवता इस बस्ती के नारायण
स्वीकार करो मेरे ख़ाली हाथों का यह नैवेद्य
मैं सुनती रहती हूँ सास-ससुर घर के लोगों के बोल-कुबोल
पता नहीं कहाँ से पुरखे चले आते हैं
और मुझे ताने देकर चले जाते हैं
पता नहीं किस गुनाह की सज़ा मुझे मिलती है

दूर से आ रही थी वह ध्वनि
नज़र नहीं आती थी उसकी गायक
जैसे सभी स्त्रियाँ उसे गा रही थीं एक चेहरे से नामहीन
बहुत मीठी थी वह धुन
लेकिन उन शब्दों में भरी थी एक स्त्री को दासता
एक कातरता एक अभागेपन की ख़बर
वे एक साथ मुग्ध करते थे और डराते थे
स्त्रियाँ मीठे स्वरों में बाँचती हैं अपनी व्यथा
एक अभागेपन की कथा
उसके भयानक शब्दों को सजाती-सँवारती हैं
उनमें आरोह-अवरोह-अलंकार के बेल-बूटे काढ़ती हैं

ताकि वे सुनने में अच्छे लगें
पूछती हैं दीनानाथों से
बताओ कौन से हैं मेरे गुनाह
जिनके लिए दी जा रही है मुझे सज़ा
दीनानाथ कोई जवाब नहीं देते
स्त्रियों का यह दुर्भाग्य अलग से है
जो कहीं दर्ज नहीं होता।

[2019]

शब्दार्थ

जब भी कोई शब्द लिखता हूँ
लगता है उसमें वह अर्थ नहीं है
जिसके लिए उसे लिखा गया था
एक काग़ज़ पर पेड़ लिखता हूँ तो यक़ीन नहीं होता
कि उसे पेड़ ही समझा जाएगा
या शायद उसके भीतर
पत्तों से भरा हुआ कोई पेड़ दिखाई देगा
भीतर घुमड़ती हुई एक चीख़ को आकार देना चाहता हूँ
शब्दकोशों की शरण में जाता हूँ
पर्यायवाची और समानार्थी ढूँढ़ता हूँ
लेकिन जो भी शब्द मिलता है
उसमें उसके दृश्य का अँधेरा भरा हुआ होता है
या महज़ ख़ाली आवरण होता है
जिसके भीतर का शरीर नष्ट हो चुका हो
किसी को पुकारना चाहता हूँ
तो उसके शब्द पहले ही राख की तरह गिरने लगते हैं
बार-बार दोहराता हूँ यह वह शब्द नहीं है
जिसमें उसका अर्थ था
यह अर्थ वह नहीं है जो उसका शब्द था

ज़्यादातर शब्दों को छोड़ कर चले गए हैं उनके अर्थ
किसी विपरीत दिशा में
हमारे समय के आततायी
उन्हें कहीं दूसरी तरफ़ हाँक कर ले गए
क्रिया और कर्म के बीच
उन्होंने अपनी लम्बी-चौड़ी बस्तियाँ बसा लीं

कुछ ही शब्द हैं जिनके अर्थ बचे रह गए हैं
भय अब और भी भय है आतंक और ज़्यादा आतंक
प्रेम के भीतर प्रेम करते लोग नहीं दिखते
तकलीफ़ की इबारत की जगह
एक क्रूर जश्न का इश्तिहार मिलता है
जब कोई ताक़तवर एक नई सुबह का ज़िक्र करता है
तो मुमकिन है अँधेरा घिर रहा हो
हो सकता है वह जो मनुष्य के तौर पर जाना जाता है
लम्बे समय से मनुष्य नहीं रह गया हो
और जब हम साहस जुटा कर
किसी अत्याचारी को अत्याचारी पुकारेंगे
तो शायद वह नाराज़ नहीं होगा
बल्कि अपनी प्रशंसा पर मुस्कुरा देगा
एक दिन मैंने एक ताक़तवर आदमी के सामने
मनुष्यता का ज़िक्र किया तो उसने चिढ़कर कहा
तमाम लोग अपने-अपने काम में लगे हैं
लेकिन सिर्फ़ आप हैं जो मनुष्यता मनुष्यता करते रहते हैं।

[2015]

ताक़तवर आदमी

जब ताक़तवर आदमी ने कहा
कि उसे और भी ताक़त चाहिए
तो मुझे अपनी दुर्बल भंगुर देह दिखाई दी
जो शाम होते-होते थकान से चूर हो जाती थी
और आराम चाहती थी

जब ताक़तवर आदमी ने कहा
कि वह ग़रीब माँ का बेटा पैदा हुआ
और यहाँ तक पहुँच गया
तो मुझे याद आई वह मेरी माँ जो अब दुनिया में नहीं थी
जिसके योग्य बनने में मेरी पूरी उम्र निकल गई

जब ताक़तवर आदमी ने कहा
कि तमाम लोग उससे बेहद ख़ुश हैं
तो मुझे हवा में बहुत से चेहरे तैरते हुए दिखाई दिये
जो लगता था कहीं न कहीं मुझसे रूठे हुए हैं
और मेरी किसी ग़लती की ओर इशारा कर रहे हैं

जब ताक़तवर आदमी ने कहा
कि उसने देश के लिए घर त्याग दिया शादी नहीं की
तो मैंने सोचा मैं कितना ख़ुशनसीब था
कि रात को लौटने के लिए मुझे एक जगह नसीब हुई
एक भली सी पत्नी मिली
जिसने अपने प्रेम के एवज़ में मुझसे कुछ नहीं चाहा

जब ताक़तवर आदमी ने कहा
कि उसे देश के शत्रुओं से घृणा है
और उनमें से बहुत से लोग देश के भीतर ही छिपे हुए हैं
तो मुझे गहरी चिन्ता हुई
कि कहीं मनुष्य के प्रति मेरे भीतर प्रेम घटने न लग जाए

जब ताक़तवर आदमी ने कहा
कि बहुत से लोग मेरी जान के पीछे पड़े हैं
वे मुझे मार देना चाहते हैं
तो मैंने अपने मामूली से अस्तित्व के बारे में सोचा
जिसे सँवारने में कितने ही हाथों ने मदद की थी

जब ताक़तवर आदमी ने एक रात सन्देश प्रसारित किया
कि वह अभी कई साल ताक़तवर बने रहना चाहता है
तो मैंने सुबह उठकर किसी अज्ञात से प्रार्थना की
बस आज के दिन बचा रहे मेरा यह धुँधला सा जीवन।

[2018]

हिटलर

यह सच है कि हिटलर मर चुका है लेकिन उसे इस तरह याद किया जाता है जैसे वह अभी जीवित हो। उसने पहले से ही दुनिया को दो हिस्सों में बाँट रखा है। जो लोग उसकी पूजा करते हैं उन्हें इस पर गर्व है कि दुनिया का यह सबसे बड़ा आदमख़ोर एकदम शाकाहारी था। वह हर दिन दो किलो चॉकलेट खाता था और शराब में भी चीनी डलवा कर पीता था। वह नुकीली, तेज़ धारदार चीज़ों, हजामत की ब्लेडों वग़ैरह से डरता था और नाई से बाल बनवाते वक़्त उसे लगता जैसे वह मौत के उस्तुरे के नीचे आ गया हो। उसने पादरी बनना चाहा चित्रकार बनना चाहा कला-वस्तुओं का संग्रह करना चाहा घर बसाना चाहा लेकिन जब यह सब नहीं कर सका तो उसने अपने को प्रेम करने के लायक़ भी नहीं रहने दिया। कहते हैं कि एक दुर्यटना में उसका एक अंडकोष निकल गया और शिश्न टेढ़ा और विकृत हो गया और फिर उसने बिस्तर में किसी स्त्री के साथ कपड़े नहीं उतारे। इसके बावजूद उसे मर्दानगी से इतना प्यार था कि वह साँड़ के वीर्य के इंजेक्शन लगवाया करता था। जहाँ तक यौन उत्तेजना का प्रश्न है उसे उत्पन्न करने के लिए वह अपने चूतड़ों पर औरतों से लात लगवाया करता। इस काम के लिए उसने कुछ तीसरे दर्जे की अभिनेत्रियों को बाक़ायदा नौकरी पर रखा था। खेतों में काम करने के लिए झुकी हुई किसान औरतों के उठे हुए नितंबों को देखने की लत तो उससे कभी छूटी ही नहीं।

किशोर उम्र में हिटलर एक सुन्दर मासूम यहूदी लड़की से प्रेम करना चाहता था लेकिन अपनी कायरता के चलते कर नहीं पाया। बाद में वह जिन स्त्रियों के साथ रहा उनसे यह पहले प्रेम की नाकामी का बदला लेता रहा और सबको आत्महत्या करनी पड़ी। अन्त में बेचारी ईवा ब्राउन बची जो कभी उसकी समूची देह नहीं देख पाई। वह चाहती थी कि हिटलर उससे बराबरी का बर्ताव करे उसे बीवी बनाए और सरकारी आयोजनों में अपने साथ बिठाए। दिन में सात बार श्रृंगार करने के बावजूद हिटलर

ने उसे कभी पत्नी नहीं माना। ईवा उसकी ज़िन्दगी बदल सकती थी उसे एक मनुष्य बना सकती थी लेकिन उसने भी ताक़त और अन्याय के पीछे पगलाई हुई औरतों की तरह सिर्फ़ श्रीमती हिटलर होना चाहा। लिहाज़ा वह सिर्फ़ छत्तीस घंटे के लिए उसकी पत्नी बन सकी जिसके बाद दोनों को मर जाना था। ईवा ब्राउन इतिहास की सबसे बदनसीब स्त्री के तौर पर रही जिसने दो बार ख़ुदकुशी की असफल कोशिश भी की। हिटलर के साथ उसकी कुछ तस्वीरें बची रह सकती थीं, लेकिन हिटलर ने उन्हें भी नष्ट कर दिया और उन्हें खींचने वाले को सज़ा के तौर पर युद्ध में झोंक दिया। यह इतिहास की त्रासद नायिकाओं में भी जगह नहीं पा सकी जिनका नाम आने पर लोग थोड़ा अफ़सोस व्यक्त कर लेते हैं। यह और बात है कि ऐसे बहुत से लोग हैं जिन्हें यक़ीन है कि हिटलर उनके आसपास या उनके भीतर अभी ज़िन्दा है।

[2019]

सोते-जागते

जागते हुए में जिनसे दूर भागता रहता हूँ
वे अक्सर मेरी नींद में प्रवेश करते हैं

एक दुर्गम पहाड़ पर चढ़ने से बचता हूँ
लेकिन वह मेरे सपने में प्रकट होता है
जिस पर कुछ दूर तक चढ़ने के बाद कोई रास्ता नहीं है
और नीचे सिर्फ़ एक अथाह खाई है

जागते हुए में एक समुद्र में तैरने से बचता हूँ
सोते हुए में देखता हूँ रात का एक अपार समुद्र
कहीं कोई नाव नहीं है और मैं डूब रहा हूँ
और इस डूबने का कोई अन्त नहीं है

जागते हुए में अपने घाव दिखलाने से बचता हूँ
ख़ुद से भी कहता रहता हूँ नहीं कोई दर्द नहीं है
लेकिन नींद में आँसुओं का एक सैलाब आता है
और मेरी आँखों को
अपने रास्ते की तरह इस्तेमाल करता है

दिन भर मेरे सर पर
बहुत से लोगों का बहुत सा सामान लदा होता है
उसे पहुँचाने के लिए सफर पर निकलता हूँ
नींद में पता चलता है सारा सामान खो गया है
और मुझे ख़ाली हाथ जाना होगा

दिन में एक अत्याचारी से दूर भागता हूँ
उससे हाथ नहीं मिलाना चाहता
उसे चिमटे से भी नहीं छूना चाहता
लेकिन वह मेरी नींद में सेंध लगाता है
मुझे बाँहों में भरने के लिए हाथ बढ़ाता है
और इनकार करने पर कहता है
इस पर से निकाल दूँगा इस देश से निकाल दूँगा

कुछ ख़राब कवि जिनसे बचने की कोशिश करता हूँ
मेरे सपने में आते हैं
और इतनी देर तक बड़बड़ाते हैं
कि मैं जाग पड़ता हूँ घायल की तरह।

[2019]

सुबह की नींद

सुबह की नींद अच्छे-अच्छों को सुला देती है
अनिद्रा के शिकार लोग एक झपकी लेते हैं
और क़यामत उन्हें छुए बग़ैर गुजर जाती है
सुबह की नींद कहती है
कोई हड़बड़ी नहीं
लोग वैसे ही रहेंगे खाते और सोते हुए
सोते और खाते हुए
तुम जो सारी रात जागते और रोते हुए
रोते और जागते हुए रहे हो
तुम्हारे लिए थोड़ी सी मिठास ज़रूरी है

सुबह की नींद एक स्त्री है
जिसे तुम अच्छी तरह नहीं जानते
वह आधा परिचित है आधा अजनबी
वह बहुत दूर से आकर पहुँचती है तुम तक
किसी समुद्र से नाव की तरह
वही है जो कहती है
आओ एक महान बेख़ुदी की शरण में आओ
एक पहाड़ की निबिड़ शान्ति के भीतर आओ
उस दिशा में चलो
जहाँ जा रहा है पीली तितलियों का झुंड

सुबह की नींद का स्वाद नहीं जानते
अत्याचारी-अन्यायी लोग
वे कहते हैं हम ब्रह्म मुहूर्त में उठ जाते हैं
व्यायाम करते हैं देखो छप्पन इंच का हमारा सीना

फिर हम देर तक पूजा-अर्चना में बैठते हैं
इसी बीच तय कर लेते हैं
कि किस-किस का हिसाब निपटाना है आज

सुबह की नींद आनी है
दुनिया के कामकाज लाँघती हुई
ट्रेनें जा चुकी हैं हवाई जहाज़ उड़ चुके हैं
सभाएँ-गोष्ठियाँ शुरू हो चुकी हैं
और तुम कहीं के लिए भी कम नहीं पड़े हो
जब बाहर दुनिया चल रही होती है
लोग आते और जाते हैं एक स्वा र्थ से दूसरे स्वार्थ तक
सुबह की नींद गिरनी है तुम्हारे अंगों पर
जैसे दिन भर तपे हुए पेड़ की पत्तियों पर ओस।

[2019]

जो डराता है

जो हमें डराता है
वह कहता है डरने की कोई बात नहीं है
मैं किसी को डरा नहीं रहा हूँ
जो हमें डराता है
वह हवा में अपनी उँगुली तान कर कहता है
किसी को डरने की ज़रूरत नहीं है
वह अपनी मुट्ठियाँ भींच कर हवा में उछालता है
और पूछता है तुम डर तो नहीं रहे हो

जो हमें डराता है
वह अपनी तीखी ठंडी आँखों से हमें घूरता है
और देखता है कौन-कौन डर रहा है
लोग जब डरने लगते हैं वह ख़ुश होने लगता है
और हँसते हुए कहता है डरने की कोई वजह नहीं है
जो हमें डराता है
वह ख़ुद डर जाता है
जब वह देखता है कि कोई डर नहीं रहा है।

[2019]

पिता का चश्मा

बुढ़ापे के समय पिता के चश्मे
एक-एक कर बेकार होते गए
आँख के कई डॉक्टरों को दिखाया विशेषज्ञों के पास गए
अन्त में सबने कहा आँखों का अब कोई इलाज नहीं है
जहाँ चीज़ों की तस्वीर बनती है आँख में
वहाँ ख़ून का जाना बन्द हो गया है
कह कर उन्होंने कोई भारी-भरकम नाम बताया

पिता को कभी यक़ीन नहीं आया
नये-पुराने जो भी चश्मे उन्होंने जमा किये थे
सभी को बदल-बदल कर पहनते
आतशी शीशा भी सिर्फ़ कुछ देर
अख़बार पढ़ने में मददगार था
एक दिन उन्होंने कहा, मुझे ऐसे कुछ चश्मे लाकर दो
जो फ़ुटपाथों पर बिकते हैं
उन्हें समझाना कठिन था
कि वे चश्मे बच्चों के लिए होते हैं
और बड़ों के काम नहीं आते

पिता के आख़िरी समय में जब मैं घर गया
तो उन्होंने कहा संसार छोड़ते हुए मुझे कोई दुख नहीं है
तुमने हालाँकि घर की बहुत कम सुध ली
लेकिन मेरा इलाज देखभाल सब अच्छे से करते रहे
बस यही एक हसरत रह गई

कि तुम मेरे लिए फ़ुटपाथ पर बिकने वाले चश्मे ले आते
तो उनमें से कोई न कोई
ज़रूर मेरी आँखों पर फ़िट हो जाता।

[2018]

माँ का नमस्कार

जब माँ की काफ़ी उम्र हो गई
तो वह सभी मेहमानों को नमस्कार किया करती
जैसे वह एक बच्ची हो और बाक़ी लोग उससे बड़े
वह हरेक से कहती, बैठो कुछ खाओ
ज़्यादातर लोग उसका दिल रखने के लिए,
खाने की कोई चीज़ लेकर उसके पास कुछ देर बैठ जाते
माँ ख़ुश होकर उनकी तरफ़ देखती
और जाते हुए भी उन्हें नमस्कार करती
हालाँकि उसकी उम्र के लिए यह ज़रूरी नहीं था
वह धरती को भी नमस्कार करती
कभी अकेले में भी
आख़िर में जब मृत्यु आई
तो उसने उसे भी नमस्कार किया होगा
और अपना जीवन उसे देते हुए कहा होगा
बैठो कुछ खाओ।

[2018]

अशाश्वत

सर्दी के दिनों में जो प्रेम शुरू हुआ
वह बहुत सारे कपड़े पहने हुए था
उसे बार-बार बर्फ़ में रास्ता बनाना पड़ता था
और आग उसे अपनी ओर खींचती रहती थी
जब बर्फ़ पिघलनी शुरू हुई तो वह पानी की तरह
हल्की सी चमक लिये हुए कुछ दूर तक बहता हुआ दिखा
फिर अप्रैल के महीने में ज़रा सी एक छुअन
जिसके नतीजे में होंठ पैदा होते रहे

बरसात के मौसम में वह तरबतर होना चाहता था
बारिशें बहुत कम हो चली थीं और पृथ्वी उबल रही थी
तब भी वह इसरार करता चलो भीगा जाए
यह और बात है कि अक्सर उसे जुकाम जकड़ लेता
अक्तूबर की हवा में जैसा कि होता है
वह किसी टहनी की तरह नर्म और नाज़ुक हो गया
जिसे कोई तोड़ना चाहता तो यह बहुत आसान था

मैं अच्छी तरह जानता था कि यह प्रेम है
पतझड़ के आते ही वह इस तरह दिखेगा
जैसे किसी पेड़ से गिरा हुआ पीला पत्ता।

[2017]

गुड़हल

मुझे ऐसे फूल अच्छे लगते हैं
जो दिन-रात खिले हुए न रहें
शाम होने पर थक जाएँ
और उनींदे होने लगें
रात में अपने को समेट लें सोने चले जाएँ
आख़िर दिन-रात मुस्कराते रहना कोई अच्छी बात नहीं

गुड़हल ऐसा ही फूल है
रात में वह बदल जाता है ग़ायब हो जाता है
तुम देख नहीं सकते कि दिन में वह फूल था
अगले दिन सूरज आने के साथ वह
एक नई शाख़ पर फिर से पंख फैलाने
चमकने रंग बिखेरने लगता है
और जब हवा चलती है तो इस तरह दिखता है
जैसे बाक़ी सारे फूल उसके इर्द-गिर्द नृत्य कर रहे हों

सूरजमुखी भी कुछ इसी तरह है
लेकिन मेरे जैसे मनुष्य के लिए
वह कुछ ज़्यादा ही बड़ा है
और उसकी एक यह आदत मुझे अच्छी नहीं लगती
कि सूरज जिस तरफ़ भी जाता है
वह उधर ही अपना मुँह घुमाता हुआ दिखता है।

[2017]

मेरा दिल

एक दिन जब मुझे यक़ीन हो गया
कि मेरा दिल ही सारी मुसीबतों की जड़ है
इस हद तक कि अब वह ख़ुद एक मुसीबत बना हुआ है
मैं उसे डॉक्टर के पास ले गया
और लाचारी के साथ बोला डॉक्टर यह मेरा दिल है
लेकिन यह वह दिल नहीं है
जिस पर मुझको कभी नाज़ था[1]

डॉक्टर भी कम अनुभवी नहीं था
इतने दिलों को दुरुस्त कर चुका था
कि ख़ुद दिल के मरीज से कम नहीं लगता था
उसने कहा तुमने ज़रूर मिर्ज़ा ग़ालिब को ग़ौर से पढ़ा है
मैं जानता हूँ यह एक पुराना दिल है
पहले यह पारदर्शी था
लेकिन धीरे-धीरे अपारदर्शी होता गया
और अब उसमें कुछ भी दिखना बन्द हो गया है
वह भावनाएँ सोखता रहता है और कुछ प्रकट नहीं करता
जैसे एक ब्लैक होल सारी रोशनी सोख लेता हो
लेकिन तुम अपनी हिस्ट्री बताओ

मैंने कहा जी हाँ आप शायद सही कहते हैं
मुझे अक्सर लगता है मेरा दिल
जैसे अपनी जगह पर नहीं है

---

1. मिर्ज़ा गालिब का शेर 'अर्ज़े नियाज़े इश्क के क़ाबिल नहीं रहा। जिस दिल पे नाज़ था मुझे वो दिल नहीं रहा'।

और यह पता लगाना मुश्किल है कि वह कहाँ है
कभी लगत है वह मेरे पेट में या हाथों में चला गया है
अक्सर यह भ्रम होता है कि वह मेरे पैरों में रह रहा है
बल्कि मेरे पैर नहीं यह मेरा दिल ही है
जो इस मुश्किल दुनिया को पार करता आ रहा है

डॉक्टर अपना पेशा छोड़ कर दार्शनिक बन गया
हाँ-हाँ उसने कहा मुझे देखते ही पता चल गया था
कि तुम्हारे जैसे दिलों का कोई इलाज नहीं है
बस थोड़ी-बहुत मरम्मत हो सकती है कुछ रफ़ू वग़ैरह
ऐसे दिल तभी ठीक हो पाते हैं
जब कोई दूसरा दिल भी उनसे अपनी बात कहता हो
और तुम्हें पता होगा यह कैसा ज़माना है
इन दिनों कोई किसी से अपने दिल की बात नहीं कहता
सब उसे छिपाते रहते हैं
इतने सारे लोग इतना बड़ा मुल्क
लेकिन कहीं कोई रूह नहीं
इसीलिए तुम्हारा दिल भी अपनी जगह छोड़ कर
इधर-उधर भागता रहता है कभी हाथ में कभी पैर में।

[2017]

शहनाइयों के बारे में बिस्मिल्लाह ख़ान

क्या दशाश्वमेध घाट की पैड़ी पर
मेरे संगीत का कोई टुकड़ा अब भी गिरा हुआ होगा?
क्या मेरा कोई सुर कोमल रिखभ या शुद्ध मध्यम
अब भी गंगा की धारा में चमकता होगा?
बालाजी के कानों में क्या अब भी गूँजती होगी
मेरी तोड़ी या बैरागी भैरव?
क्या बनारस की गलियों में बह रही होगी मेरी कजरी
देहाती किशोरी की तरह उमगती हुई?

मेरी शहनाइयों का कोई मज़हब नहीं था
सुबह की इबादत या शाम की नमाज़
वे एक जैसी कशिश से बजती थीं
सुबह-सुबह मैं उनसे ही कहता था बिस्मिल्लाह
फिर याद आता था
अरे अपना भी है यही नाम—बिस्मिल्लाह

याद नहीं कहाँ-कहाँ गया मैं ईरान-तूरान अमेरिका-यूरोप
हर कहीं बनारस और गंगा को खोजता हुआ
मज़हब और मौसिकी के बीच संगत कराता हुआ
मैंने कहा, कैसे बस जाऊँ आपके अमेरिका में
जहाँ न गंगा है न बनारस न वह तहज़ीब

जिन्होंने मुझसे कहा, इस्लाम में मौसिकी हराम है
उन्हें शहनाई पर बजा कर सुनाया राग भैरव में अल्लाह
और कर दिया हैरान

वह सुर ही है जिससे आदमी पहुँचता है उस तक
जिसे ख़ुदा कहो या ईश्वर कहो या अल्लाह
अरे अगर इस्लाम में है मौसिकी हराम
तो कैसे पैदा हुए पचासों उस्ताद
जिनके नाम से शुरू हुए हिन्दुस्तानी संगीत के घराने तमाम
अब्दुल करीम, अब्दुल वहीद, अल्लादिया,
अलाउद्दीन, मंजी, भूरजी, रजब अली, अली अकबर,
विलायत, अमीर खान, अमजद
कहाँ तक गिनायें नाम

मेरी निगाहों के सामने बदलने लगा था बनारस
भूमंडलीकरण एक प्लास्टिक का नाम था
जो जम रहा था जटिल तानों जैसी गलियों में
एक बेसुरापन छा रहा था हर जगह
यह बनारस बाज़ के ख़ामोश होने का दौर था
कत्थक के थमने और ठुमरी की लय के टूटने का दौर
टूटी हुई रही मेरे नाम की सड़क मेरे नाम की तख़्ती
एक शोर उठा बनारस अब क्योतो बन रहा है
और उसके साथ गिरे हुए मलबे में
दबने लगी सुबहे-बनारस

एक दिन इस क्योतो में मेरी शहनाइयाँ नीलाम हुईं[1]
उन्हें मेरे अपने ही पोते नज़रे हसन ने चुराया
और सिर्फ़ एक महँगा मोबाइल ख़रीदने की ख़ातिर
बेच दिया फ़क़त 17000 रुपये में
उनकी चाँदी गला दी गई लकड़ी जला दी गई
उनके सुर हुए सुपुर्दे-ख़ाक

अच्छा हुआ इस बीच मैं रुख़सत हो गया
बनारस अब कहाँ रह गई थी मेरे रहने की जगह।

[2019]

---

1. सन् 2017 में नज़रे हसन ने उस्ताद बिस्मिल्लाह ख़ान की दो शहनाइयाँ बनारस के दो व्यापारियों को बेच दी थीं।

होटल

जिन होटलों में मैं रहा उन्हें समझना कठिन था
हालाँकि लोग उनमें एक जैसी मुद्रा में
इस तरह प्रवेश करते थे
जैसे अपने घर का क़ब्ज़ा लेने जा रहे हों
और मालिकाने के दस्तावेज़ उनके ब्रीफ़केस में रखे हों
लेकिन मेरे लिए यह भी समझना आसान नहीं था
कि कौन सी रोशनी कहाँ से जलती है और कैसे बुझती है
और कई लैंप इतने पेचीदा थे कि उन्हें जलाना
एक पहेली को हल करने जैसी ख़ुशी देता था
बाथरूम में नल सुन्दर फंदों की तरह लटकते थे
और किस नल को किधर घुमाने से ठंडा
और किधर घुमाने से गर्म पानी आता था या नहीं आता था
यह जानने में मेरी पूरी उम्र निकल सकती थी
बिस्तर नींद से ज़्यादा अठखेलियों के लिए बना था
और उस पर तकियों का एक बीहड़ स्वप्निल संसार
फ़िलहाल आराम कर रहा था

यही वह जगह है मैंने सोचा जहाँ लेखकों ने भारी-भरकम उपन्यास लिखे
जिन्हें वे अपने घरों के कोलाहल में नहीं लिख पाए
कवियों ने काव्य रचे जो बाद में पुरस्कृत हुए
यहीं कुछ भले लोगों ने प्रेम
और ताक़तवरों ने बलात्कार किये

बहुत से चुम्बनों और वीर्य के निशान यहाँ सो रहे होंगे
एक दोस्त कहता था सारे होटल एक जैसे होते हैं
बल्कि दुनिया का विशाल'काय एक ही होटल है कहीं

जिसके हज़ारों-हज़ार हिस्से
जगह-जगह जमा दिये गए हैं
और वह आदमी भी एक ही है
जिसके लाखों-लाख हिस्से यहाँ प्रवेश करते रहते हैं
सिर्फ़ उसके नाम अलग-अलग हैं।

आख़िरकार मेरी नींद को एक जगह नसीब हुई
जो एक छोटे-से होटल जैसी थी जिसका कोई नाम नहीं था
एक बिस्तर था
जिस पर शायद वर्षों से कोई सोया नहीं था
एक बल्ब लटकता था एक बाथरूम था
जिसके नल में पानी कभी आता था कभी नहीं आता था
जब मैंने पूछा
क्या गर्म पानी मिल सकता है नहाने के लिए
तो कुछ देर बद एक ख़ामोश सा लड़का आया
एक पुरानी लोहे की बाल्टी लिये हुए
और इशारा करके चला गया।

[2017]

हत्यारों का घोषणापत्र

हम जानते हैं कि हम कितने कुटिल और धूर्त हैं
हम जानते हैं कि हम कितने झूठ बोलते आए हैं
हम जानते हैं कि हमने कितनी हत्याएँ की हैं
कितनों को बेवजह मारा-पीटा है सताया है
औरतों और बच्चों को भी हमने नहीं बाख़्शा
जब लोग रोते-बिलखते थे हम उनके घरों को लूटते थे
चलता रहा हमारा खेल पर्दे पर और पर्दे के पीछे भी

हमसे ज़्यादा कौन जान सकता है
हमारे कारनामों का कच्चा-चिट्ठा
इसीलिए हमें उनकी परवाह नहीं
जो जानते हैं हमारी असलियत
हम जानते हैं कि हमारा खेल इस पर टिका है
कि बहुत से लोग हैं जो हमारे बारे में बहुत कम जानते हैं
या बिलकुल नहीं जानते
और बहुत से लोग हैं जो जानते हैं
कि हम जो भी करते हैं अच्छा करते हैं
और वे ख़ुद भी यही करना चाहते हैं।

[2019]

हत्यारा चाक़ू

रसोईघर में एक दिन मैंने ग़ौर से एक चाक़ू को देखा
और उसे हाथ में उठा कर
देर तक कुछ सोचता रहा
इसका अस्तित्व रसोईघर से बाहर तक भी फैला हुआ है
यह बहुत कारगर चीज़ है आज के समय में
एकाएक आशंका हुई कहीं मैं इसे किसी को घोंप न दूँ
मेरी अपनी ही देह उसके सबसे निकट थी
और इस ख़याल से मैं डर गया

घर से बाहर बड़े और लम्बे चाक़ू फैले हुए थे
घरेलू चाक़ू के ज़्यादा मज़बूत लम्बे धारदार संस्करण
जब भी मौक़ा मिलता
लोग उन्हें दूसरों को घोंपते हुए दिखते थे
जिनके पास पिस्तौलें-बन्दूक़ें थीं
वे कभी भी गोलियाँ दाग देते थे
उस वक़्त जब कुछ लोग काम से लौट रहे होते
या सुबह की हवा में सैर पर निकले हुए होते
या अपने घरों में चाय पी रहे होते
जिनके पास त्रिशूल थे या बम तोपें मोर्टार
वे उन्हें फेंक रहे थे अपने शत्रुओं की तरफ़
जो किसी दूसरे काम में मसरूफ़ थे
वे अपने नौकरों को भेज रहे थे इसे अंजाम देने के लिए

मैं रसोईघर में खड़ा था
एक सम्भावित हत्यारा
जिसके हाथ में रसोईघर का चाक़ू था

मैंने सोचा यह चीज़ किस काम की है इस दुनिया में
जहाँ एक से एक हत्यारे हैं
चाक़ुओं त्रिशूलों बन्दूक़ों मोर्टारों से लैस
सहसा वह निकम्मा चाक़ू मेरे हाथ से छूट गया
पसीने से भीगी हुई मेरी हथेली से
जैसे आँसू की एक बूँद गिरी फ़र्श पर।

[2018]

हत्यारा प्रेम

हत्यारा हत्या करके घर लौटा
तो देखा घर में फूल वैसे ही खिले हुए हैं
जैसे वह सुबह छोड़ कर गया था
उसकी पत्नी ने रोज़ की तरह दरवाज़ा खोल कर
उसका स्वागत किया
जवाब में वह इस बार कुछ ज़्यादा मुस्कराया
उसने कुछ देर अपने दोनों बच्चों से प्यार किया
उन्हें आइसक्रीम खिलाने और गुब्बारे दिलाने ले गया
पता नहीं क्यों उसे
एक पुराने फ़िल्मी गाने की पंक्तियाँ याद आईं
जो एक ज़माने में उसे बहुत प्रिय थीं :
'कोई सागर दिल को बहलाता नहीं...'

रात में वह अपनी पत्नी को इतनी देर चूमता रहा
कि वह सहसा घबराहट से भर उठी
फिर इतनी देर तक उससे सहवास करता रहा
कि वह आतंकित हो उठी
अन्त में अपने को स्खलित करते हुए उसने कहा
'वीर भोग्या वसुंधरा'
मैं बहुत ख़ुश हूँ आज तुमने मेरा बहुत साथ दिया
वरना मैं तुम्हें ज़िन्दा नहीं छोड़ता।

[2018]

पुराना अपराधी

पुराना अपराधी पुराना हो चुका है
अपनी पुरानी देह के साथ वह एक पुराने बँगले में रहता है
अब नये अपराधी आ गए हैं
पुरानों से ज़्यादा कुटिल और ख़ूँख़्वार
उनका स्वागत किया जा चुका है
उन्हें सारी चाबियाँ सौंपी जा चुकी हैं
पुराना अपराधी कहीं पीछे छूट गया है
जैसे उत्सव के बाद छूट जाते हैं प्याले प्लेटें और गिलास

पुराना अपराधी अपनी मूँछों के नीचे हाथ रखता है
और अकेलेपन का कवच पहन लेता है
वह चाहता है कि इतिहास में एक रहस्य की तरह दर्ज हो जाए
एक गुत्थी जिसे सुलझाने के लिए
शोध किये जाएँ पत्रकार किताबें लिखें
उसे ऐसा संत माना जाए जिसे समझा ही नहीं गया
लेकिन इतिहास उसकी नींद को खटखटाता है
उस पर दीवारें पलस्तर और ईंटें गिराता है
गुम्बद ढहते हुए आते हैं और धूल उठती रहती है

वह इस दुःस्वप्न से उठकर धूल झाड़ कर खड़ा हो जाता है
और साफ़ कपड़े पहन लेता है
वह अपने पुराने बँगले का मुआयना करता है
जिसकी दीवारें भुरभुरा रही हैं पलस्तर झड़ रहा है
वह सोफ़े पर बैठ जाता है और सोचता है
नये अपराधियों को उसकी कोई फ़िक्र नहीं है
लेकिन पुराने अपराधी ज़रूर भरोसा बाँधने आएँगे।

[2019]

आसान शिकार

[पोलिश कवि विस्वावा शिंबोर्स्का की कविता 'यातनाएँ' और हिन्दी कवि रघुवीर सहाय की कविता 'स्त्री' की अनुगूँजों के प्रति आभार के साथ]

मनुष्य की मेरी देह ताक़त के लिए एक आसान शिकार है
ताक़त के सामने वह अशक्त और लाचार है
कमज़ोर और नाज़ुक हैं उसके बाल और नाख़ून
जो शरीर के दरवाज़े पर दिखाई दे जाते हैं
इतनी पतली है उसकी त्वचा
कि आसानी से नोची जा सकती है
और सबसे अधिक ज़द में आया हुआ है छोटा सा हृदय
जो इतना आहिस्ता धड़कता है
कि उसकी आवाज़ शरीर से बाहर नहीं सुनाई देती
जब वह आईने में ख़ुद को देखती है
तो कोई भी देख सकता है कि वह सुन्दर और डरी हुई है

मनुष्य की मेरी देह अत्याचारियों के लिए
आकर्षण का विषय है
वे जानते हैं उसके बहुत सारे इस्तेमाल
उसे प्रयोगशालाओं में ले जाया जा सकता है
देखा जा सकता है वह कितनी तकलीफ़ बर्दाश्त करेगी
कितनी देर बर्फ़ की सिल्लियों
और बिजली के झटकों को सहेगी
यहाँ तक कि उसकी चर्बी से
साबुन बनाने के बारे में भी सोचा गया
दखाऊ ऑश्विच माइ लाइ गुलाग गुआंतेनामो अबू गरेब
नेल्ली गुलबर्गा नरोदा पाटिया
उस पर बहुत से निशान मौजूद हैं

लम्बे अनुभवों से भरी हुई वह भाँप लेती है
कि उस पर आने वाले अत्याचार किस तरह के होंगे

मिट्टी हवा पानी ज़रा-सी आग
और थोड़े आकाश से बनी है मेरी देह
उसे मिट्टी हवा पानी और आग में मिलाना है आसान
उसकी आत्मा पानी की बूँदों सरीखी है
जिन्हें पोंछ डालना आसान है
पूरी तरह भंगुर है उसका वजूद
जिसे मिटाने के लिए
किसी हरबे-हथियार की ज़रूरत नहीं पड़ती
किसी ताक़तवर की एक फूँक
उसे उड़ाने के लिए काफ़ी होगी
वह उड़ जाएगी सूखे हुए पत्ते या नुचे हुए पंख की तरह
उसे फिर से बनाना भी असम्भव है
सभी आततायी जानते हैं उसका यह अनोखापन

मनुष्य की मेरी देह किसी तहख़ाने में छिपी नहीं रहती
वह हमेशा दिखती रहती है
आसपास मामूली कामों में लगी रहती है
सड़क पार करती है कुछ दूर पैदल चलती है
थक कर बैठ जाती है और उठ खड़ी होती है
प्रेम करती है और फूल की तरह खिल उठती है
दुनिया के तानाशाहों को
उसे कहीं खोजने की ज़रूरत नहीं पड़ती

दुनिया में अद्वितीय यह मनुष्य देह थोड़ा साहस जुटाती है
और ताक़त के सामने
अकेली निष्कवच खड़ी जो जाती है।

[2017]

हमारे देवता

हमारे देवता बचपन से हमारे साथ रहते थे
वे हमारी ही तरह छोटे दुबले और हमउम्र थे
सार्वजनिक और पराक्रमी देवताओं के साम्राज्य में
उनका अस्तित्व व्यक्तिगत क़िस्म का था
सुन्दर सर्वशक्तिमानसम्प्रभुस्वयम्भूसशस्त्र देवताओं से अलग
उनके चेहरे बेडौल बिना तराशे हुए
अक्सर नंगे पैर वे हमारे हाथों में हाथ लिये हुए चलते थे
हम उनसे ज़्यादातर अपने दुख
और कभी अपने सुख भी बताते
उनके पास रहने के लिए बड़े तो क्या
छोटे मन्दिर भी नहीं थे
वे घर से बाहर कम जाते
या कभी-कभी उनका सफ़र कुछ दूर
पत्थरों को जोड़ कर बनाए गए ठिकानों तक होता
जहाँ नीम उजाले में वे मुश्किल से पहचाने जाते

हमारे देवता ताक़तवर देवताओं से
घबराये हुए और चुप्पे थे
उनके लिए उन जगमग मन्दिरों में कोई जगह नहीं थी
जहाँ ढोल-नगाड़े बजते अनुष्ठान तुमुल नाद होता
आवाहन ध्यान स्तुति घंटियाँ-घड़ियाल बलियाँ मंत्रोच्चारण
ब्रह्माओं विष्णुओं वामनों इन्द्रों के समय में
हमारे देवता किसी बुद्ध की तरह आत्म में लीन रहते
हमारी देवियाँ भी पुरानी साड़ियाँ पहने हुए स्त्रियाँ थीं
बहुत सी अचिह्नित बीमारियों से पीड़ित

जो ज़मीन पर बैठी
अपने पैरों या हाथों के नाख़ून कुरेदती रहतीं

हमारे देवता आँखें खोल कर हैरानी से देखते थे
शक्तिशाली देवताओं के जुलूस ठठ के ठठ हथियारबन्द
चले आ रहे हैं तलवारें त्रिशूल भाले बन्दूकें
आग्नेयास्त्र लहराते
उन्हें मुक्तहस्त लोगों के बीच बाँटते हुए
सड़कों गलियों चौराहों पर बढ़ते हुए
तब हमारे देवता किसी अज्ञात जगह दुबक जाने की सोचते
उनके हाथ में कोई अस्त्र नहीं होता था
हद से हद वे ज़मीन से कुछ पत्थर उठा सकते थे
लेकिन उन्हें फेंकने में भी संकोच करते
सार्वजनिक देवता जब रात को सुख-शैयाओं पर सो जाते
हमारे देवता व्याकुल होकर जागते रहते
उन्हें बार-बार लगता हमलावर देवताओं की फ़ौजें
उनके ठिकाने हपड़ने
उन्हें बेदख़ल करने आ रही हैं
हमारे देवता किसी को अपनी तकलीफ़ नहीं बता पाते थे
कभी-कभी उनके भीतर से
एक आर्त पुकार सुनाई देती थी—बचाओ!

[2018]

पागल औरत

यह लगभग तय था कि वह पागल है
उसका तार-तार हुलिया उलझे हुए बाल ग़ुस्सैल चेहरा
पहचान तय करने के लिए काफ़ी थे
लेकिन यह समझना मुश्किल था
कि उसके साथ क्या हुआ है
वह नुक्कड़ पर उस दुकान के सामने खड़ी हो गई थी
जहाँ सुबह-सुबह आसपास की झोंपड़ियों के ग़रीब बच्चे
बहुराष्ट्रीय निगमों के चिप्स के पैकेट ख़रीदने आते हैं
उस औरत के पीछे कुछ आवारा कुत्ते
जैसे उसके शब्दों को समझने की कोशिश करते हुए
चले आए थे
वह लगातार ऐसी भाषा में बड़बड़ा रही थी
जो समझ से परे थी
किसी ने कहा, बंगाली लगती है
दूसरे ने कहा, अरे नहीं मद्रास की तरफ़ की होगी
तभी तो समझ नहीं आ रही है उसकी बात
एक ने कहा हिन्दी वाली ही है
लेकिन अपनी भाषा भूल गई है
किसी को उसमें पंजाबी के कुछ शब्द सुनाई दिये

यह जानना भी कठिन था उसे क्या चाहिए
वह चाय की तरफ़ इशारा करती
लेकिन जब हम उसे चाय देते
तो वह बिस्किट के पैकेटों की ओर देखती
बिस्किट देने पर चिप्स के पैकेटों की ओर
चिप्स देने पर उसकी उँगली

चाय की तरफ़ चली जाती
इस तरह वह कई चीज़ों की ओर संकेत करती
सड़क हवा पेड़ आसमान की तरफ़ देख कर बोलती जाती
कभी लगता वह हवा में से कोई चीज़ खींच कर
अपने भीतर ला रही है
कभी लगता जैसे उसने
अपनी बातों के जवाब भी सुन लिये हों
और बदले में वह कोई शाप दे रही हो
हम लोगों ने पूछा ओ माँ लगातार बोलोगी
कुछ कहोगी नहीं तुम्हें क्या चाहिए
और फिर यह हमारे लिए एक खेल की तरह हो गया

वह पगली कुछ देर बाद चली गई बिना कुछ लिये हुए
हम लोग जान नहीं पाए
इस संसार में आख़िर क्या था उसका संसार
सिवा इसके कि वह अपने पागलपन को
बचाए रखना चाहती थी
लेकिन उसके क्रुद्ध शब्द भारी पत्थरों की तरह
आसपास छूट गए
उसके दुर्बोध शाप चीलों की तरह हमारे ऊपर मँडराने लगे
यह तय नहीं हो पाया आख़िर वह कहाँ की रही होगी
लेकिन उसके शब्द हमारे बीच से हट नहीं रहे थे
शायद वह किसी एक जगह की नहीं थी
तमाम जगहों और एक समूचे देश की थी
और उसकी वर्णमाला उन सारी भाषाओं के
उन शब्दों से बनी थी
जिनका इस्तेमाल पागल लोग करते हैं
उन्हें शाप देते रहते हैं
अपनी मनुष्यता व्यक्त करते हैं
जिसे हम जैसे ग़ैर-पागल कभी समझ नहीं पाते।

[2018]

तानाशाह

तानाशाहों को अपने पूर्वजों के जीवन का अध्ययन नहीं करना पड़ता। वे उनकी पुरानी तस्वीरों को जेब में नहीं रखते या उरके दिल का एक्स-रे नहीं देखते। यह स्वत:स्फूर्त तरीक़े से होता है कि हवा में बन्दूक़ की तरह उठे उनके हाथ या बँधी हुई मुट्ठी के साथ पिस्तौल की नोक की तरह उठी हुई उँगली से कुछ पुराने तानाशाहों को याद या जाती है या एक काली गुफा जैसा खुला हुआ उनका मुँह इतिहास में किसी ऐसे ही खुले हुए मुँह को नकल बन जाता है। ये अपनी आँखों में काफ़ी कोमलता और मासूमियत लाने की कोशिश करते हैं लेकिन क्रूरता एक झिल्ली को भेदती हुई बाहर आती है और इतिहास की सबसे निर्मम आँखों में तब्दील हो जाती है। तानाशाह मुस्कराते हैं भाषण देते हैं और भरोसा दिलाने की कोशिश करते हैं कि वे मनुष्य हैं लेकिन इस कोशिश में उनकी भंगिमाएँ जिन प्राणियों से मिलती-जुलती हैं वे मनुष्य नहीं होते। तानाशाह सुन्दर दिखने की कोशिश करते हैं आकर्षक कपड़े पहनते हैं बार-बार सज-धज बदलते हैं लेकिन यह सब अन्ततः तानाशाहों का मेकअप बन कर रह जाता है।

इतिहास में कई बार तानाशाहों का अन्त हो चुका है लेकिन इससे उन पर कोई फ़र्क़ नही पड़ता क्योंकि उन्हें लगता है वे पहली बार हुए हैं।

[2016]

लोककथा

एक ज़माने में एक राजा था। उसके राज्य में बेशुमार मनुष्य मारे जाते थे लेकिन यह काम इस ख़ूबी से अंजाम दिया जाता था कि पता नहीं चल पाता था या कुछ समय बाद चलता था तो यह साबित करना कठिन होता कि हत्याएँ किसके द्वारा और किसलिए हो रही हैं। कई बार ऐसा होता कि बिना मरे ही लोगों की मृत्यु हो जाती। ख़ासकर बुद्धिजीवियों-चिन्तकों-कलाकारों के सन्दर्भ में यह धारणा थी कि उन्हें जान लिये बग़ैर इस तरह मारा जा सकता है कि उन्हें ख़ुद भी इसका पता न चले। राजा अक्सर कहता था कि वह हर काम बहुत सलीक़े से करने का आदी है और फ़ैसले करने में ज़रा देर नहीं लगाता। मनुष्यों को मारे जाने के मामले में भी यह सच था। उसकी यह कला कपड़े पहनने तक में नज़र आती थी। यही वजह थी कि राजा हमेशा साफ़-शफ़्फ़ाफ़ रहता था और उसके कपड़ों पर कोई धब्बा नज़र नहीं आता था।

राजा की एक विचित्र आदत थी कि वह बार-बार और कई दफ़े दिन में कई बार कपड़े बदलता था। वह लोगों को बताता था कि यह उसके सलीक़े से रहने की आदत का हिस्सा है। इस विशेषता को उसके राज्य की ऐतिहासिक उपलब्धि के तौर पर प्रचारित किया जाता। यह बात कम ही लोग जानते हैं कि राजा को बार-बार लगता था कि कोई चीज़ कोई गन्दगी या कालिख उसके कपड़ों पर लगी हुई है और उभरती जा रही है। दिन बीतते-बीतते राजा को यक़ीन होने लगता कि उसके कपड़े किसी काली बदनुमा चीज़ से भर गए हैं लेकिन जब वह ग़ौर से देखता कि उसके कपड़े बेदाग हैं तो अपने भ्रम पर हैरान हो उठता हालाँकि जैसे हो कपड़े शरीर पर बोझ बनने लगते यह नये कपड़े पहन लेता। कहा जाता है कि अपने जीवित रहते राजा ने कोई कपड़ा दोबारा नहीं पहना।

[2017]

मोबाइल

वे गले में सोने की मोटी ज़ंजीर पहनते हैं
कमर में चौड़ी बेल्ट लगाते हैं
और मोबाइलों पर बात करते हैं
वे एक आधे अँधेरे और आधे उजले रेस्तराँ में घुसते हैं
और खाने और पीने का ऑर्डर देते हैं
वे आपस में जाम टकराते हैं
और मोबाइलों पर बात करते हैं

उनके मोबाइलों का रंग काला है या आबनूसी
चाँदी जैसा या रहस्यमय नीला
उनके आकार पतले छरहरे या सुडौल आकर्षक
वे अपने नये मोबाइलों को
अपनी नई प्रेमिकाओं की तरह देखते हैं
और उन पर बात करते हैं
वे एक-दूसरे के मोबाइल हाथ में लेकर खेलते हैं
और उनकी विशेषताओं का वर्णन करते हैं
वे एक अँधेरे-उजले रेस्तराँ में घुसते हैं
और ज़्यादा खाने और ज़्यादा पीने का ऑर्डर देते हैं
वे धरती का एक टुकड़ा ख़रीदने का ऑर्डर देते हैं
वे जंगल पहाड़ नदी पेड़
और उनमें दबे खनिज को ख़रीदने का ऑर्डर देते हैं
और मोबाइलों पर बात करते हैं
वे पता करते रहते हैं
कहाँ कितना खा और पी सकते हैं
कहाँ कितनी सम्पत्ति बना सकते हैं
वे पता करते रहते हैं

धरती कहाँ पर सस्ती है खाना-पीना कहाँ पर महँगा है
वे फिर से एक अँधेरे-उजले रेस्तराँ में बैठते हैं
और सस्ती धरती और महँगे खाने-पीने का ऑर्डर देते हैं
और मोबाइलों पर बात करते हैं

वे फिर से अपनी ज़ंजीरें ठीक करते हैं बेल्ट कसते हैं
वे अपने मोबाइलों को अपने हथियारों की तरह उठते हैं
और फिर से कुछ ख़रीदने का ऑर्डर देने चल देते हैं।

[2014]

भारी हवा

आततायियो तुम्हारे लिए यहाँ कोई जगह नहीं है
शासको यहाँ कोई सिंहासन नहीं
जिस पर तुम बैठ सको
हाकिमो तुम्हारे लिए कोई कुर्सी ख़ाली नहीं है
ताक़तवरो तुम यहाँ खड़े नहीं रह पाओगे
लुटेरो तुम इस धरती पर एक क़दम नहीं रख सकते
ज़ालिमो यहाँ एक भी ऐसा आदमी नहीं
जो तुम्हारा ज़ुल्म बर्दाश्त कर पाएगा
घुसपैठियो आख़िरकार तुम यहाँ से खदेड़ दिये जाओगे
आदमख़ोरो तुम कितनी भी कोशिश करो
मनुष्य को कभी मिटा नहीं पाओगे

यही सब कहता हूँ
किसी उधेड़बुन और तकलीफ़ में
आसपास की हवा लोहे सरीखी भारी और गर्म है
शाम दूर तक फैला हुआ एक बियाबान
जहाँ कोई सुनता नहीं सुन कर कोई जवाब नहीं देता
शायद सुनती है सिर्फ़ यह पृथ्वी और उसके पेड़
जो मुझे लम्बे समय से शरण दिये हुए हैं
शायद सुनता है यह आसमान जो हर सुबह
हल्की-सी उम्मीद की तरह सर के ऊपर तन जाता है
शायद सुनती है वह मेरी बेटी
जो भविष्य की ओर जाती दिखती है

और पीछे मुड़ कर
कहती रहती है
पापा क्या आप मुझसे कुछ कह रहे हैं।

[2018]

प्रश्नपत्र

मैं जानता हूँ फिर से मुझे एक प्रश्नपत्र दिया जाएगा
जिसे तत्काल हल करना होगा
जहाँ भी जाऊँगा एक परीक्षा केन्द्र होगा
कहा जाएगा बैठो
मुझे तत्काल अपनी योग्यता साबित करनी होगी
और जब मैं कोई अर्थ खोजने की कोशिश करूँगा
तो कोई शब्दकोश उपलब्ध नहीं होगा
मुझसे नये सिरे से
परिभाषाएँ लिखने के लिए कहा जाएगा
बहुत सम्भव है सत्ता बदल चुकी हो
और रातोरात एक नया पाठ्यक्रम लागू कर दिया गया हो
शायद बहुत से अनजाने विषय जोड़ दिये गए हों
शायद कुछ ऐसी चीज़ों के जवाब मुझसे माँगे जाएँगे
जिनका नाम लेना भी मुझे गवारा नहीं रहा
सम्भव है उजाले को अँधेरे का पर्याय
लिखने के लिए कहा जाए
शायद किसी अन्यायी की जयकार
लिखने के लिए कहा जाए

मेरी बात पूरी होने से पहले सहसा घंटी बजेगी
समय ख़त्म हो जाएगा
और उत्तर-पुस्तिका मेरे हाथ से छीन ली जाएगी
सुबह दरवाज़ा खोलते ही

सामने एक लम्बा प्रश्नपत्र मिलता है
मेरे बचपन से चला आता हुआ
और हर जगह एक परीक्षा केन्द्र।

[2016]

फ़ैसले

फ़ैसले बहुत सख़्त हैं जैसे उन्हें गुस्से में लिखा गया हो
उनसे भी कड़े हैं मुक़दमे पेच-दर-पेच
उनसे भी कड़ियल हैं हत्यारे अपराधी एक से एक नायाब
चिकने-चुपड़े पकड़ में न आने वाले
जो हाथ से फिसल जाते हैं
और शहर की बड़ी हवेली में छिप जाते हैं
या किसी दूसरे भूगोल में चले जाते हैं
ताकि जीवन ज़्यादा आराम से बीत सके
अपने धब्बों के ऊपर वे एक लबादा पहन लेते हैं
और मृतकों के घर संवेदना प्रकट कर आते हैं
उनकी शोकसभा में पधार कर श्रद्धांजलि दे आते हैं

जब कभी वे भूल से पकड़े जाते हैं तो ऐसे दिखते हैं
जैसे कभी किसी को इतनी बड़ी सज़ा न मिली हो
और जब छूटते हैं तो तुरन्त हाहाहा करते हैं
उनकी मुस्कराती हुई प्रेमिकाएँ
टेलीविज़न के पर्दे पर प्रकट होती हैं
और उनके लिए एसएमएस के ज़रिये वोट माँगती हैं।

[2016]

मीडिया विमर्श

उन दिनों जब देश में एक नये तरह का बँटवारा हो रहा था
काला और काला और सफ़ेद और सफ़ेद हो रहा था
एक तरफ़ लोग खाने और पीने को
जीवन का अन्तिम उद्‌देश्य मान रहे थे
दूसरी तरफ़ भूख से तड़पते लोगों की तादाद बढ़ रही थी
उदारीकरण की शुरुआत में
जब निजी सम्पत्ति और ऊँची इमारतों के निर्माता
राष्ट्र-निर्माता का सम्मान पा रहे थे
दूसरी तरफ़ ग़रीब जहाँ भी सर छुपाते
वहाँ से खदेड़ दिये जाते थे
देश के एक बड़े और ताक़तवर अख़बार ने तय किया
कि उसके पहले पन्ने पर सिर्फ़ उनकी ख़बर छपेगी
जो खाते और पीते हैं
ऐसी स्वादिष्ट ख़बरें जो सुबह की चाय को
बदज़ायक़ा न करें

इस तरह आखबार के मुखपृष्ठ पर
कारों जूतों कपड़ों कम्प्यूटरों मोबाइलों फ़ैशन परेडों
डीलरों डिज़ाइनरों
मीडियाशाहों शराबपतियों
चुटकी बजा कर अमीर बनने वालों ने प्रवेश किया
एक उद्योगपति ने फ़रमाया
बहुत हुआ ग़रीबी का रोना-धोना
आइए अब हम अमीरी बढ़ायें
देश एक विराट मेज़ की तरह फैला हुआ था जिस पर
एक अन्तहीन कॉकटेल पार्टी ज़ारी थी

समाज में जो कुछ दुर्दशा में था
उसे अख़बार के भीतरी पन्नों पर फेंक दिया गया
रोग शोक दुर्घटना बाढ़ अकाल भुखमरी
बढ़ते विकलांग ख़ून के धब्बे
अख़बारी कूड़ेदान में डाल दिये गए
किसान आत्महत्या करते थे
भीतरी पन्नों के किसी कोने पर
आदिवासियों के घर उजाड़े जाते थे किसी हाशिये पर

ऐसे ही जश्नी माहौल के बीच एक दिन
अख़बार के बूढ़े मालिक ने
अपनी कोठी में आख़िरी साँस ली
जिसकी बीमारी की सूचना अख़बार बहुत दिनों से दाबे था
उसके बेटों को बूढ़े मालिक का जाना बहुत नहीं अखरा
उसकी पूँजी की तरह उसके विचार भी पुराने हो चुके थे
और फिर एक युग का अन्त
एक नये युग का आरम्भ भी होता है
संकट था तो सिर्फ़ यह कि मृत्यु की ख़बर
कैसी कहाँ पर छापी जाए
आख़िर तय हुआ कि मालिक का स्वर्गवास
पहले पन्ने की सुर्ख़ी होगा
ग्राहक की सुबह की चाय कसैली करने के सिवा
चारा कोई और नहीं था
इस तरह एक दिन ख़ुशी की सब ख़बरें
भीतर के पन्नों पर पहुँच गईं
कपड़े जूते घड़ियाँ मोबाइल फ़ैशन परेड

सब हाशियों पर चले गए
अख़बार शोक से भर गया
नये युग की आवारा पूँजी ने अपनी परिपाटी को तोड़ दिया
और एक दिन के लिए पूँजी और मुनाफ़े पर
मौत की जीत हुई।

[2016]

मदर डेरी

उन लाखों लाख लोगों में से कुछ को मैं जानता हूँ
जो बचपन में मदर डेयरी
या अमूल का दूध पीकर बड़े हुए
उनमें से कुछ और कहीं नहीं
तो गृहस्थी की कला में ही हुए पारंगत
वे माँएँ भी मैंने देखी हैं जिनके स्तनों में
दूध नहीं उतरता था
लेकिन वे कर लेती थीं अपने बच्चों के लिए
अमेरिका कनाडा या स्वीडन से आए
दूध के पाउडर का जुगाड़

फिर मैंने वर्गीज कूरियन की ज़िन्दगी को जाना
कैसे उन्होंने दूध-दही की कहावती नदियों के बरक्स
दूध-दही की वास्तविक नदी को खोजा
गुजरात के आणंद में
गाँवों से बूँद-बूँद दूध इकट्ठा करते हुए
बनाया एक विशाल सहकार दूध का एक समुद्र
जिसे भरा जाता था दिन में दो बार
और दूध के लिए तरसते देश को
दुनिया में सबसे ज़्यादा दूध पैदा करने वाले
देश में बदल दिया
पहली बार भैंस के दूध से
मक्खन-पनीर और बेबीफूड बनाने का कारनामा भी
मुमकिन हुआ इसी तरह
'हरित क्रान्ति' की विफलता के दौर में
यह 'श्वेत क्रान्ति' रही असन्दिग्ध कामयाब

इस कामयाबी का राज़ था कूरियन का यक़ीन
कि मनुष्य के विकास के संसाधन
रहने चाहिए मनुष्यों के हाथ
कूरियन ख़ुद भी थे इन्हीं मनुष्यों में से एक
इसीलिए श्याम बेनेगल फ़िल्म 'मंथन' बना सके
जिसके असल निर्माता थे लाखों दूधिये और किसान
हरेक ने दो रुपये देकर जुटाये फ़िल्म के लिए दस लाख
कूरियन का यह नज़रिया आला नौकरशाहों को नहीं आया रास
वे शुरू से ही खटकते थे
तीसरी दुनिया के दूध पर क़ब्ज़ा करने वाले
बहुराष्ट्रीय निगमों
और उनके देसी गुर्गों और सरकारी आक़ाओं को
क्योंकि वे आणंद को उनके साये से मुक्त रखते थे
ख़ुद को सरकारी नहीं 'ग़रीब किसानों का नौकर' मानते थे
और अपने जीवन काल में ही दन्तकथा बन गए थे

पुरमज़ाक़ कूरियन को मज़ा आता था
नई पूँजी के ग़ुलाम नौकरशाहों
और नेताओं को चिढ़ाने में
एक आला प्रबंधन संस्थान के मुखिया ने कहा
'तो मिस्टर कूरियन, आप हमारे छात्रों को गाँवों में भेज कर
उनसे भैंस दुहाना चाहेंगे?'
कूरियन ने जवाब दिया,
'नहीं, मैं चाहता हूँ कि वे अमेरिका जाएँ
और सिगार पियें!'
उनसे नाराज़ हो गए सियासतदान
जो सिर्फ़ अपने सम्भावित वोट बैंक की तरह देखते थे
आणंद के तीस लाख बीस हज़ार दूधियों को
एक ज़ालिम मुख्यमंत्री से भी
उन्होंने मोल ले लिया था टकराव
और वही बना उनके निष्कासन की वजह
और जब 2012 में उनकी मृत्यु हुई
तो न उन्हें राज्य का सम्मान मिला

न साम्प्रदायिक मुख्यमंत्री श्रद्धांजलि देने आया
न उनका नाम सबसे बड़े सम्मान के लिए प्रस्तावित हुआ

डॉ. वर्गीज़ कूरियन,
तुम्हें किसी सम्मान की दरकार नहीं रही
वह तुम्हें रोज़ मिलता था उन दूधियों से
जिनकी नियति तुमने बदल दी थी
वैसे तुम्हें दूध पीना कभी पसन्द नहीं था
लेकिन तुम्हारी जीवन कथा दूध जैसी धवल-तरल रही
डॉ. कूरियन,
मेरी भी दूध पीने की उम्र बीत गई
लेकिन सुबह-सुबह दुकानों में आते दूध के पैकेटों को
अब भी कुछ हसरत से देखता हूँ
और तुम्हारा अमूल या मदर डेयरी का
दही खाता हूँ चाव से
वह गाढ़ी निर्गन्ध स्वादिष्ट सफ़ेदी
चकित करती है इन्द्रियों को
जब भी दिखाई देता है मेज़ पर रखा दूध का गिलास
या किसी ग़रीब बच्चे के हाथ में
एक कटोरे में ज़रा सा दूध
तो तुम्हारा नाम याद आता है
और याद आता है वह सब
जिसने तुम्हें अमूल छोड़ने को विवश किया
और जब मैं एक चम्मच भर तुम्हारा गाढ़ा दही
मुँह में ले जाने को होता हूँ
तो सहसा एक उदासी घेर लेती है
और मैं अपनी आँखों में उमड़ते पानी को
रोकने की कोशिश करता हूँ।

[2016]

तस्वीर

[यायावर, फ़ोटोकार और प्यारे इनसान कमल जोशी की स्मृति में]

वह तुम्हारी तस्वीर खींचता है
जब तुम कैमरे की तरफ़ नहीं कहीं और देख रहे होते हो
कभी-कभी वह तुम्हें सामने खड़े होने के लिए कहता है
या अपना कोई प्रिय काम करने के लिए
भाषा के भीतर से किसी शब्द को धीरे से उठाने
सूरज की रोशनी में उसे अपनी हथेली पर रखने के लिए
गूँजती हुई आवाज़ में किसी को पुकारने के लिए
एक क्लोज़-अप में
किसी चीज़ पसन्दीदा को देखने के लिए

कैमरे के पीछे से वह इस तरह छानबीन करता है
जैसे जानना चाहता हो कि तुम्हारे भीतर जो कुछ है
वह किस हद तक तुम्हारे चेहरे पर प्रकट हुआ है
और तुम अपने भीतर कितने मनुष्य रह गए हो
पहाड़ पगडंडियाँ पेड़ पानी और घास भी
उसके लिए चेहरों की तरह हैं
जो एक अटूट प्रेम में एक-दूसरे को देखते रहते हैं

वह एक बड़े से फ्रेम में तुम्हें चित्रित करेगा
और चला जाएगा किसी नदी पहाड़
या पेड़ को आलिंगन में लिये हुए
पीठ पर थोड़ा सामान और पैरों में तेज़ रफ़्तार
जैसे बहुत देर हो गई हो
और उसे किसी दूसरे अज्ञात की तस्वीर खींचने जाना हो
जीवन की दूसरी तरफ़ तक

उसकी खींची हुई तस्वीर में तुम दर्ज हो चुके हो
सुन्दर या बेपरवाह या ध्यानमग्न
तुम्हारे चेहरे पर एक शान्त सुबह अटकी हुई है
हल्की हवा में उड़ते हुए तुम्हारे बाल
ज़िन्दगी की दैनिक अश्लीलताओं से दूर वह क्षण
तुम्हें याद दिलाता रहेगा कि तुम ऐसे थे
या कोशिश करो तो अब भी हो सकते हो

जिसने तुम्हें इस सुन्दरता में दर्ज किया है
वह भी वहाँ मौजूद है
तुम्हारे चेहरे के पीछे या इर्द-गिर्द
पास आते नीले धुँधले पहाड़ या दूर जाते हरे पेड़ में
उसकी खुली हुई हँसी चमकती हुई दो आँखें
आहिस्ता काँपती एक दाढ़ी विदा में हिलती उँगलियाँ
सच तो यह है कि उस तस्वीर में जो कुछ है
वह तुम नहीं हो
या हद से हद तुम एक आकार हो
जिसमें कुछ रंग भर दिये गए हैं
बल्कि वही है जो अकेली जीवित वस्तु के रूप में
वहाँ धड़कता और हलचल करता है
उस तस्वीर की सुन्दरता बन कर टिका रहता है
और कभी उस दृश्य से हटता नहीं।

[2019]

आँसू

आँख की कोर पर जो आँसू अटके हुए हैं
और गिरने-गिरने को हैं लेकिन गिरते नहीं हैं
उन्हीं में बची हुई है उम्मीद
एक दुनिया उनमें झिलमिलाती है और उसके हादसे
जो तुम्हारे आसपास हुए हैं या तुमसे कुछ दूर
शायद फिर कोई मासूम मार दिया गया है
शायद आततायी बदस्तूर अपने काम में लगे हैं
सुबह का अख़बार जब ख़ून टपकाता हुआ भीतर आता है
तो तुम्हारे आँसू ही होते हैं जो थाम लेते हैं
तुम्हारा अकेला क्रोध तुम्हारा अकेला प्रतिरोध
वे एक कार्रवाई हैं अन्याय के विरुद्ध

शोक की घड़ी में चालाक लोगों की तरह
अपनी आँखें को काले चश्मों के पीछे मत छिपाओ
तुम्हारे और दुनिया के बीच जो भी पर्दे हैं उन्हें हटा दो
आँखों को रहने दो भीगी हुई उदास और खुली हुई
और उनमें किसी और भी बड़े दुख को प्रवेश करने दो
आँसुओं की एक महान पारदर्शिता
जिससे हर चीज़ व्याकुल और काँपती हुई दिखती है

और वे आँसू भी बेशक़ीमती हैं
जिनकी वजह तुम्हें पता नहीं चल पाती
जो बिना बात जब-तब इस तरह उमड़ आते हैं
कि तुम्हें घबराहट होने लगती है
लेकिन उनमें वह सब होता है
जो तुम्हारे अस्तित्व में एक सिहरन एक कंपन

छोड़ कर चला जाता है
जिसे तुम अक्सर भूले हुए रहते हो
ऐसे आँसुओं की वजह खोजना व्यर्थ है
वे और कुछ नहीं तुम्हारे जीवित होने के संकेत हैं।

[2017]

नया डर

[कन्नड़ वचन साहित्य के विद्वान एमएम कलबुर्गी, तर्कविद् नरेंद्र दाभोलकर और लेखक-एक्टिविस्ट गोविंद पानसरे की स्मृति में जिन्हें अपने विचारों के कारण मार दिया गया]

पुराने समय में डर एक जानी-पहचानी चीज़ था
वह अक्सर किसी महल से राजसी पोशाक में निकलता था
वह टहलता तो चारों तरफ़ सन्नाटा छा जाता
चिड़ियाँ भी सहम कर चुप हो जातीं
कभी वह चौराहों-बस्तियों में डुगडुगी बजाता प्रकट होता
कहता हुआ सावधान हो जाएँ सब
राजा और उसके कारिन्दों
और ब्राह्मण के विरुद्ध बोलना अपराध है
काल कोठरियाँ और मृत्युदंड के लिए रस्सियाँ तैयार हैं
डराने के तरीक़े गिने-चुने थे
सज़ाएँ भी कमोबेश नियत थीं
अवज्ञा विद्रोह विश्वासघात
राजन कह कर सम्बोधित न करने पर बड़ी-छोटी सज़ा
धर्मग्रंथों को पढने-सुनने पर कानों में पिघला हुआ सीसा
और ढीठ प्रेमियों को चिनवाये जाने के लिए दीवारें

ऐसा भी हुआ
कि कोई कवि राजा की बेटी को पढ़ाने गया
और उसके प्रेम में पड़ गया
लेकिन जब उसे सज़ा देने के लिए ले जाया गया
तो उसने सुनाई विरह की एक सुन्दर कविता
राजा सज़ा-वज़ा सब भूल गया

कवि को बेटी ब्याह दी कई स्वर्ण-मुहरों के साथ
इस तरह फिरे कवि के दिन[1]
एक बार पकड़ा गया था एक शातिर चोर
उसने भी राजा को एक श्लोक सुना कर मुग्ध कर दिया
ये घटनाएँ अपवाद की तरह थीं लेकिन
कई काव्य इन गुप्त प्रेमियों
और चोरों की प्रतिभा से सम्भव हुए

नया डर किसी महल से नहीं
कहीं से भी प्रकट हो सकता है
वह अनिश्चित अपरिभाषित है पहले के डरों से अलग
उसके तरीक़े भी बढ़े और बदले हुए हैं
उसका समय और जगह तय नहीं है
वह रास्ते में किसी मोड़ पर किसी सभा में मिल सकता है
सुबह सैर पर निकलते हुए हत्यारे की गोली के रूप में
खाना खाते हुए हाथ के कौर
और मुँह के बीच घुस सकता है
अकाल के बीच कुसुम की तरह खिला हुआ[2]
वह ताक़तवर मुस्कराहटों ख़ामोशियों
और प्रेम जैसी चीज़ों में भी छिपा हुआ रहता है

डराने का काम भी बाँट दिया गया है समाज में
भय का एक लोकतंत्र है
और डर उपजाना एक नया रोज़गार
कुछ बोलने-लिखने खाने-पीने-पहनने से पहले
लगता है कोई है जो हमें घूर रहा है
सज़ाएँ भी उतनी ही अनिश्चित हैं

जो डराता है उसकी कामयाबी
इस डर को बनाए रखने में है

---

1. बिल्हण कृत 'चौरपंचाशिका' में राजकुमारी विद्या और सुन्दर कवि का सन्दर्भ।
2. तुलसीदास की चौपाई 'भयदायक खल की प्रिय बानी/जिमि अकाल के कुसुम भवानी' का सन्दर्भ।

कि कब कहाँ कौन सा डर सामने आ जाएगा
कब कहाँ कौन क्या सज़ा सुनाएगा
और सज़ा देने वाले का सुराग़ नहीं मिल पाएगा।

[2017]

उस स्त्री का प्रेम

वह स्त्री पता नहीं कहाँ होगी
जिसने मुझसे कहा था
वे तमाम स्त्रियाँ जो कभी तुम्हें प्यार करेंगी
मेरे भीतर से निकलकर आई होंगी
और तुम जो प्रेम मुझसे करोगे
उसे उन तमाम स्त्रियों से कर रहे होगे
और तुम उनसे जो प्रेम करोगे
उसे तुम मुझसे कर रहे होगे

यह जानना कठिन है कि वह स्त्री कहाँ होगी
जो अपना सारा प्रेम मेरे भीतर छोड़ कर
अकेली चली गई
और यह भ्रम बना रहा कि वह कहीं आसपास होगी
और कई बार उसके होने की आवाज़ आती थी
हवा उसके स्पन्दनों से भरी होती थी
उसके स्पर्श उड़ते हुए आते थे
चलते-चलते अचानक उसकी आत्मा दिख जाती थी
उतरते हुए अँधेरे में खिले हुए फूल की तरह

बाद में जिन स्त्रियों से मुलाक़ात हुई
उन्होंने मुझसे प्रेम नहीं किया
शायद मुझे उसके योग्य नहीं समझा
मैंने देखा वे उस पहली स्त्री को याद करती थीं
उसी की आहट सुनती थीं
उसी के स्पन्दनों से भरी हुई होती थीं

उसी के स्पर्शों को पहने हुए रहती थीं
उसी को देखती रहती थीं
अँधेरे में खिले हुए फूल की तरह।

[2019]

आन्तरिक जीवन

मनुष्य एक साथ दो ज़िन्दगियों में निवास करता है। एक बाहरी और एक भीतरी। एक ही समय में दो जगह होने से उसके मनुष्य होने की समग्रता का ख़ाका निर्मित होता है। मेरा बाहरी जीवन मेरे चारों ओर फैला हुआ है। जहाँ भी जाता हूँ वह दिखता ही रहता है। बाहरी जीवन में बहुत सी किताबें हैं आलमारियों में क़रीने से रखी हुईं शीशे के पल्लों के पीछे चन्द। दुनिया में धूल और कई तरह की दूसरी गन्दगियाँ बहुत हैं इसलिए मैं उन्हें साफ़ करता, उलटता-पलटता, फ़ालतू लगने वाली किताबें छाँट कर अलग कर देता और फिर वापस आलमारी में सजा देता जैसे एक माली पौधों की बेतरतीब शाखों-पत्तों को काट-छाँट कर अलग कर देता है। इस तरह बाहरी जीवन एक बाग़ीचे की मानिन्द खिला हुआ दिखता। मेरे कई फ़ोटो भी इस पृष्ठभूमि के साथ खींचे गए। आलमारी के एक कोने में कुछ ऐसे खाने भी हैं जहाँ कुछ कम रोशनी रहती जिनमें शीशे नहीं लगे थे और ऐसे तमाम तरह के काग़ज़ जमा होते रहते जिन्हें बाद में या फुर्सत के वक़्त ज्यादा गम्भीरता से देखने के मक़सद से ठूँस दिया जाता। शायद उनमें ऐसे क्षणों के दस्तावेज़ थे जिन्हें मैं उड़ने या नष्ट होने से बचाना चाहता था। समय-समय पर जब उनकी तरफ़ निगाह जाती तो लगता कि वे बहुत ज़रूरी हैं लेकिन यह समझ नहीं आता था कि इनमें क्या है और फिर आश्चर्य होता कि यह सब अंबार कब जमा होता रहा और क्यों इसकी छँटाई नहीं की गई और इसे क़रीने से रखने में अब कितना ज़्यादा समय और श्रम लगने वाला है। उन खानों में रखी हुई फ़ाइलें फूल रही थीं, काग़ज़ बाहर को निकल रहे थे और वहाँ अब कुछ और ठूँसना मुमकिन नहीं था। अन्ततः मैंने उनकी सफ़ाई करने का बीड़ा उठाया लेकिन जैसे ही उन्हें छुआ आपस में सटा कर रखी गई फ़ाइलें गिर पड़ीं। बहुत सारे भुरभुराते काग़ज़ छितरा कर फट गए और धूल का एक बड़ा सा बादल मेरे मुँह नाक आँखों और कानों में घुस गया। मैंने देखा अरे यही है मेरा

आन्तरिक जीवन जो बाहरी जीवन के बिलकुल बग़ल में रखा हुआ था जो अब धराशायी है जिसके काग़ज़ भुरभुरा गए हैं अक्षरों की स्याही उड़ गई है वाक्य इस क़दर धुँधले पड़ चुके हैं कि पढ़ने में नहीं आते और सब कुछ एक अबूझ लिपि में बदल चुका है।

[2015]

निकोटिन

अपने शरीर को रफ़्तार देने के लिए सुबह-सुबह मेरा रक्त निकोटिन को पुकारता है। अर्द्ध-निमीलित आँखें निकोटिन की उम्मीद में पूरी तरह खुल जाती हैं। अपने अस्तित्व और अतीत से यही आवारा आती है कि निकोटिन के कितने ही अनुभव तुम्हारे भीतर सोये हुए हैं। सुबह की हवा ख़ाली पेट ऊपर धुला हुआ आसमान जो अभी गन्दा नहीं हुआ है। बचपन के उस पत्थर की याद जिस पर बैठ कर मैंने पहली बीड़ी सुलगाई थी और देह में दस्तक देता हुआ महीन मांसल निकोटिन। जीवन के पहले प्रेम जैसे स्पन्दन और धुआँ उड़ाने के लिए सामने खुलती हुई दुनिया। डॉक्टर कई बार मना कर चुके हैं कि अब आपको दिल का ख़याल रखना ही होगा और मेरी बेटी बार-बार आकर ग़ुस्से में मेरी सिगरेट बुझा देती है। लेकिन इससे क्या। मेरे सामने एक भयंकर दिन है और पिछले दिन की बुरी ख़बरें देख कर लगता है कि यह दिन भी कोई बेहतर नहीं होने जा रहा है और उससे लड़ने के लिए मैं सोचता हूँ मुझे निकोटिन चाहिए। मुझे पता है हिन्दी का एक कवि असद ज़ैदी अपनी एक कविता में बता चुका है कि 'तंबाकू के नशे में आदमी दुनिया की चाल भूल जाता है।' इस दुनिया की चाल भूलने के लिए मुझे निकोटिन चाहिए। दिन भर के अत्याचारियों तानाशाहों हत्यारों से लड़ने के लिए जब मुझे कोई उपाय नहीं सूझता तो मैं निकोटिन को खोजता हूँ और फिर रात को जब दिन भर की तमाम वारदात मेरे चारों ओर काले धब्बों की शक्ल में मुझे घेर लेती हैं तो लगता है कि मुझे रात का निकोटिन चाहिए। सच तो यह है कि जिन चीज़ों के बल पर मैं आज तक चलता चला आया हूँ उनमें किसी न किसी तरह का निकोटिन मौजूद रहा।

[2016]

समय नहीं है

कोई है जो अपनी छायाएँ फेंकता है
और अपना चेहरा छिपाता है
कोई है जो मेरे सीने पर सवार है
एक रात जिसने मेरे दिनों पर क़ब्ज़ा कर लिया है
रात की हवा में उतरती हुई कोई अँधेरी काली चीज़
मेरी नींद का दम घोटने लगती है
एक बादल मँडराता हुआ आसमान में बैठ जाता है
और सारी नमी को सोखता रहता है
कोई है जिसने मुझसे मेरा समय छीन लिया है

रोज़ सुबह दरवाज़े पर पड़ा हुआ अख़बार आवाज़ देता है
समय किसी दूसरी तरफ़ चला गया है
हत्याओं नफ़रतों अपशब्दों क्रूर ख़ुशियों की तरफ़
मैं इस सबसे घिर गया हूँ
रोज़ एक झूठ सच की पोशाक पहन कर
सामने लाया जाता है
उसके पीछे सच क्या है मैं इस उधेड़बुन में फँस गया हूँ
मेरे दिमाग़ में समय नहीं रह गया है
हवा में एक बकबकाता हुआ तानाशाह मुँह
मेरी बोलती बन्द कर रहा है
मेरी आवाज़ में समय नहीं रह गया है
मेरी पुरानी प्रेयसी तुम जो कई वर्षों के पर्दे लाँघ कर
एक महीन याद की तरह आई हो
हरे पीले लाल पत्तों के परिधान में
अपनी नीली आभा प्रकट करती हुई
मुझे माफ़ करो

कि मेरा दिल कुरूपता से भर दिया गया है
प्यारे दोस्तो माफ़ करो कि मेरी दिशा बदल दी गई है
और तुम्हें भी कहीं और धकेल दिया गया है

मेरे जीवन में समय नहीं रह गया है
बग़ल में चलते हुए भाइयो बहनो मैं अब तुमसे दूर हूँ
मुझसे कह दिया गया है तुम कोई दूसरे हो
और मेरा अगर कोई शत्रु है तो वह तुममें ही छिपा हुआ है
माफ़ करो कि इन दिनों की कोई काट नहीं है
जीवितों के भीतर जो डगमगाती सी रोशनी दिखती थी
वह बुझ रही है
और मृतक बहुत चाहते हुए भी कुछ कर नहीं पाते

मेरी जन्मभूमि मेरी पृथ्वी
तुम्हारे भीतर से किसी नदी किसी चिड़िया की आवाज़
नहीं आती
तुम्हारे पेड़ हवा देना बन्द करते हैं
मैं सिर्फ़ बाज़ार का शोर सुनता हूँ या कोई शंखनाद सिंहनाद
और जब तुम क़रीब से कुछ कहती हो
तो वह कहीं दूसरे छोर से आती हुई पुकारने लगती है
मैं देखता हूँ तुम्हारे भीतर पानी सूख रहा है
तुम्हारे भीतर हवा ख़त्म हो रही है
और तुम्हारे समय पर कोई और क़ब्ज़ा कर रहा है।

[2018]

जैसे

पिता के बदन में बहुत दर्द रहता था
माँ रात में देर तक उनके हाथ-पैर दबाती थी
तब वे सो पाते थे
फिर वह ख़ुद इस तरह सो जाती
जैसे उसने कभी दर्द जाना ही न हो
वह एक रहस्यमय सा दर्द था
जिसकी वजह शायद सिर्फ़ माँ जानती थी
लेकिन किसी को बताती नहीं थी

पिता के दर्द को मुझ तक पहुँचने में कई साल लगे
लगभग मेरी उम्र जितने वर्ष
वह आया पहाड़ नदी जंगल को पार करते हुए
रोज़ मैं देखता हूँ
एक बदहवास सा आदमी चला आ रहा है
किसी लम्बे सफ़र से
जैसे अपने किसी स्वजन को खोजता हुआ।

[2019]

आइस्लिंगेन

[आइस्लिंगेन दक्षिण जर्मनी का एक छोटा सा शहर है जहाँ कवि टीना स्ट्रोहेकर ने जगह-जगह कई भाषाओं की कविताएँ उकेर कर एक अद्‌भुत बाग़ीचा निर्मित किया है]

एक पतली नदी है फ़िल्स
छोटी बच्ची जैसी
अपनी मुट्ठियों में थोड़ा सा पानी लिये हुए
दौड़ती जाती है दिनों और रातों को पार करती हुई
वह एक छोटे से शहर को लगातार बड़ा करती है

जगह-जगह कविताएँ हैं
कई तरह की पीड़ाओं को अपने भीतर छिपाए हुए
सड़कों के किनारे चौराहों पर
फूलों पत्तों झुरमुटों के बीच
क़ब्रगाह के अहाते में जहाँ आदमी औरतें बच्चे दबे हुए हैं
जिन्हें मार दिया गया था
दूसरे विश्वयुद्ध में और यातना शिविरों में
कविता के शब्द उनकी रखवाली करते रहते हैं

एक बाग़ीचा है जो कभी मुरझाता नहीं
आसमान एक खुला हुआ नीला दरवाज़ा है
जहाँ लाल रंग की एक नर्तकी अपने अदृश्य सर के साथ
सभी दिशाओं में घूमती रहती है
जैसे वह शहर की घड़ी हो
कहती हुई कि जब तुम यहाँ आते हो
तो यहाँ से तुम्हें लौट जाना होता है
और जब यहाँ से जाते हो तो यहाँ लौटना होता है।

[2019]

निर्वात

प्रेम का कोई दूसरा पक्ष नहीं होता। यह एक ऐसा सिक्का है जिसका कोई दूसरा पहलू नहीं है। उसके दूसरी तरफ़ सिर्फ़ एक ख़ला होती है। प्रेम की ताली बजने के लिए दूसरे हाथ की ज़रूरत नहीं होती। वह एक निर्वात के शाश्वत में बोला गया एक अन्तहीन वाक्य है जिसकी कोई प्रतिध्वनि नहीं सुनाई देती। जब कभी अर्द्ध-विराम आते हैं या ख़ामोशियाँ और दरारें दिखती हैं जिनसे बाहर कभी पिघलती हुई बर्फ़ या पेड़ों से गिरे हुए पत्ते दूर जाता हुआ चन्द्रमा या अपने को समेटता हुआ सूरज दिख जाता है तभी पता चलता है कि यह प्रेम है। संसार में सभी प्रेम इसीलिए त्रसदी साबित हुए कि उन्हें उस निर्वात के बाहर जाकर कह दिया गया। इसीलिए मैंने एक स्त्री से कहा कि अगर मैं तुमसे प्रेम करता हूँ तो मैं कभी नहीं चाहूँगा कि तुम मुझसे और ख़ुद से यह कहो जैसे मैं ख़ुद से नहीं कहना चाहूँगा कि तुम मुझसे प्रेम करती हो क्योंकि यह हर चीज़ का अन्त होगा। यह हमारे बीच बड़ा समझौता था जिसमें प्रेम की अतल गहराई थी और यही एक उपाय था दोनों के बचे रहने का और प्रेन के बचे रहने का।

[2015]

स्त्री प्रेम पुरुष प्रेम

एक स्त्री दौड़ी-दौड़ी आती है एक पुरुष के लिए
एक पुरुष दौड़ा-दौड़ा आता है एक स्त्री के लिए
स्त्री दोमंज़िला घर की छत पर
देर तक हवा में कुछ देखती है
हालाँकि पुरुष कहीं चला गया है
पुरुष अपना हाथ हिलाता रहता है देर तक
हालाँकि स्त्री अदृश्य हो चुकी है
उनके बीच जैसे एक स्वप्न में सड़कें पुल पेड़
और बिजली के खम्भे काँपते रहते हैं

प्रेम न वह स्त्री है न वह पुरुष
वह उनके बीच की दूरी है जो काँपती रहती है
जहाँ वे दोनों दौड़े-दौड़े आते हैं
और उसे तय नहीं कर पाते।

[2019]

रोटी और कविता

[संयुक्ता के लिए]

जो रोटी बनाता है कविता नहीं लिखता
जो कविता लिखता है रोटी नहीं बनाता
दोनों का आपस में
कोई रिश्ता नहीं दिखता

लेकिन वह क्या है
जब एक रोटी खाते हुए लगता है
कविता पढ़ रहे हैं
और कोई कविता पढ़ते हुए लगता है
रोटी खा रहे हैं।

[2018]

मुक्तिबोध स्मृति : एक

मैं तुमसे कभी मिल नहीं पाया
मेरे साथ के बहुत से लोग तुमसे नहीं मिल पाए
हम सिर्फ़ उस अँधेरे से मिले
जो तुम्हारे जाने के बाद और ज़्यादा अँधेरा था
हम उस विकराल जुलूस से मिले
जो मृत्यु-दल की तरह था
और ज़्यादा विकराल
हमने डोमा जी उस्ताद को देखा
जो उस शोभा-यात्रा में आगे-आगे चलता था
बल्कि कई डोमा जी उस्ताद थे छोटे-छोटे बग़लगीर

और कोई था जो दिखाई नहीं देता था
सिर्फ़ सुनाई देता था
ज़िन्दगी के अँधेरे कमरों में बेचैन
चक्कर लगाता था बार-बार लगातार
लेकिन उसे दर्ज करने वाला अब कोई नहीं था।

[2019]

जीवित

अपने ही भीतर मरते जा रहे हैं
जीवित लोग
मैं उम्मीद से देखता हूँ मृतकों की ओर
वे ही हैं जो दिखते हैं जीवित।

[2017]

ट्रेनें

ट्रेनें अनन्त की ओर जाती दिखती थीं
जैसे वे कभी रुकेंगी नहीं
लेकिन वे रुकती थीं
लोग उनसे उतरते थे
वे अनन्त की ओर जाते हुए दिखते थे
लेकिन रुकते थे वे भी।

[2017]

भाईचारा

हत्यारे से मिलो
तो वह कहता है किसने कहा मैं हूँ हत्यारा
मैं सदा चाहता हूँ सबमें भाईचारा।

[2019]

घर हमेशा दूर होता है

जितनी बार मैं घर लौटा हूँ
उससे कहीं अधिक बार घर से निकला हूँ
घर से जाने की स्मृतियाँ घर आने से कहीं ज़्यादा हैं
घर से निकलते हुए बार-बार पीछे मुड़ते हुए
कुछ दूर तक दरवाज़े दिखते रहते हैं
जिन्हें देर तक खुला रखा जाता है
और छज्जे जिन पर छायाएँ खड़ी रहती हैं देर तक
फिर सब कुछ बदलने लगता है
एक बिन्दु एक रेखा धुँधले पड़ते एक निशान में

जो लोग लौटने के बारे में सोचते हैं
या अक्सर कहते हैं अरे हम लौट जाएँगे
वे घरों से निकले हुए होते हैं
जो बच्चा एक दिन घर से निकल गया था
वह अपने घर को हमेशा के लिए खो चुका है
जो स्त्रियाँ खदेड़ दी जाती हैं प्रेम करने
या संतान को जन्म न देने के अपराध में
वे घरों से खदेड़ी हुई होती हैं
सत्ताधारी घरों को कारागार में बदल देते हैं
और उनमें क़ैद कर देते हैं
निर्दोष नागरिकों को अनिश्चित काल तक
एक आदिवासी बहिष्कृत कर दिया जाता है
अपने ही घर के भीतर रहते हुए वह
घर से दूर कहीं फेंक दिया गया है
अपने जंगल में अपनी ज़मीन पर रहते हुए वह
अपने जंगल और ज़मीन से दूर कहीं जा चुका है

चूल्हे में बची हुई आग फरफराती है
यानी दूर गया हुआ कोई घर को याद कर रहा है
लालटेन के ज़र्द उजाले में
एक आधा पढ़ी हुई किताब के अक्षर चमकते रहते हैं
खूँटियों पर लटके हुए कपड़ों की उम्र बढ़ती रहती है
लोग घरों की ओर आते रहते हैं बिन्दुओं और रेखाओं की ओर
और जानते हैं घर आना घर लौटना नहीं होता।

[2019]

घास और पत्थर

घास और पत्थर यहाँ एक साथ आए
कभी घास ने पत्थर को अपने भीतर छिपाया
और कभी पत्थर ने घास को ढक लिया
घास चाँद और तारों को छूने की कोशिश करती रही
पत्थर ने अपना आकार बढ़ाया और पहाड़ बन गया
ताकि लोग उसके भीतर रह सकें
इस तरह एक सभ्यता शुरू हुई
सन्नाटे में जब पानी चमकता तो संसार पारदर्शी हो उठता
जिसके दूसरी तरफ़ भी देखना मुमकिन था

घास और पत्थर का प्रेम जहाँ कहीं टूटना शुरू हुआ
वहाँ पानी सूखने लगा
आप जगह-जगह जो सूखे हुए धारे और न्योले* देखते हैं
वे इसी टूटे हुए प्रेम के निशान हैं।

[अन्तिम परिवर्तन-सम्पादन : 2020]

---
* पहाड़ में पानी के स्रोत।

पानी और घास

घास रात में बढ़ती है जब आसपास निर्जन होता है
रात में देखना सम्भव होता तो उसे बढ़ते हुए देखा जा सकता है
दिन में कोई उसे बढ़ते हुए नहीं देख सकता
सुबह लोग उठते हैं और देखते हैं
वह कुछ और लम्बी हो गई है
कल जहाँ बंजर था वहाँ भी कुछ उग आई है
रात का उन्मुक्त पानी घास के बीच बहता रहता है
उसकी आवाज़ में रात थरथराती रहती है
और हवा में एक धीमी आदिवासी गन्ध तैरती है

घास के लिए पानी जितना तरल हो अच्छा है
पानी को घास की हरी मांसलता बहुत प्रिय है
रात उनका स्थायी पता है
पानी और घास एक शाश्वत प्रेमकथा के पात्र हैं।

[अन्तिम परिवर्तन-सम्पादन : 2020]

पुराना पत्थर

सैकड़ों वर्षों से यह पत्थर यहीं रह रहा है
यह यहाँ रहने वाले मनुष्यों की तरह है
बल्कि उनसे कुछ पुराना और बेहतर
मसलन दूसरे लोगों के विपरीत वह हमेशा घर में रहा
इसने कभी बसों में धक्के नहीं खाए दूर शहरों की तरफ़ नहीं गया
अमीर कोठियों और कम तनख़्वाह की नौकरी करने
इसने न अपमान सहे और न इसे कभी घर की याद आई
कभी देवता बनने का ख़याल भी नहीं आया

जन्म के समय की आग अब भी उसके भीतर रखी हुई है
बारिश की आख़िरी बूँद सूखने से पहले
उसके भीतर ज़ज़्ब हो जाती है
पेड़ की आख़िरी पत्ती गिरने से पहले उसके भीतर चली जाती है
सृष्टि की सबसे पुरानी जड़ों से बना उसका दिमाग़
अक्सर एक पथरीले चिन्तन में डूबा रहता है

वह उसका घर है जहाँ बच्चों के खेलने की जगह है
वह जहाँ बूढ़े लोग उम्र के कठिन दौर में धूप सेंकते हैं
जहाँ एक थका हुआ आदमी उसे तकिया बनाकर कुछ देर लेट जाता है
घर लौटती हुई औरतें अपने बोझे उतारकर कुछ देर सुस्ताती हैं
अपनी संततियों को वह
नये बन रहे घरों की नींव में रहने के लिए भेजता रहता है

उस पर जो बहुत-सी लकीरें बनी हैं
वे सभ्यताओं की ओर जाने वाले पुराने रास्ते हैं

जो अब सिकुड़ कर सँकरे और अजनबी हो गए हैं
उसके भीतर अब भी एक छोटा-सा मुलायम पत्थर है
जो दिल के आकार का है और जब-तब धड़कता रहता है।

[अन्तिम परिवर्तन-सम्पादन : 2020]

पानी का पत्थर

पानी इस पत्थर को मुलायम बना चुका है
इस हद तक कि इसे भी पानी कह सकते हैं
ग़ौर से देखिए तो यह बहता हुआ दिखाई देगा।

घर का पत्थर

यह पत्थर मनुष्यों के घर बनाता है
इसे आप बेघर मत समझिए जो यों ही लावारिस पड़ा रहता हो
बर्फ़ बारिश और धूप की मारें झेलता हुआ
इसका भी एक घर है
ठीक वहाँ जहाँ यह मनुष्यों के लिए घर बनाता है।

[अन्तिम परिवर्तन-सम्पादन : 2020]

पत्थर का पहाड़

यह बड़ा पत्थर पहले एक छोटा-सा पत्थर था
बड़े से छोटा पत्थर बनने और टुकड़ों में बँटने के उलट
यह एक दूसरे रास्ते पर चला
इसके भीतर कुछ लोग आकर बसे तो इसका आकार बढ़ा
दूर-दराज़ से आए कुछ और लोग उनके नाते-रिश्तेदार
वे इसके भीतर चहलक़दमी करते रहे
यह उन सबके लिए अपने को खोलता रहा

अब यह पूरा पहाड़ ही इस पत्थर के नाम से जाना जाता है
जब कभी कोई मनुष्य घर से बाहर जाता है
तो लोग उसे एकटक जाते हुए तब तक देखते रहते हैं
जब तक वह इस पत्थर के आख़िरी सिरे के मोड़ पर
ओझल नहीं हो जाता।

[अन्तिम परिवर्तन-सम्पादन : 2020]

भूत

यह एक ऐसा भूत है जो देवता बनते-बनते रह गया
जब भी भूत देवता बनने को होते हैं यह पिछड़ जाता है
हमेशा का फिसड्डी
जिसे कभी देवता बनने के लायक़ नहीं माना गया
जब यह मनुष्य था तब भी इसका यही हाल था
बचपन में कक्षा में इसे सबसे पीछे बिठाया जाता
कई बार फ़ेल भी हुआ
गाँव के पेड़ों से चुराकर स्कूल में सेब और नाशपाती लाता
अध्यापकों की आँख बचाकर उन्हें बेचता
और शाम को उस पैसे से घर के लिए राशन ले जाता
इसे बीड़ी-सिगरेट की लत भी लग गई
फिर एक दिन पिता ने इसका स्कूल छुड़वा दिया
इसकी मृत्यु होने की ख़बर तभी लगी जब यह भूत बन गया

अब यह यहाँ रहता है
एक चबूतरे पर पीपल और सुरू* के पेड़ों के नीचे
वहाँ जहाँ से गाँव दिखने की शुरुआत होती है
इस भूत की बुरी आदतों को सभी जानते हैं
अक्सर जब आने-जाने वाले लोग थककर यहाँ बैठते हैं
तो इसके लिए बीड़ी-सिगरेट
और अगर उनके पास हो तो शराब की कुछ बूँदें भी छोड़ देते हैं
अगर नहीं छोड़ें तो यह तुरन्त नुक़सान कर सकता है
इसकी अनदेखी करने पर किसको क्या भुगतना पड़ा

---
* पहाड़ी कैक्टस

इसके कई क़िस्से यहाँ प्रचलित हैं
हालाँकि इसकी नुक़सान पहुँचाने की जितनी भी ताक़त है
वह इधर के देवताओं के मुक़ाबले बहुत कम है।

[अन्तिम परिवर्तन-सम्पादन : 2020]

ईश्वर

ईश्वर हमेशा हमसे ऊपर रहता है
हम आसमान की ओर इशारा करते हुए कहते हैं
सब कुछ उसकी कृपा से चल रहा है
या वह सब कुछ देख रहा है
लेकिन हम जानते हैं वह हमसे नाराज़ रहता है
हम उसे ख़ुश रखने की कोशिश करते हैं
तब भी उसके क्रुद्ध रूप दिखते रहते हैं बादलों के बीच
तीखी हवा में जंगल जाने वाले रास्तों पर या रात में तारों के बीच
वह चाहता है हम बार-बार उसे धूप-दीप-नैवेद्य दें
साल में दो-चार बार बकरों की बलि दें

हम अभ्यर्थना करते हैं
ईश्वर हमें धन-धान्य दो योग्य संतति दो
बलिष्ठ बैल दो जो खेतों में देर तक हल चला सकें
हमारे घरों को मज़बूती दो जिन्हें बार-बार छवाना न पड़े
मौसमों का सुखद चक्र दो
तेज़ घाम के बाद वर्षा बर्फ़ के बाद खिली हुई धूप दो
रात में आसमान में तारों की चमकती हुई छत दो

लेकिन ईश्वर हमें देता है अक्सर अवर्षण अक्सर दुर्भिक्ष
अक्सर आँधी-तूफ़ान अकाल मृत्यु
रात के तारे जो बुझते और टूटकर आते हैं पृथ्वी पर
हम कहते रहते हैं ईश्वर
इन काले पहाड़ों को स्याही की तरह समुद्र के पात्र में घोलें
और समूची पृथ्वी के काग़ज़ पर

वाणी की देवी रात-दिन लिखने बैठे
तब भी कठिन है तुम्हारे गुणों का बखान

लेकिन ईश्वर कभी ख़ुश नहीं होता
वह अक्सर हमें शाप देने की मुद्रा में खड़ा रहता है
कई बार हम मनुष्यों की वजह से
उसे अपना सिंहासन डोलता हुआ महसूस हुआ है
वह मौक़ा खोजता रहता है कि कब कैसे अमंगल कर सके
कैसे हमारी फ़सलें बर्बाद हों
कब हम अपने घर छोड़कर जाने को विवश हो जाएँ

हम बार-बार उसे पूजते हैं
कभी-कभी लगता है वह अचानक ख़ुश हो उठा है
और मुस्कुरा रहा है
और वरदान दे रहा है
लेकिन यह कुछ ही देर के लिए होता है
महज़ एक ख़याल कि हमारे अलावा कोई और भी है
जो हमारा भला चाहता है।

[अन्तिम परिवर्तन-सम्पादन : 2018-2020]

चाची का भूत

भूतों के बीच चाची के भूत की हैसियत कुछ अलग थी
उससे सब डरते थे
वह औरतों और ख़ासकर उन बहुओं पर लगता
जिन्हें घर के कामों में चक्की की तरह पिसना पड़ता था
गाँव के सबसे सम्पन्न घर की अकेली युवा बहू चाची
उसकी पसन्दीदा शिकार थी
चाची के सर पर रोज़ काम का पहाड़ होता था
वह सुबह-शाम घर के लिए खाना पकाती
और दिन-भर खेत और जंगल के बीच खटती
और किसी जगह भूत उस पर लग जाता
फिर बाक़ी बुलाया जाता जो चाची को नचाता
डमरू-थाली धूप-दीप के साथ
उसकी माँगें मान ली जातीं और उससे वचन लिया जाता
कि फिर मत आना महाराज

लेकिन भूत था कि बस पहाड़ की ओट में छिप जाता था
और जैसे ही चाची पर काम का बोझ बढ़ता
वह फिर से उसकी देह को जकड़ लेता
खेतों से घर लौटते हुए चाची की आँखें चढ़ी हुई होतीं
उसे बुख़ार आ जाता वह उठने से इनकार करती
और घर के सभी सदस्यों को ऐसे देखती जैसे वे अजनबी हों
फिर से बाक़ी डमरू-थाली-धूप-चावल के साथ भूत को नचाता
बैठी हुई चाची का बदन देर तक ऐंठता रहता साँप की तरह
भूत धमकी देता मैं दैत्य हूँ दैत्य नाम है मेरा कुचील
मैला-कुचैला मैं चट कर जाऊँगा तुम्हें और तुम्हारे ढोर-डंगर

चाची का भूत खरी-खरी सुनाता वह सब
जिसे चाची कभी कह नहीं सकती थी भूत के बस में हुए बग़ैर

इसके बाद चाची पड़ी रहती दर्द और ऐंठन दूर करती हुई
कुछ ही दिन बाद फिर से शुरू हो जाती उसकी बेगार
घर खेत जंगल
चाची की कहानी सुनने वाला कोई नहीं था
सास-ससुर—पति-ननद कोई नहीं
जब भी वह ज़्यादा काम की शिकायत करती
इसे बहुओं की आम बहानेबाज़ी समझा जाता
गाँव की दूसरी बहुएँ ही थीं उसकी हमदर्द लेकिन उतनी ही लाचार
और फिर वही भूत कहीं पर चाची से चिपट जाता
पहले से ज़्यादा विकराल उतरने से करता इनकार

एक दिन खेतों से लौटते हुए चाची जब थकान से चूर थी
उसने ललकार कर इकट्ठा किये गाँव के लोग
और बिना शर्म के बिना ओझा डमरू थाली के
नाचना शुरू किया एक बीहड़ नाच
चीख़ कर उसने कहा आज उतारती हूँ अपना भूत
और एक-एक कर गिनाने लगी घर के लोगों के अन्याय
कहा उसने वह सब जो कहता था उसका भूत

एक सम्पन्न घर की बहू की बग़ावत जंगल की आग की तरह फैल गई
लोगों ने पहली बार देखा बिना भूत के चाची का विकराल रूप
लेकिन इसके बाद फिर लौटा नहीं वह भूत
घर के लोग चाची से घबराने लगे
उसके काम का बोझ बहुत कम कर दिया गया
उन्हें चाची के भूत के लौटने का डर था।

[अन्तिम परिवर्तन-सम्पादन : 2020]

कायर स्त्रियों से मुझे चिढ़ है

एक कापुरुष का साथ लिये
वो घिसटतीं रहीं चकरघिन्नी जैसी
दर्द से छाती पीटतीं
दूसरों को सलाह देती रहीं असल सुख तो दर्द में ही है

ऐसी कायर स्त्रियों से मुझे चिढ़ है
अन्दर कंकाल बन दहकती हैं
फिर-फिर वही कायराना हँसी
हूक में जीतीं ये
न जाने किस संस्कार के खोल में पड़ी रहती हैं

ये कापुरुष को न नहीं कहतीं उनके अहम को दिनोदिन सहलाती हैं
इन कायर स्त्रियों से मुझे चिढ़ है

मुझे किसी के वरदान की ज़रूरत नहीं
हर युग में पुरुष करता रहा मन की बात
एक स्त्री के मन की बात इतनी अखरती क्यों है
मुझे नहीं चाहिए वो पेज
जिस पर कला को भरसक लपेटकर सब सुन्दर दिखाया जाता है
किसी के लिए श्मशान भूमि फ़ायदे के लिए हो सकती है
मेरे लिए नहीं
मुझे वहाँ असंख्य माँएँ लेटी हुई नज़र आती हैं
जिनकी जीभ कट गई है योनि फटी है
फिर भी वो मुझे रीढ़ वाली नज़र आती हैं

पर मुझे उस कायर स्त्री से चिढ़ है

जो कहती है मुझे प्यार के बदले प्यार चाहिए ही नहीं
मुझे कायर स्त्रियों से चिढ़ है
हाँ, क्रूर समय में रस-भरी कविता मैं नहीं लिख सकता
तुम देखो रस, छंद, अलंकारों में स्त्री का चेहरा
मुझे उसका चेहरा बताता है वो हार मान चुकी है
कायर है वो और उस स्त्री से मुझे उतनी ही चिढ़ है जितनी कि कापुरुष से
और हाँ, यदि किसी को यहाँ फाँसी हो तो उस 'क़िस्मत' को हो
जो स्त्री और पुरुष की क़िस्मत अलग-अलग गढ़ती है।

[अन्तिम परिवर्तन-सम्पादन : 2020]

प्रेमियो!

ओ प्रेमियो, तुम्हारी प्रेमिका हर रोज़
तुम्हारे रंग की साड़ी में बँधी रसोई में खड़ी क्यों दिखती है
क्यों तुम्हारा प्यार पकवान बनाती उसकी उँगलियों पर आ ठिठकता है!
तुम क्यों देह के उस पोर से प्रेम करते हो जिसमें तुम्हें प्रेमानन्द मिले
कहो तुम प्रेमिका की फ़ैंटेसी लिखते-लिखते थककर सो गए रूप में
क्यों नहीं बना पाते?
तुम्हें रसोई में सिर झुकाई और मेज़ पर सिर टिकाई लड़की में फ़र्क़
क्यों नहीं सूझता!
तुम्हारी फ़ैंटेसी में प्रेमिका रोज़ आरती गाती नज़र आती है
क्यों तुम्हारा आदर्श प्रेमिका के कन्धे पर सवार होकर आता है
तुम हर बार अव्वल आ जाते हो
तुम्हारे बेडरूम में प्रेमिका का इनकार तुम्हें अपना अपमान लगता है
सुनो प्रेमियो, स्त्री का प्रेम मन जीतने से शुरू होता है
देह में थोपी सभ्यता वो नहीं चाहती
वो थोड़ा सकुचाकर शुरू करती है प्रेम
विश्वास पक्का चाहती है और मग्न हो जाती है प्रेम में
जिसे तुम निर्लज्जता कहते हो
कहो तुम्हारे जीवन से दूर तुम्हारी फ़ैंटेसी तक में नहीं अँट पाती प्रेमिका
और तुम प्रेमी बने फिरते हो!
ओ प्रेमियो तुम्हें अब अपने प्रेम-पद से त्यागपत्र दे देना चाहिए।

[अन्तिम परिवर्तन-सम्पादन : 2020]

असम्भव समुद्र

वहाँ एक नाव थी
मुझे ले जाने के लिए तैयार
एक दृश्य था
मेरी तरफ़ आता हुआ

हर जगह से
एक लपट निकल रही थी
वहाँ पलकें झुकाकर
मैंने सोचा
चुम्बनों और मृत्यु के बारे में

चीज़ें किसी चीज़ का संकेत नहीं हैं
वे सिर्फ़ सिहरनें हैं
हमारी देहों की
वे सिर्फ़ दूरियाँ हैं
विदा में काँपते हाथों की

वहाँ मैंने चेहरे देखे
अतल में जाते हुए
उठते हुए बादलों की तरह
उस कठोर तट पर झुके हुए

ख़ूशबू और नमक
और अन्धकार में जीवित विस्तार
तुम लौट आते थे
हर बार एक ज्वार के साथ।

[1976-80]

शीर्षकहीन : एक

कोई और पेड़ है
जिसकी हवा है अँधेरा है
कोई और पेड़ है
जिसकी टहनियाँ स्पर्श करती हैं
कोई और पेड़ है
जो अपनी परछाईं पर
रात-भर सिहरता है

हवा और अँधेरे का पेड़
स्पर्श सिहरन और परछाईं का पेड़।

[1976]

शीर्षकहीन : दो

पेड़ में हैं रात की जड़ें
पेड़ में हैं रात के पत्ते
देह में है रात की देह
देह में है रात की साँस।

शीर्षकहीन : तीन

हम पेड़ों के भीतर गए
हम पत्थरों के भीतर गए
हम इस पानी के भीतर गए
हम आग के भीतर गए
हम रोशनी के भीतर गए
हम सन्नाटे की देह के भीतर गए
अब हम लौटते हैं
सिर्फ़ एक कहानी में।

शीर्षकहीन : चार

घर धूल का घर है
धूल की नींव पर टिका हुआ
धूल की चार दीवारें और छतें
जिनके बीच पत्थर धूल के कणों से बने हैं

हम रोज़ झाड़ते हैं फ़र्श, बिस्तर, कुर्सियाँ
कपड़े, आँगन, चिट्ठियाँ, बर्तन
धूल उड़ती है
बाहर पेड़ों के पत्तों पर बैठ जाती है
या जंगल की तरफ़ चली जाती है

जितनी धूल उड़ती है
उतनी ही आकर फिर बैठती है आसपास
इस तरह बना है यह घर।

शीर्षकहीन : पाँच

चतुर्दिक व्याप्त भ्रष्टाचार में
मुखौटों और भोंपुओं की जयकार
जिनके भीतर है भीषण जीभों और दाँतों की भरमार
जिनके लिए एक प्राचीन सभ्यता का मतलब है
भाले त्रिशूल और तलवार
जो मचाते उपद्रव लगाते आग अफ़वाहें जिनका हथियार
उसकी जय जो कहता कुछ करता कुछ और
जो ढहाता कुचलता दौड़ाता विजय-रथ हर ओर
जय उसकी जो उगलता ही जाता आग
और उसकी भी जो झूठ को बतलाता सच
वह जो कहता चुपके से उजाड़ो यह घर
और वह जो उजाड़ता डंके की चोट पर निडर
जय उसकी जो हरदम करता किसी शत्रु की खोज
और एक शत्रु को दिखलाता हर रोज़
जय हो छल की कायर झूठ कुटिल हँसी की जय
जय विध्वंस जय धौंस जय घृणित स्वर
जय विष, जय विद्वेष, जय विस्फ़ोट, जय धूल
जय उसकी जो रोटी के एवज़ में देता बम
जय उसकी जिसने मानवता को दिया निष्कासन
जय भाषा जिसमें नहीं रहा कुछ अर्थ
जय उसकी जिसने जय है जय है किया।

[सम्भावित रचनाकाल : 1990-1995]

शीर्षकहीन : छह

अब ज़्यादातर ऐसी जगहों में मुलाक़ात होती है
जहाँ कोई जा रहा होता है ज़्यादातर असमय
मृतक के चारों ओर आग जलाई जा रही होती है
या एक गड्ढा खोदा जा रहा होता है

लोग आते हैं हड़बड़ाते हुए और कहते हैं
थोड़ी देर हो गई है
उम्मीद नहीं थी कि समय पर पहुँच पाएँगे
रास्ते में बहुत भीड़ है
लोग लगातार कुछ ख़रीदने कुछ खाने में जुटे हैं
पता नहीं था दुनिया इतनी अजनबी हो जाएगी

कुछ तब आते हैं जब आग बुझ गई होती है
गड्ढा भर दिया गया होता है
कभी-कभी मृतक के पास पहुँचने में कई दिन लग जाते हैं
कभी महीने या साल
आख़िरी सलाम भी मन में ही कहना पड़ता है

यह समय ही ऐसा है
सारी ख़बरें बाज़ार से होकर गुज़रती हैं
और बाज़ार हमेशा हादसों को छिपाने की कोशिश करता है
वह चीज़ों को ढाँप देता है चमकीली पन्नियों से
दुकानों में सजे हुए दुखों से

कौन कहाँ किस हाल में रह रहा है
कौन कहाँ चला गया है कुछ पता नहीं चलता

हम याद करते हैं ग़रीबी और निर्भयता के दिनों को
और क़रीने से एक जगह रख देते हैं
जिसे हमने आत्मा का संग्रहालय बनाने की कोशिश की है।

[अन्तिम परिवर्तन-सम्पादन : 2020]

शीर्षकहीन : सात

एक दिन मैं तुम्हें
चूमूँगा और चल दूँगा
अपने रास्ते पर
तुम्हारी तेईस साल की
ख़ामोशी लेकर
मैं लौट जाऊँगा उस स्वप्न में
जहाँ से मैं आया था

वह स्वप्न तुम्हारी आँखों में
दिखेगा एक दिन
शान्त और ज़िन्दगी से मुक्त।

[1990-95]

घर के बारे में दो कविताएँ

1

पिछले साल हमारी एक-एक चीज़
इस नदी में गिर गई थी
(उनका कहा हुआ सच निकला
कि एक दिन सब ख़त्म हो जाएगा)
देखी हुई चीजों को देखते पिछले साल
हम उठकर गए थे अधखाया भोजन छोड़कर

फिर भी हम यहाँ आते हैं
जैसे हाथ में एक मरी हुई चिड़िया दबाये
हम आते हैं इस गुफा में सहमते हुए प्रार्थना करते हुए
मन के कितने ही रथ अपनी ओर मोड़ते हुए
रास्ते में ही शाम हो जाने की कामना करते हुए
मिट्टी हो चुकी हड्डियों के ढेर में
अब भी बार-वार एक गुर्राहट सुनते हुए

कौन-सी याद हमारे सबसे क़रीब है
फ़र्श पर जहाँ से दीवारें शुरू होती हैं
एक शरीर जैसी आहट है अब भी
एक शरीर जैसा अकेलापन है
एक शरीर जैसा अन्धकार है
भूख है काली छतों से भाप की तरह उठती हुई
चट्टानें सब जगह एक-सी हैं
उन पर चलते हुए बहता है एक-सा रक्त

पैरों में एक-सी पीड़ा एक-सी चीख़
बूढ़े जंगलों पर टिकी हुई एक-सी धुन्ध
बर्फ़ की तरह ख़ामोश एक-से वर्ष
घाटी से बाहर आते हुए

हमारी पीड़ाओं के समूह मात्र हैं—
हम अपनी ही छायाएँ हैं सूर्यास्त की
पेशाब औऱ जूठन से भरी हुई जगहों में
जब रात गिर रही होती है
हमारे नाराज़ बाप पहाड़ों से उतरते हैं
हाथों में मशाल लिये हुए
अपने झुलसे कन्धों पर उन्होंने हमारे लिए
मकान उठाए हैं जहाँ हम कभी नहीं गए
देखो, उनके आँगन हिल रहे हैं
उनके चारों ओर हवा सोखते हुए पेड़
हमें देखने के लिए उठ रहे हैं
देखो चट्टानों पर हवा घूम रही है देर से
माँ पिता बहन कहाँ हो तुम सब
कहाँ हैं हमारे अस्त्र
कहाँ हैं तुम्हारे सारे रोग और शोक

इतने वर्ष इतना कोहरा लाँघकर
जैसे हम तुम्हारे क़रीब पहुँचते हैं क़र्ज़ उतारने
चोरों की तरह इस शहर में घुसते हुए
जैसे हम पहुँचते हैं बचपन के स्याह पानी के पास
लाशों की तरह ऊपर आते दिनों के पास
हमें कुछ भी ठीक से याद नहीं है
न हमारा अतीत न हमारे रुदन
न विस्तृत रेत जहाँ हमने तुम्हारे कंकाल देखे थे
अन्धकार में घऱ लड़खड़ाता है
स्त्रियाँ रोती हैं बच्चे बड़े होते हैं
सुबह उनकी छायाएँ पड़ती हैं सड़क पर

2

वह जो हाथ बाँधे सामने खड़ा है घर है

काले काठ के खम्भों पर साँप बने हैं
उन पर सिर और पीठ टेकने के निशान हैं
जहाँ दीमकें लगी हैं
जो जब चलती हैं पूरा घर काँपता है

इसमें काठ का एक सन्दूक़ है
उसके भीतर चीथड़ों और स्वप्नों का
एक मिला-जुला अँधेरा है जिसे पिता ने दादा से
पाया था और दादा ने ख़ुद कमाकर
जब घर टूटेगा बक्सा तभी उठेगा

जहाँ किसी पहर कोई मौत हो सकती है
छज्जे से कोई बच्चा गिर सकता है
पैने पत्थरों के आँगन में

पिता एक दिन घर को ताला लगाएँगे
और चल देंगे जंगलों की ओर
माँ की साँस निकल जाएगी एक दिन
लकड़ी ढोते हुए
बहनें एक दिन जा चुकी होंगी
ससुराल रो-पीटकर

एक दिन कुछ लोग कहीं से आएँगे
और घर में बस जाएँगे।

[यह कविता 1973 में *आलोचना* के जुलाई-सितम्बर अंक में प्रकाशित हुई थी। इसे वे सम्भवत: किसी संग्रह में शामिल करने की सोच रहे थे इसलिए 'घर के बारे में दो कविताएँ' की जगह उन्होंने इसका नाम सम्पादित करके 'घर' किया था। लेकिन किसी भी संग्रह में इसे जगह नहीं मिली। पत्रिका में प्रकाशन के बाद, इस कविता में उन्होंने स्वयं ही एक या दो संशोधन किये, मसलन, 'साँझ' की जगह 'शाम' और 'परछाइयों' की जगह 'छायाएँ'। —सम्पादक]

पिता के लिए एक कविता

मैं नहीं जानता
कब यह रेगिस्तान
तुम्हारी आँखों से छूटकर
मेरे बिस्तर तक फैल गया है
एक अन्तिम ऋतु के सिलसिले में
तुम सहसा मौसमों और रोटियों की
तेज़ भगदड़ से बाहर फेंक दिये गए हो
बची हुई महज़ एक बुश्शर्ट के साथ

चमकाते हुए
तुम समस्याओं के चश्मे पोंछ रहे हो
अपनी सारी अन्धता के आगे
अतीत को क़ानून बनाकर
लागू करते हुए घर में
एक की भूख और दूसरे के भविष्य तक
पिता तुम्हारा ग़ुस्सा टहल रहा है
और कहीं कुछ नहीं बज रहा है
पड़ोसी औरत की चूड़ियों के अलावा
अपनी बेरंग आकांक्षाओं के ख़िलाफ़ तुम
अपने स्वाद का शरीर टटोल रहे हो
तब और अब की दूरी में
इतिहास एक लँगड़ी भाषा है
जिसे तुम बार-बार बोल रहे हो

तुम्हारी झुर्रियों में गुम
हो गया है हर रास्ता

बंजर शरीरों से होकर गुज़रता हुआ
समूचा दिन तमाम जगहों पर
गर्द की तरह पड़ गया है

शोर और सिसकियों के बीच
लोग लिपटकर सो गए हैं
बाहर सिर्फ़
पत्ते हिल रहे हैं—जंगल झड़ रहे हैं
गुणगान से लथपथ

बीते हुए वर्षों की जनगणना में
ख़ुद को तलाशते हुए
पिता तुम देख रहे हो
बेरिश्ता चीज़ों की चापलूस नैतिकता में
भागते-हड़बड़ाते लोग
प्रकट या ग़ायब हो गए हैं
और तुम्हारे पास सिर्फ़ नींद है
अकेले लालच की तरह बची हुई
ज़िम्मेदारियों के कठघरे में
खुलता हुआ दरवाज़ा
तुम्हारे लिए आसमान है
जहाँ वसन्त एक ख़ुशख़बरी होकर
चिपक गया है
और तुम्हारी ज़रूरतों को लगातार
चकमा दे रहा है
सारे के सारे दृश्य अचानक
बाढ़ में बदल गए हैं
जहाँ धीरे-धीरे तुम्हारा स्वार्थ डूब गया है
और महज़ लाचारी है
तुम्हारी नाक में गुर्राती हुई

एक मुश्किल की तरह
दूर हो गया है
वह चेहरा पिता

जो षड्यंत्र होकर हर जगह शामिल था
इस महान और शर्मिन्दा माहौल में
हड्डियों का दर्द दबोचता हुआ
दफ़्तर और दाँतों के बीच
मैं ग़ायब हो रहा हूँ
और एक वायुमंडल
अगली तरक़्क़ी की सूचना बनकर
मेरी पसलियों में घुस रहा है
पेट और प्रतीक्षा में
एकाएक सब कुछ जम गया है
उन आहटों के अलावा
जो अपराध की हैं
मेरी दिशाएँ हर बार
उन दीवारों से शुरू होती हैं
जहाँ तुम हस्तक्षेप कर रहे हो
रोज़-रोज़ घिसी हुई घटनाओं के पीछे
ग़लतफ़हमी की तरह
तुम्हारे शब्द लपलपा रहे हैं
तुम्हारे एकान्त के साथ
समय के मुँह पर कहीं नहीं पड़ रहे हैं
अपनी अकेली बुश्शर्ट के साथ
तुम रह गए हो
पिता
हलचलहीन
एक अन्तिम ऋतु तुम्हारी
हथेलियों से उतर रही है
और यह रेगिस्तान
मेरे बिस्तर तक।

[आलोचना, अंक अक्तूबर-दिसम्बर, 1969 में प्रकाशित।]

पूर्वज

अब जबकि जीवितों से कोई उम्मीद नहीं रह गई है
मैं मृतकों की तरफ़ देखता हूँ
देखता हूँ वे यहीं कहीं हैं
हाँ पूर्वज
हमारे पूर्वज कहीं नहीं जाते
वे आसपास ही रहते हैं
माँ कहती थी वही तो हैं जो इस गाँव की रक्षा करते हैं
वे आसमान में घूमते रहते हैं कभी प्रकाश की तरह
कभी बादलों या तारों की तरह या चिड़ियों की तरह
माँ भी यहीं कहीं दिखती है पिता की बग़ल में
कभी-कभी मैं पुकारता हूँ माँ तुम ऐसे ही रहना।

प्रेम की कविता

[गो कि कवि को भी यह पता नहीं कि यह क्या है!]

प्रेम का कोई दूसरा पक्ष नहीं होता। दूसरी तरफ़ सिर्फ़ एक ख़ला होती है। एक शून्य और एक अनस्तित्व या सिर्फ़ एक हाथ जिसे छूने के लिए कोई दूसरा हाथ नहीं होता। प्रेम एक निर्वात के शाश्वत में बोला गया प्रतिध्वनि-रहित एक अन्तहीन वाक्य है जिसमें कभी-कभी जब अर्ध-विराम आते हैं या ख़ामोशियाँ और दरारें दिखती हैं जिनके बाहर पिघलती हुई बर्फ़ या पेड़ों से गिरे हुए पत्ते दूर जाता हुआ चन्द्रमा या अपने को समेटता हुआ सूरज दिख जाता है तभी पता चलता है कि यह प्रेम है। संसार में सभी प्रेम इसीलिए त्रासदी साबित हुए कि उन्हें उस निर्वात के बाहर जाकर कह दिया गया। इसीलिए मैं जिससे प्रेम करता था उससे मैंने कहा कि अगर मैं तुमसे प्रेम करता हूँ तो मैं यह नहीं चाहूँगा कि तुम मुझसे और ख़ुद से यह कहो जैसे मैं ख़ुद से नहीं कहना चाहूँगा कि तुम मुझसे प्रेम करते हो क्योंकि अगर हमने एक साथ यह कहा तो एक साथ कई चीज़ों का अन्त हो जाएगा। यह हमारे बीच बड़ा समझौता था जो प्रेम की अतल और अथाह गहराइयाँ और ऊँचाइयाँ लिये हुए था और यही एक उपाय था हम दोनों के और उस प्रेम के भी बचे रहने का जिसे कहने के लिए एक निर्वात ज़रूरी होता था।

विवशता के क्षितिज में

अब के वर्ष की सिकुड़ी हुई बरसात
पहाड़ों पर तने हुए लावे की गोद में
चुन-चुनकर सँजो दी गई है
और, हम-तुम
यूँ ही एक सालती हुई सड़ाँध में
अपने खेत उगाते रहे हैं!
अब के वर्ष का ठिठुरता आकाश भी
सावन की चक्षुहीन कोठरी में
भिंचकर क़ैद है
और, हम-तुम
यूँ ही एक गुमनाम हवा में
अपने बदरंग आँचल लहराते रहे हैं
अब के वर्ष...!

[1966, युगवाणी, देहरादून]

एक मिथ्या गोद और अन्धकार

धूप की काँपती सलाखें
इस शहर को उधेड़ती हैं
कुछ आत्म-प्रवंचित
क्षणों की ओट में!
भाषा के पैने, बन्द आकाश में
शब्दों के डैने कँपकँपाते हैं
और इतिहास लुढ़क पड़ता है
शहर की मिथ्या नग्नता पर
आवाज़ ही : अनागत इतिहास पर
जा चिपकती है
और एक मर्मांतक पीड़ा से
शहर में एक नई गोद जन्म लेती है
इतिहास अपने को लुढ़काने के लिए!
और फिर—
काँटों पर टँगा हुआ अन्धकार
एक नकली ख़ामोशी पहन
धाराओं में बँटकर
सारे शहर पर फड़फड़ा जाता है!

[1966, युगवाणी, देहरादून]

हिटलर के बारे में

बहुत सारी जानकारियाँ प्रकाश में आ चुकी हैं। लेकिन तमाम इतिहासकार, समाजशास्त्री, मनोशास्त्री और व्यवहारविद् उसे पूरी तरह नहीं समझ पाए हैं और लगातार कुछ न कुछ नया सामने लाते रहते हैं। ऐसा इसलिए भी है कि बड़े या छोटे हिटलरों का पैदा होना भी बन्द नहीं हुआ है। वे जगह-जगह चुनाव जीतकर या बग़ैर चुनाव के भी उभरते रहते हैं। यह तो सभी जानते हैं कि हिटलर अपनी पोशाक बेहद चुस्त-दुरुस्त रखता था और बहुत कम सोता था। हाईस्कूल की कक्षा से उसे निकाल दिया गया था और कुछ समय तक उसने कलाकृतियों वाले पोस्टकार्ड भी बेचे। यह भी सब जानते हैं कि उसने किस तरह यहूदियों और ग़ैर-आर्यों का जनसंहार करवाया। लेकिन ख़ास बात यह है कि इतने रक्तपात और यातनाओं को अंजाम देने वाले इस आदमी को दाढ़ी बनाने की ब्लेड से बहुत डर लगता था और जब वह बाल बनवाता तो कपड़ों के नीचे काँपता रहता।

हैरत की बात यह है कि इतिहास का इतना बड़ा आदमख़ोर मांसाहारी नहीं, पूर्णत: शाकहारी था और उसके भीतर कूट-कूट कर कड़वाहट और नफ़रत भरी हुई थी, लेकिन उसे मिष्टान्न बहुत प्रिय था, रोज़ क़रीब डेढ़ किलो चॉकलेट खा जाता था। और अपनी शराब तक में चीनी मिलाता था। इतना ही अजीबोग़रीब उसका यौन-जीवन भी था। उसने कभी दूसरों के सामने कपड़े नहीं उतारे और यह बात तब भी सच थी जब वह बिस्तर पर अपनी प्रेमिका ईवा ब्राउन के साथ होता था या अपनी ही भतीजी गेली रौशेल्ल के साथ जिसने बाद में ख़ुद को गोली मार दी थी। सच तो यह है कि उसका एक ही अंडकोष था और उसका लिंग भी बहुत छोटा और बेडौल-विरूप था। और वह अक्सर बैल के वीर्य के इंजेक्शन लिया करता था। उसे खेतों में काम करती किसान औरतों के उठे हुए स्कर्ट बहुत पसन्द थे और वह ईवा ब्राउन को भी स्कर्ट उठाए हुए आने के लिए कहता था। यही नहीं, वह चाहता था कि कोई उसे पीछे से लात मार कर उत्तेजित करे, उस पर शौच

और पेशाब कर दे। और इस काम के लिए उसने कुछ कलाकारों को भी रख छोड़ा था। सन् 1938 में मशहूर 'टाइम' पत्रिका ने उसे 'मैन ऑफ़ द इयर' बनाया और अगले साल 1939 में उसका नाम नोबेल पुरस्कार के लिए भी भेजा गया।

आईटीओ पुल

आईटीओ पुल जब-जब टूटा कोई हताहत नहीं हुआ। किसी का हाथ-पैर नहीं दबा मलबे के नीचे। कोई कराह नहीं निकली। किसी ने चौंककर नहीं कहा, यह क्या हो गया। लोगों ने सिर्फ़ इतना कहा, अगर यह अच्छा नहीं हुआ तो बुरा भी नहीं हुआ।

आईटीओ पुल लोगों के लिए परेशानी का ही सबब था। उस पर चढ़ने के लिए सीढ़ियाँ बनी थीं। वह तारों के सहारे टिका था। लोग हाँफते हुए पहुँचते थे पुल पर। पुल के नीचे नालियों की तरह बहती थीं सड़कें।

शीर्षकहीन : आठ

यहाँ पर आकर साफ़ दिखाई देती है ज़मीन। और वनस्पतियाँ, जिनकी पत्तियों में बरसों से ख़ून सोया हुआ है। यहाँ आकर साफ़ दिखाई देते हैं कसाइयों से बात करते कवि। सड़े चूहों की तरह फैली उनकी कविताएँ। यहाँ से साफ़ दिखती है गोल इमारत।

शीर्षकहीन : नौ

यह एक रोटी है
ज़मीन का टुकड़ा है
जिसे हम छीनकर लाए हैं
और जिस पर बन्दूक़ से कविता लिखी गई है

मैं तुम्हें सौंपता हूँ
संगीन की तरह
यह कविता।

दो पत्थरों के बीच

हिलते हुए दो पत्थरों के बीच
एक कायर चेहरा थरथराता है कुछ देर
फिर जब अचानक रात होने लगती है
और दिन-भर देखी गईं औरतें
एक अज्ञात फंदे की तरह हाँफते हुए लपेट लेती हैं मुझे
मैं सुनता हूँ रगों में नीली ज्वालाओं को
पिघलते अपने मांस की चीत्कार
धुँधली और डरी हुई देहों की एक काली कौंध
मुझमें उतरती है काँपती हुई
सफ़ेद चट्टानों में दहाड़ते असंख्य जानवर
रेंगते हुए
रक्त और रोशनी की रेखाओं से पार चले जाते हैं
चूर-चूर आवाज़ें एक दहकते ताबूत में बन्द और विस्मित
मैं लाँघता रहता हूँ यह ठिंगना अन्धकार
मेरा शरीर लोहे-सा सख़्त और काला हो गया है
और मैं लगातार ऊपर उठता जा रहा हूँ
जहाँ मुझे दिखाई देता है मेरा उँगली भर जन्म
मेरी सूखी हड्डियाँ हिलाता हुआ
और दूर से झिलमिलाता मेरा घर
जंगलों में विलीन होता हुआ
संसार मेरे सर पर आसमान की तरह तना है
और हवा में लटके हुए शहर की
परछाईं के साथ मैं वापस आता हूँ
जहाँ मेरी ढलती हुई उम्र और मूर्खताएँ हैं
कुछ विस्मृत सिसकियाँ हैं
और मेरे पिता हैं मेरी चिट्ठी की

प्रतीक्षा करते हुए बरसों से
पहले घमंड और ख़ुशबू से लदी हुई रंगीन
स्त्रियाँ आर्त हैं उछलती हुईं
फिर बिलबिलाते बच्चे जो अब जन्म लेंगे
और धूप को चबा-चबाकर थूकते वृद्ध
जो कि चुप हैं
मलबे की तरह हर कहीं से निकलते हुए लोग
उजड़ते घरों और घाटियों को लाँघते हुए
लोग औरतों में उतरते हुए
इस चक्कर खाती सृष्टि की रात में।

[अधूरी, रचनाकाल : 1980-85]

शीर्षकहीन : दस

बहुत से घर बदलने के बाद
आख़िर मैं आया एक शान्त घर में
एक जगह मैंने किताबें सजाईं
बचा-खुचा संगीत जो संगीत था उसे रखा
एक कोने से पूरे घर में जिसकी गूँज सुनाई दे
तस्वीरें टाँगी प्रियजनों की
ताकि मैं उनको भूल ना जाऊँ।

शीर्षकहीन : ग्यारह

एक विराट ख़ालीपन को
अपना दर्द कहता हुआ चकित
मैं ढूँढ़ने लगा कविता का कोई नया विषय।

शीर्षकहीन : बारह

बच्चे सो रहे थे चुपचाप
एक छोटी-सी खिड़की थी
जिस पर नन्हे हाथ दिखाई देते थे।

शीर्षकहीन : तेरह

औंधी पड़ी किसी चीज़ को चुपचाप सीधा करने पर जो दिखता था वही सच था। इतना ही साधारण इतना ही आसान। मैंने देखा मेरा चेहरा था साबुत संकोच से अब भी लाल होता हुआ। उँगलियों के आख़िरी बारीक हिस्से तक बहता था रक्त। उसकी आवाज़ कभी सुन पड़ती थी पैर में सर में। मेरी दो आँखें भी अँधेरे में चमक-चमक कर कुछ रक्त खोजती हुईं। इतना ही सुगम था सच मुझे उसे पहचानने के लिए एक क़दम अँधेरे में चलना पड़ता था। मुझमें थोड़ी स्मृति थी थोड़ा असंतोष। ख़ुशी थी एक लड़की जो कभी-कभी मेरे सामने आकर बैठती थी अतीत में ले जाती हुई। चालीस की उम्र में भी मेरे भीतर एक दर्द था जिसे मैं दूर से ही पहचान लेता था।

प्रेम (दो प्रारूप)

1

जिससे मुझे प्रेम था
उससे चाहता था यही कि वह इसे अभिव्यक्त करे
देह से अंगों से रोओं से शब्दों से वाक्यों से भाषा से
वह पुकारे वह फैलाए प्रेम को दूर-दूर तक
पूरी दुनिया में फैले उसके प्रेम की आवाज़
पूरी दुनिया की आवाज़ हो उसका प्रेम
उसका चुम्बन हो पूरी दुनिया का चुम्बन

2

वह ख़ुश थी
ख़ुश था वह
वह तीसरा भी ख़ुश था
तीसरा-तीसरा वह कौन था?

[1 जून, 2002]

हमारी हिन्दी

हमारी हिन्दी

हिन्दी में मृत्यु के बाद भी
याद नहीं रहता जन्मदिन।

कुछ और शीर्षकहीन कविताएँ

1

जब पूरा बाहर तुम्हारे भीतर आ जाए
चराचर एक अस्तित्व भी
तुम्हारे अस्तित्व में
और एक कविता प्रकाश जो इतना दूर है
फिर भी वह तुम्हारे भीतर ही है।

दो आँखें दो हाथ एक होंठ तुम्हारे भीतर
बहुत दूर तक तुम हो
तुम दूर हो और वह दूरी तुम्हारे भीतर है।

[2004]

2

जो समय बीता अँधेरे में
वह बीता नहीं वह समय नहीं था
जब रोशनी आई तो समय शुरू हुआ
गो बहुत-सा समय बीता अँधेरे में

मुझे पता नहीं चला अन्त तक
इस दुनिया में मेरा क्या काम था
और मुझे क्यों भेजा गया इसी जगह
सुखी थे वे लोग जो जानते थे
अपने होने का मतलब उसका मक़सद
वे सुखी सन्तुष्ट जाते रहे इस दुनिया से

मसलन मेरी माँ जो अन्त में दर्द से तड़पती रही
उसे पहले पता नहीं चला कि अन्त में ऐसा होगा
जीवन-भर वह रही ख़ुश कौन जानता है क्यों।

[28.05.2004]

3

इस दुनिया में आकर करता रहा मैं हाय-हाय
इस तरह कि दूसरा कोई इस भेद को जान न पाए
और एक रोज़ जब मैं ज़ार-ज़ार रोया किसी चौराहे पर
देखे आते-जाते लोग
जाते हैं मुँह फेरकर जा रहे थे महज़ मुस्कराकर
फिर ग़ुस्से में देर रात तक मैं जमकर पीता रहा शराब
कायनात यह पूरी मुझे गेंद सरीखी दिखी जनाब
मेरे भीतर जो कुछ था वह सब निकल गया बाहर
कुछ ख़ालीपन कुछ बेचैनी कड़वा पानी और ज़हर
तभी मरी हुई माँ आई याद बहुत
बोली तो रोता क्यों अपनी खोई चीज़ों को खोज।

[2004-05]

4

सपने में कहा किसी ने
मेरी बाँहें हैं
मेरे भीतर है एक झोंपड़ी
तुम्हारा बिस्तर तुम्हारा गाँव
मैंने सोचा मेरे पास लौट आएँगे
मेरे सारे स्पन्दन
एक संगीत एक लहर
एक पुरानी गन्ध एक सिहरन
फिर मैं चला गया अपने घर
खोले उसके बन्द किवाड़

दीवारों पर उगती थी घास
छत से दिखता था चाँद
सोचा मैंने अरे कोई चला जाए मेरी नौकरी पर
जो मुझसे कहे तुम बैठो सपने देखो
और लिखो कविता मुझ पर।

[2005]

5

इतनी अच्छाई इतनी मासूमियत के साथ इतने असंसार के साथ कोई संसार में कैसे रह सकता है जैसे तुम रहती हो। लेकिन ऐसे इनसान मुश्किल से रहते हैं।

6

मैं तुमसे निपट एकान्त में ही मिल सकता हूँ, जहाँ कोई न हो, कोई मनुष्य। कोई प्राणी। कोई आहट कोई साँस। कोई उपस्थिति न हो। एक निर्जन। इतने वर्षों के निर्जन के साथ ही तुमसे मैं मिल सकता हूँ। जहाँ कोई भटका ना हो। दरवाज़े पर कोई दस्तक न हो, जहाँ सब सहमत हों प्रेम की महान भावना और उस भावना की चरितार्थता पर। और वे सब लोग वहाँ न हों। घनघोर निर्जन हो जहाँ तुम हो तुम हो तुम हो तुम और तुम्हारे ज़रिये हर कोई हो।

7

तुमसे मिलते हुए मुझे लगा तुम हवा हो तुम पानी हो तुम आकाश हो तुम वायवीय हो। क्या ऐसी चीज़ें चुम्बनों-आलिंगनों में समा सकती हैं—चुम्बन-आलिंगन तो शारीरिक भौतिक सांस्कारिक चीज़ें हैं।

8

हम सड़क पर आते हैं
हाथ बाँधकर दोस्तों से बात करते हैं
हमारी आस्था है इस तरह बातचीत करने में
अन्त में हम कहते हैं कितना भयानक है यह सब

इस तरह शाम होने पर हम थक जाते हैं
सोचते हैं बिना लड़े ख़त्म हो रही है
लड़ने की ताक़त
आत्मा के दरवाज़े से हम देखते हैं।

[2003-04)

9

अफ़वाहों के पीछे उड़ता हुआ देश अचानक
एक सामयिक पोस्टर होकर
हवा में हिल रहा है
तब वे क्या टटोल रहे हैं—
शब्दों के पीछे का सुनसान?
अपना गिरा हुआ खेत और मकान?

10

सिर्फ़ एक थरथराती नस
बाहर निकल रही है
हर अगली दुर्घटना को जोड़ती हुई
निरन्तर रात फैल रही है।

11

रात-भर छाती में फड़फड़ाती आवाज़
वह सुनता है दूर तक सामूहिक विलाप
आसमान में तारे काँपते जाते हैं
क़ैदियों की तरह ख़ौफ़ में

लोग इस वक़्त मेरी कविताओं में
पड़े हुए शब्दों की तरह हैं।

12

अगले साल मैं घर जाऊँगा
और पिता से मिला लकड़ी का
एक बक्सा खोलूँगा
देखूँगा एक पुराना अन्धकार
दीमकों और झींगुरों में
सुरक्षित बचा है।

[रचनाकाल : 1992-1995]

13

आज़ादी
मेरे चेहरे पर
पूरी चौबीस कीलें
ठोंक कर चली गई।

[रचनाकाल : 1970-1974]

मेरी जन्मभूमि मेरी पृथ्वी

तुम्हारे भीतर से किसी नदी किसी चिड़िया की आवाज़ नहीं आती
तुम्हारे पेड़ हवा देना बन्द कर रहे हैं
मैं सिर्फ़ बाज़ार का शोर सुनता हूँ या कोई शंखनाद सिंहनाद
और जब तुम क़रीब से कुछ कहती हो
तो वह कहीं दूसरे छोर से आती पुकार लगती है
मैं देखता हूँ तुम्हारे भीतर पानी सूख रहा है
तुम्हारे भीतर हवा ख़त्म हो रही है
और तुम्हारे समय पर कोई और क़ब्ज़ा कर रहा है।

[अन्तिम सम्पादन : जनवरी, 2018]

तानाशाह इतिहास को पसन्द नहीं करता

वह हमेशा वर्तमान में रहना चाहता है
एक सतत लगातार वर्तमान
उसे पसन्द है ख़बरों में बने रहना
अख़बारों विज्ञापनों पोस्टरों टेलीविज़न के पर्दे पर
वह चाहता है वह जो कुछ बोले ख़बर बन जाए
उसकी हर बात हर अदा भंगिमा उसकी वेशभूषा दर्ज होती रहे।
और जब कभी वह अपनी आँखें नम करे तो वह क्षण भी दूर-दूर तक
पहुँचता रहे।
ज़ाहिर है तानाशाह जो चाहता है वह होता है और ख़बरें उसके मुताबिक़
चलती हैं।

वह बोलता जाता है घंटों, दिनों और महीनों तक
उसे पता है कि यह सब ख़बर है।

लेकिन जैसे ही कोई पलटकर सवाल करता है वह परेशान नाराज़ आगबबूला हो उठता है और धमकी के स्वर में कहता है कि मैं धमकी नहीं दे रहा हूँ लेकिन यह सवाल बिलकुल ग़लत है। आपका काम ख़बर देना है, पलटकर सवाल करना नहीं। उसका दिमाग़ नोट कर लेता है कि बाद में कैसे बदला लिया जाएगा।

तानाशाह को पता है कि सवाल ख़बरों को लाँघकर इतिहास में चले जाते हैं। तानाशाहों को इतिहास बहुत परेशान करता है। वे ख़बरों से ख़ुश और इतिहास से परेशान रहते हैं। इतिहास में उनके काले कारनामे हैं लोगों की कराहें और विलाप हैं क़ब्रें हैं ख़ून के धब्बे और मारे गए लोग हैं। इसीलिए वह अकेले में इतिहास को पोंछने में लगा रहता है। इसीलिए जब हमें किसी ख़ास दौर का इतिहास नहीं मिलता तो इसका कारण यही है कि तानाशाह उसे मिटाने में कामयाब हुए। हमारे समय का इतिहास यह है कि इतिहास

को पोंछने वाले तानाशाह लम्बे समय तक ख़बरों में बने रहते हैं। और उनकी मृत्यु के बाद उनके बड़े से परिवार के लोग भी इतिहास को पोंछने के कारोबार में लगे रहते हैं।

[अन्तिम सम्पादन : जनवरी, 2018]

युद्ध

युद्ध अब कोई छेड़ता नहीं
वह चलता रहता है बिना किसी ऐलान के

युद्धबन्दियों की पुरानी क़तारें भी नज़र नहीं आतीं
लोग रोज़ अख़बार देखते हैं किसने किसको मारा है
किसके लड़ाकों के पास कौन-से नये हथियार आए हैं
आँसू किसी आँख में नहीं दिखाई देते
कोई 'मेरा नाम तेरा नाम वियतनाम' नहीं कहता
कोई ग़ुस्से में मुट्ठी तानकर सड़क पर नहीं चलता
कोई यक़ीन नहीं करता कि कमज़ोर एक दिन ताक़तवर को हरा देगा
हनोई की सड़क पर बदहवास चीख़ती-भागती नंग-धड़ंग बच्ची
अब एक लगातार ओझल होती हुई पुरानी तस्वीर-भर है
अब सिर्फ़ तबाहियाँ दिखाई देती हैं
या सिर्फ़ जेलों में यातना दिये जाने के दृश्य
सीरिया का समुद्र मासूम बच्चे की लाश को तट पर पटक देता है
अब सिर्फ़ मृतक नज़र आते हैं या घायल गिरते-पड़ते हुए
छर्रा बन्दूक़ों से छलनी हुए चेहरे और पीठ और आँखें
जो अब कभी कुछ देख नहीं पाएँगी
बाक़ी लोग महज़ शरणार्थी हैं काँटों की ख़तरनाक बाड़ें लाँघकर
अजनबी भूगोलों में जाने की कोशिश करते हुए
दुनिया समुद्र में तैरता हुआ शरणार्थियों का विराट शिविर है

किसी सड़क या चौराहे पर उभर आते हैं विकलांग
वे धरती के नीचे चल रहे किसी युद्ध से लौट रहे होते हैं
काबुल में एक बूढ़ा अपने घर के मलबे में दरवाज़े और खिड़कियाँ
खोजता है

बग़दाद में एक औरत अपने बेटे को
आग से बाहर निकालने की कोशिश करती है
एक बार नष्ट हो चुका बेबीलोन फिर से नष्ट किया जाता है
बामियान के बुद्धों का ढहाया जाना रुकता नहीं
बाबरी मस्जिद की पुरानी ईंटें गिरती ही चली जाती हैं
इतिहास के रसातल में

युद्ध छेड़ने वाला मुस्कराता है टेलीविज़न पर ख़ुद को दिखाता है
अन्तरराष्ट्रीय बैठकें बुलाता है
चीख़ता है यह कहना ग़लत है कि इसमें हमारा कोई कसूर है
वह तो एक हल्की-सी भूल थी एक ग़लत अनुमान
वह अपने हथियारों से घायल हुए लोगों के लिए
नये अस्पताल खोलने की घोषणा करता है
उसके हवाई जहाज़ जान लेने के एवज़ में बचे हुए लोगों के लिए
चिप्स और बिस्किट के पैकेट और बोतलबन्द पानी गिराते हैं धरती पर
ठीक उसी वक़्त
एक दूसरे जहाज़ से उसकी फ़ौजें उतरती हैं किसी दूसरे देश में।

[अन्तिम सम्पादन : जनवरी, 2018]

लोग

लोग लोगों से मिल चुके हैं और उन्हें जान चुके हैं
लोग वाद-विवाद संवाद कर चुके हैं और ख़ामोश हो चुके हैं
लोग शब्दों को कह चुके हैं
और उन्हें हवा में बुलबुलों की तरह उड़ते हुए देख चुके हैं
लोग उपहारों का आदान-प्रदान कर चुके हैं
और प्रेम करने की अपनी असमर्थता को छिपा चुके हैं
लोग एक दूसरे को याद कर चुके हैं और भूल चुके हैं

लोग जानते हैं कि हत्यारे नये वेश में आ चुके हैं
और अपनी जगह बना चुके हैं
हत्यारे झूठ को बार-बार दोहराकर सच में बदल चुके हैं
और लोग स्वीकार कर चुके हैं
हत्यारे मेकअप कर चुके हैं और नाटक शुरू कर चुके हैं
वे अपने ख़िलाफ़ सबूत मिटा चुके हैं मुक़दमे ख़ारिज करा चुके हैं
लोग उनकी जयकार कर चुके हैं
हत्यारे कह चुके हैं कि अब कोई बुनियादी मुद्दा नहीं है
लोग मान चुके हैं कि अब कोई बुनियादी मुद्दा नहीं है
अत्याचारी कह चुके हैं कि निराश होने का कोई कारण नहीं है
और लोग इस बात पर ख़ुश हो चुके हैं

लोग नये और बड़े घर बना चुके हैं
और पिछले और पुराने घरों को छोड़ चुके हैं
लोग एक साथ बाएँ और दाएँ चल चुके हैं
और अपनी मंज़िल तक पहुँच चुके हैं
लोग बहुत कुछ गँवा चुके हैं
और जान चुके हैं कि अभी और भी गँवाना बचा हुआ है।

तात्कालिकता ही एक तरह की अमरता है
बशर्ते वह अनन्तता तक बनी रहे
लोग अनन्त तक घूमकर आ चुके हैं
फ़िलहाल कुछ भी स्थायी महत्त्व का नहीं है
इसलिए उसके बारे में लोग ख़ामोश हो चुके हैं
और उसका फ़ैसला समय पर छोड़ चुके हैं
लोग जानते हैं भविष्य का कोई ठिकाना नहीं है
इसलिए वे एक सतत वर्तमान को जीते हैं...

[अधूरी, अन्तिन परिवर्तन : 2018]

चेचक की खोज में

अपने देश में यात्राएँ करना अब एक तरह के रेगिस्तान से गुज़रना लगता है। धुन्ध और उदासी में लिपटे खेत-मैदान रास्ते में पड़ने वाली गन्दी बस्तियों और क़स्बों में धीरे-धीरे नष्ट होता जीवन। समय जैसे इस सारे दृश्य को चुपचाप चाट रहा हो। लेकिन इससे पहले कि आप इस दृश्य से ख़ौफ़ खाएँ कुछ ऐसी हरकतें दिखाई दे जाती हैं जिनसे लगता है कि समाज में लोभ स्वार्थ लिप्सा स्पर्धा जैसी चीज़ें अभी बाक़ी हैं और शायद यही चीज़ें बाक़ी हैं और इनके रहते मनुष्य को मिटाया नहीं जा सकता—दीवारों पर यह नारा बेमिसाल लिखा है : चेचक बताओ, सौ रुपये पाओ। सोये हुए लोगों को जगाकर आप कह सकते हैं कि साहब सौ रुपये दो चेचक फैल गई है। यह नारा एक अपूर्व मस्तिष्क की देन है—सारा ज़ोर सौ रुपये पर है और यह आपका भाग्य है कि चेचक फैले।

[1978-1982 में स्वास्थ्य विभाग के चेचक वाले ऐसे नारे मेरठ-मुज़फ़्फ़रनगर राष्ट्रीय राजमार्ग पर बहुतायत में लिखे मिलते थे।]

बुख़ार

बुख़ार की दुनिया भी बहुत अजीब है। वह यथार्थ से शुरू होती है और सीधे स्वप्न में चली जाती है। वह आपको इस तरह झपोड़ती है जैसे एक तीखी-तेज़ हवा आहिस्ते से पतझड़ में पेड़ के पत्तों को गिरा रही हो : वह पत्ते गिराती है और उनके गिरने का पता नहीं चलता। जब भी बुख़ार आता है, मैं अपने बचपन में चला जाता हूँ। हर बदलते मौसम के साथ बुख़ार भी बदलता था : बारिश है तो बुख़ार आ जाता था, धूप अपने साथ देह के बढ़े हुए तापमान को ले आती और जब बर्फ़ गिरती तो माँ के मुँह से यह ज़रूर निकलता, 'अरे भाई, बर्फ़ गिरने लगी है, अब इसे ज़रूर बुख़ार आएगा।' एक बार सर्दियों में मेरा बुख़ार इतना तेज़ हो गया कि पड़ोस की एक चाची ने कहा, 'अरे च्छोरा, तेरा बदन तो इतना गर्म है कि मैं उस पर रोटी सेंक लूँ!' चाची को सुनकर लोग हँस देते और मेरा बुख़ार भी हल्का होने लगता। उधर, मेरे पिता मुझे अपनी बनाई बुख़ार की कारगर दवा ज्वरांकुश देते जिसका कड़वापन लगभग असह्य था। वह गिलोय की गोली थी। लेकिन पता नहीं क्या-क्या पुट देकर इस तरह बनाई जाती थी कि और भी ज़हर बन जाती और बुख़ार उसके आगे टिक नहीं पाता था। एक बार गाँव में बुख़ार लगभग महामारी की तरह फैलने लगा तो पिता ने मरीज़ों को ज्वरांकुश देकर ही उसे पराजित किया। अपने ज्वरांकुश और हाजमा चूर्ण पर उन्हें बहुत नाज़ था जिसकी परम्परा मेरे दादाजी या उनसे भी पहले से चली आती थी। पिता कहते थे कि जड़ी-बूटियों को घोटते वक़्त असल चीज़ यह है कि उन्हें कौन-सा पुट—दूध, शहद, घी, अदरक, पारा, चाँदी, सोने का—दिया जाता है। उसके अनुसार उसकी तासीर और इस्तेमाल बदल जाते हैं। बहरहाल, जब मेरा बुख़ार उतरने लगता तो मुझे उसकी आहट सुनाई देती। वह सरसरा कर उतर रहा है, बहुत आहिस्ते, जैसे साँप अपनी केंचुल उतारता है। केंचुल उतरने के बाद लगता शरीर बहुत हल्का हो गया है और आने वाले बुख़ारों को

झेलने में समर्थ है। बुख़ार के बाद त्वचा में एक अजीब पतलापन आ जाता था और हाथ की शिराओं का नीला रंग उभर आता जिसे देर तक देखना अच्छा लगता।

[2020]